모던 C++ 챌린지

Korean edition copyright © 2018 by acorn publishing Co. All rights reserved.

Copyright © Packt Publishing 2018.
First published in the English language under the title
'The Modern C++ Challenge - (9781788993869)'

이 책은 Packt Publishing과 에이콘출판㈜가 정식 계약하여 번역한 책이므로
이 책의 일부나 전체 내용을 무단으로 복사, 복제, 전재하는 것은 저작권법에 저촉됩니다.

모던 C++ 챌린지
100가지 문제로 익히는 모던 C++의 다양한 기능

마리우스 반실라 지음 전지민 옮김

지은이 소개

마리우스 반실라^{Marius Bancila}

15년 동안 산업과 금융 솔루션을 개발해 온 소프트웨어 엔지니어다.

『모던 C++ 프로그래밍 쿡북』(에이콘, 2019)을 썼으며, 주로 마이크로소프트^{Microsoft}의 기술을 바탕으로 C++와 C#을 이용한 데스크톱 애플리케이션을 개발하고 있다.

자신의 전문 기술 지식을 다른 사람들과 공유해 온 열정을 인정받아 10년이 넘게 마이크로소프트 MVP로 활동하고 있다. 트위터 계정 @mariusbancila를 통해 그에게 연락할 수 있다.

니킬 보카르^{Nikhil Borkar}, 지조 말리예칼^{Jijo Maliyekal}, 차이타냐 나이르^{Chaitanya Nair}, 니틴 다산^{Nitin Dasan}, 그리고 이 책을 쓰는 데 참여한 팩트^{Packt} 출판사 여러분께 감사를 드립니다. 또한 훌륭한 의견을 제공해 더 나은 방향으로 책을 이끌어 주신 감수자들에게도 감사드립니다. 마지막으로, 이 프로젝트를 응원해 준 아내와 가족에게 감사의 말을 전합니다.

 에이콘출판의 기틀을 마련하신 故 정완재 선생님 (1935-2004)

기술 감수자 소개

아이바스 칼판스 Aivars Kalvāns

라트비아의 기업 티에토^{Tieto}의 리드 소프트웨어 아키텍트다.

16년이 넘는 기간 동안 카드 수트^{Card Suite} 카드 결제 시스템을 개발하고 있으며, 많은 코어 C++ 라이브러리와 프로그램들을 유지보수했다. 또한 C++ 프로그래밍 가이드라인 작성, 시큐어 코딩^{Secure coding} 교육 및 코드 리뷰를 담당하고 있으며 사내 C++ 개발자 모임을 조직하고 발표를 이끌고 있다.

제 인생을 훨씬 흥미롭게 만들어 준 사랑스러운 아내 아네트^{Anete}, 아들 칼리스^{Kārlis}, 구스타브스^{Gustavs} 그리고 레오^{Leo}에게 감사의 말을 전합니다.

애런 무랄리다하란 Arun Muralidharan

8년 이상의 경력을 가진 시스템 개발자이자 풀 스택 소프트웨어 개발자다.

분산 시스템 설계, 아키텍처, 이벤트 시스템, 확장성, 성능과 여러 프로그래밍 언어들에 관심이 많다.

C++와 템플릿 메타프로그래밍^{template metaprogramming}의 열렬한 팬이다. 그는 C++가 언어적 자아를 유지하면서 발전하는 모습을 좋아하며, 대부분 C++를 사용해 일하고 있다.

수년 동안 많은 것을 배우게 해주신 C++ 커뮤니티에 감사드립니다.

니베딧 데이^{Nibedit Dey}

다양한 분야의 기술적 배경을 가진 첨단 기술 산업 기업가^{technopreneur}다.

생명공학 학사 학위를 갖고 있으며 디지털 디자인과 임베디드 시스템 분야에서 석사 학위를 취득했다. 경영자로서의 여정을 시작하기 전, L&T와 테크트로닉스^{Tektronix}에서 수년 동안 다양한 R&D 직무를 맡았다. 지난 8년 동안 C++를 사용해 복잡한 소프트웨어 기반 시스템을 구축했다.

| 옮긴이 소개 |

전지민(jimin@jiminis.me)

글로벌 반도체 기업의 연구소에서 음성 인터페이스와 자율 주행 자동차 등의 인공지능 개발 프로젝트에 참여해 왔다. 현재는 캐나다 밴쿠버에 거주하며 대규모 웹 서비스의 개발과 운영에 참여하고 있다.

옮긴이의 말

C++의 최초 구현체가 등장한 지 35년이라는 시간이 지났고, 한때 이 언어에 대한 부정적인 전망이 가득하던 시절도 있었다. 그러나 C++는 오늘날까지 여전히 세계에서 가장 널리 사용되는 프로그래밍 언어 순위의 윗자리를 굳건히 지키고 있다. C++에는 다른 언어들에 없는 강점이 있기 때문이다.

C++의 강점은 분명하다. 무엇보다도 성능이다. 개발자는 고수준의 추상화를 유지하면서도 타깃 하드웨어에 최적화된 저수준의 코드를 이용해 고성능의 프로그램을 제작할 수 있다. 대부분의 플랫폼에서 네이티브 컴파일러를 지원하기 때문에 이러한 강점이 극대화될 수 있다. 이 장점은 인공지능과 기계 학습에 대해 관심이 높아진 오늘날에 들어 더욱 빛을 발한다. 기계 학습 프레임워크들 대부분 내부적으로 C++를 기반으로 작성돼 있으며, 특히 연구 영역을 벗어나 상용화되는 제품을 제작하는 과정에서는 직접 C++를 사용하는 것 이외의 선택지를 생각할 수 없을 때가 많다.

또한 C++는 진보적이다. 멀티 패러다임을 표방하는 언어답게, 다른 어떤 언어보다도 빠르게 새로운 개념과 문법들을 표준으로 받아들이고 있다. 이를 통해 높은 런타임 성능을 유지하면서도 훨씬 짧고 간결하며 직관적인 코드를 작성할 수 있게 됐다.

하지만 C++는 결코 배우기 쉬운 언어가 아니다. 때로는 위에서 언급한 장점들이 오히려 진입 장벽으로 작용하기도 한다. 메모리 관리와 같은 기능들을 직접 다뤄야 하기 때문에 프로그램을 안전하게 동작하도록 만들려면 주의해야 할 점들이 많다. 언어의 고유한 특징으로 인해 프로그램을 설계할 때 다른 언어를 이용할 때와는 다른 접근법이 필요할 때도 있다. 이러한 상황에 대한 해법들이 실제로는 어느 정도의 패턴으로 정형화돼 있기는 하나, 초보자나 중급자의 입장에서 이를 잘 이해하고 직접 활용하기는 꽤 어렵다. 표준에 새롭게 추가된 기능들을 제대로 활용하려면 코드를 이전과는 완전히 다른 개념을 바탕으로 작성해야 할 필요도 있는데, 이는 사실 C++에 익숙한 사용자라고 할지라도 결코 쉬운 일은 아닐 것이다.

프로그래밍 언어를 익히는 가장 좋은 방법은 실전에서 직접 언어의 기능을 활용해 프로그램을 작성해보며, 좋은 코드들을 많이 읽는 것이다. 하지만 이를 혼자 연습하는 일은 생각보다 쉽지 않다. 적당한 주제를 고르기도 어려울 뿐더러, 주제를 고른다고 하더라도 주제에 맞춰 가이드가 될 만한 좋은 코드를 찾기도 어렵기 때문이다. 이 책은 이러한 상황에 처한 이들에게 좋은 참고서다. 실무에서 겪을 법한 다양한 주제의 연습 문제들과 함께 모던 C++의 새로운 기능들을 활용한 풀이를 담고 있다.

이 책은 언어 기능 자체를 학습하기 위한 튜토리얼을 제공하지는 않는다. 아마 이 책만으로 모던 C++를 익히기에는 충분하지 않을 텐데, 문제에서 주어지는 내용들이 구체적이지 않아 때로는 불친절하게 느껴질 수도 있다. 하지만 이 책의 목적은 분명하다. 바로 독자가 직접 실무에 가까운 경험을 통해 스스로 문제를 정의하고, 사고의 틀을 넓혀 문제를 능숙하게 해결할 수 있는 능력을 기를 수 있도록 돕는 것이다. 이 책은 그런 면에서 정말 좋은 책이라 할 수 있다.

풀이를 참조하기 전에 꼭 문제에 대해 고민하는 시간을 갖기를 바란다. 혼자서 생각하는 것도 좋고, 인터넷 검색이나 다른 책을 참조하는 것도 좋다. 독자는 나름대로 풀이를 작성하고, 책에서 제시하는 풀이를 참고해 자신의 코드를 더욱 개선할 수 있다. 조금 더 고민한다면 책에서 제시하는 것보다 더 나은 방법을 찾아볼 여지도 얼마든지 있다. 이 책을 읽으며 고민할 만한 거리를 많이 얻을 수 있기를 바란다. 결국 여러분을 전문가로 만드는 것은 이러한 고민들의 시간이기 때문이다.

| 차례 |

지은이 소개 4
기술 감수자 소개 5
옮긴이 소개 7
옮긴이의 말 8
들어가며 18

1장   수학 문제 29

문제 29
   1. 3이나 5로 나누어 떨어지는 자연수의 합을 계산하는 프로그램 구현하기 29
   2. 최대공약수 프로그램 구현하기 29
   3. 최소공배수 프로그램 구현하기 30
   4. 주어진 수보다 작은 가장 큰 소수를 계산하는 프로그램 구현하기 30
   5. 섹시 소수 짝을 출력하는 프로그램 구현하기 30
   6. 과잉수 출력 프로그램 구현하기 30
   7. 친화수 짝을 출력하는 프로그램 구현하기 30
   8. 암스트롱 수를 출력하는 프로그램 구현하기 30
   9. 소인수 분해 프로그램 구현하기 31
   10. 그레이 코드 출력 프로그램 구현하기 31
   11. 로마 숫자 표기법 변환 프로그램 구현하기 31
   12. 가장 긴 콜라츠 수열 출력 프로그램 구현하기 31
   13. 파이 값 계산 프로그램 구현하기 31
   14. ISBN 검증 프로그램 구현하기 31

풀이 32
   1. 3이나 5로 나누어 떨어지는 자연수의 합을 계산하는 프로그램 구현하기 32
   2. 최대공약수 프로그램 구현하기 32
   3. 최소공배수 프로그램 구현하기 34
   4. 주어진 수보다 작은 가장 큰 소수를 계산하는 프로그램 구현하기 35
   5. 섹시 소수 짝을 출력하는 프로그램 구현하기 36
   6. 과잉수 출력 프로그램 구현하기 37
   7. 친화수 짝을 출력하는 프로그램 구현하기 38

  8. 암스트롱 수 출력 프로그램 구현하기 ... 39
  9. 소인수 분해 프로그램 구현하기 ... 40
  10. 그레이 코드 출력 프로그램 구현하기 ... 42
  11. 로마 숫자 표기법 변환 프로그램 구현하기 ... 43
  12. 가장 긴 콜라츠 수열 출력 프로그램 구현하기 ... 45
  13. 파이 값 계산 프로그램 구현하기 ... 47
  14. ISBN 검증 프로그램 구현하기 ... 48

2장 언어 기능 51

문제 ... 51
  15. IPv4 데이터 형식 표현하는 함수 작성하기 ... 51
  16. 범위 안에 있는 IPv4 주소 열거하기 ... 52
  17. 기본적인 연산을 지원하는 2차원 배열 만들기 ... 52
  18. 여러 수를 인자로 받는 최소 함수 작성하기 ... 52
  19. 컨테이너에 여러 값 삽입하기 ... 52
  20. 컨테이너 안의 원소를 조건별로 확인하는 함수 작성하기 ... 53
  21. 시스템 핸들 래퍼 작성하기 ... 53
  22. 온도 단위 리터럴을 제공하는 라이브러리 작성하기 ... 53

풀이 ... 54
  15. IPv4 데이터 형식 표현하는 함수 작성하기 ... 54
  16. 범위 안에 있는 IPv4 주소 열거하기 ... 56
  17. 기본적인 연산을 지원하는 2차원 배열 만들기 ... 58
  18. 여러 수를 인자로 받는 최소 함수 작성하기 ... 61
  19. 컨테이너에 여러 값 삽입하기 ... 63
  20. 컨테이너 안의 원소를 조건별로 확인하는 함수 작성하기 ... 63
  21. 시스템 핸들 래퍼 작성하기 ... 65
  22. 온도 단위 리터럴을 제공하는 라이브러리 작성하기 ... 70

3장 문자열과 정규 표현식 75

문제 ... 75
  23. 바이너리 데이터를 문자열로 변환하기 ... 75
  24. 문자열을 바이너리 데이터로 변환하기 ... 76

25. 문자열을 제목 형식으로 바꾸기	76
26. 구획 문자로 나누어진 문자열 합치기	76
27. 구획 문자 리스트를 바탕으로 문자열을 토큰으로 분리하기	76
28. 가장 긴 회문 부분 문자열 출력하기	77
29. 차량 번호판 검증하기	77
30. URL 추출하기	77
31. 날짜를 문자열로 변환하기	77

풀이 78
- 23. 바이너리 데이터를 문자열로 변환하기 78
- 24. 문자열을 바이너리 데이터로 변환하기 79
- 25. 문자열을 제목 형식으로 바꾸기 80
- 26. 구획 문자로 나누어진 문자열 합치기 82
- 27. 구획 문자 리스트를 바탕으로 문자열을 토큰으로 분리하기 ... 83
- 28. 가장 긴 회문 부분 문자열 출력하기 85
- 29. 차량 번호판 검증하기 87
- 30. URL 추출하기 88
- 31. 날짜를 문자열로 변환하기 91

4장   스트림과 파일 시스템   93

문제 93
- 32. 파스칼의 삼각형 93
- 33. 프로세스를 표로 출력하기 93
- 34. 텍스트 파일에서 빈 줄 제거하기 94
- 35. 디렉토리 크기 계산하기 94
- 36. 주어진 날짜보다 오래된 파일 삭제하기 95
- 37. 디렉토리에서 정규 표현식과 일치하는 파일 찾기 95
- 38. 임시 로그 파일 95

풀이 96
- 32. 파스칼의 삼각형 96
- 33. 프로세스를 표로 출력하기 97
- 34. 텍스트 파일에서 빈 줄 제거하기 100
- 35. 디렉토리 크기 계산하기 101
- 36. 주어진 날짜보다 오래된 파일 삭제하기 102

37. 디렉토리에서 정규 표현식과 일치하는 파일 찾기 104
38. 임시 로그 파일 106

5장   날짜와 시간   109

문제 109
39. 함수 실행 시간 측정하기 109
40. 두 날짜 사이의 날 수를 반환하기 109
41. 주어진 날짜의 요일 찾기 110
42. 한 해의 몇 번째 날인지 찾기 110
43. 여러 시간대에 걸친 회의 시각 출력하기 110
44. 달력 출력하기 110

풀이 111
39. 함수 실행 시간 측정하기 111
40. 두 날짜 사이의 날 수를 반환하기 112
41. 주어진 날짜의 요일 찾기 114
42. 한 해의 몇 번째 날인지 찾기 115
43. 여러 시간대에 걸친 회의 시각 출력하기 116
44. 달력 출력하기 119

6장   알고리즘과 데이터 구조   121

문제 121
45. 우선순위 큐 데이터 구조 구현하기 121
46. 원형 버퍼 데이터 구조 구현하기 122
47. 이중 버퍼 구현하기 122
48. 범위 안에서 가장 빈번하게 등장하는 원소와 등장 횟수를 반환하기 123
49. 텍스트 히스토그램 구하기 123
50. 전화번호 목록 필터링하기 123
51. 전화번호 목록 변형하기 123
52. 문자열로 만들 수 있는 모든 순열 생성하기 124
53. 영화 평균 평점 계산하여 출력하기 124
54. 쌍 알고리즘 함수 작성하기 124
55. 결합 알고리즘 함수 작성하기 125

- 56. 선택 알고리즘 함수 작성하기 ... 125
- 57. 정렬 알고리즘 함수 작성하기 ... 126
- 58. 노드 사이의 최단 경로 계산하여 출력하기 ... 126
- 59. 족제비 프로그램 구현하기 ... 127
- 60. 생명 게임 구현하기 ... 127

풀이 ... 128
- 45. 우선순위 큐 구조 구현하기 ... 128
- 46. 원형 버퍼 구조 구현하기 ... 131
- 47. 이중 버퍼 구현하기 ... 136
- 48. 범위 안에서 가장 빈번하게 등장하는 원소와 등장 횟수를 반환하기 ... 139
- 49. 텍스트 히스토그램 구하기 ... 140
- 50. 전화번호 목록 필터링하기 ... 142
- 51. 전화번호 목록 변형하기 ... 144
- 52. 문자열로 만들 수 있는 모든 순열 생성하기 ... 146
- 53. 영화 평균 평점 계산하여 출력하기 ... 148
- 54. 쌍 알고리즘 함수 작성하기 ... 150
- 55. 결합 알고리즘 함수 작성하기 ... 152
- 56. 선택 알고리즘 함수 작성하기 ... 153
- 57. 정렬 알고리즘 함수 작성하기 ... 154
- 58. 노드 사이의 최단 경로 계산하여 출력하기 ... 159
- 59. 족제비 프로그램 구현하기 ... 164
- 60. 생명 게임 구현하기 ... 167

7장 동시성   173

문제 ... 173
- 61. 병렬 변환 알고리즘 작성하기 ... 173
- 62. 스레드 기반 병렬 최솟값, 최댓값 탐색 알고리즘 작성하기 ... 174
- 63. 비동기 함수 기반 병렬 최솟값, 최댓값 탐색 알고리즘 작성하기 ... 174
- 64. 병렬 정렬 알고리즘 작성하기 ... 174
- 65. 스레드 안전하게 콘솔에 로그 메시지를 출력하는 함수 작성하기 ... 174
- 66. 고객 서비스 시스템 구현하기 ... 175

풀이 ... 175
- 61. 병렬 변환 알고리즘 작성하기 ... 175

62. 스레드 기반 병렬 최솟값, 최댓값 탐색 알고리즘 작성하기 178
63. 비동기 함수 기반 병렬 최솟값, 최댓값 탐색 알고리즘 작성하기 180
64. 병렬 정렬 알고리즘 작성하기 183
65. 스레드 안전하게 콘솔에 로그 메시지를 출력하는 함수 작성하기 185
66. 고객 서비스 시스템 구현하기 187

8장　디자인 패턴　193

문제 193
 67. 패스워드 검증 프로그램 구현하기 193
 68. 임의의 패스워드를 생성하는 프로그램 구현하기 194
 69. 사회보장번호 생성 프로그램 구현하기 194
 70. 승인 시스템 구현하기 195
 71. 관측 가능한 벡터 컨테이너 작성하기 195
 72. 할인가 적용해 최종 가격 계산하는 프로그램 구현하기 196

풀이 197
 67. 패스워드 검증 프로그램 구현하기 197
 68. 임의의 패스워드 생성하는 프로그램 만들기 201
 69. 사회보장번호 생성 프로그램 구현하기 206
 70. 승인 시스템 구현하기 212
 71. 관측 가능한 벡터 컨테이너 구현하기 216
 72. 할인가 적용해 최종 가격 계산하는 프로그램 구현하기 222

9장　데이터 직렬화　229

문제 229
 73. XML 직렬화 및 역직렬화하기 229
 74. XPath를 이용해 XML 데이터 선택하기 230
 75. 데이터를 JSON으로 직렬화하기 230
 76. JSON으로부터 데이터 역직렬화하기 231
 77. 영화 목록을 PDF로 출력하기 232
 78. 이미지 집합에서 PDF 생성하기 232

풀이 233
 73. XML 직렬화 및 역직렬화하기 233

74. XPath를 이용해 XML 데이터 선택하기 238
75. 데이터를 JSON으로 직렬화하기 240
76. JSON으로부터 데이터 역직렬화하기 243
77. 영화 목록을 PDF로 출력하기 245
78. 이미지 집합에서 PDF 생성하기 250

10장 압축, 이미지, 데이터베이스   253

문제 253
79. ZIP 아카이브 파일 안의 파일 찾기 253
80. ZIP 아카이브 압축하고 해제하기 254
81. 패스워드가 있는 ZIP 아카이브 압축하고 해제하기 254
82. 국기 PNG 파일 만들기 254
83. 텍스트 검증 PNG 생성하기 255
84. EAN-13 바코드 생성기 구현하기 255
85. SQLite 데이터베이스에서 영화 정보 읽어들이기 256
86. SQLite 데이터베이스에 영화 정보 삽입하기 256
87. SQLite 데이터베이스에서 영화 이미지 다루기 257

풀이 258
79. ZIP 아카이브 파일 안의 파일 찾기 258
80. ZIP 아카이브 압축하고 해제하기 260
81. 패스워드가 있는 ZIP 아카이브 압축하고 해제하기 265
82. 국기 PNG 파일 만들기 268
83. 텍스트 검증 PNG 생성하기 270
84. EAN-13 바코드 생성기 구현하기 273
85. SQLite 데이터베이스에서 영화 정보 읽어들이기 280
86. SQLite 데이터베이스에 영화 정보 삽입하기 288
87. SQLite 데이터베이스에서 영화 이미지 다루기 293

11장 암호화   305

문제 305
88. 카이사르 암호법을 적용한 프로그램 구현하기 305
89. 비즈네르 암호법을 적용한 프로그램 구현하기 306

- 90. 베이스64 인코딩을 적용한 프로그램 구현하기 ... 306
- 91. 사용자 자격을 증명하는 인증 프로그램 구현하기 ... 306
- 92. 파일 해시를 계산하는 프로그램 구현하기 ... 307
- 93. 파일 암호화 및 복호화 프로그램 구현하기 ... 307
- 94. RSA 암호화로 파일 서명 및 변조 여부 확인 프로그램 구현하기 ... 307

풀이 ... 308
- 88. 카이사르 암호법을 적용한 프로그램 구현하기 ... 308
- 89. 비즈네르 암호법을 적용한 프로그램 구현하기 ... 310
- 90. 베이스64 인코딩을 적용한 프로그램 구현하기 ... 313
- 91. 사용자 자격을 증명하는 인증 프로그램 구현하기 ... 320
- 92. 파일 해시를 계산하는 프로그램 구현하기 ... 324
- 93. 파일 암호화 및 복호화 프로그램 구현하기 ... 327
- 94. RSA 암호화로 파일 서명 및 변조 여부 확인 프로그램 구현하기 ... 329

12장 네트워킹과 서비스   335

문제 ... 335
- 95. 호스트의 IP 주소 찾기 ... 335
- 96. 피즈-버즈 게임을 위한 클라이언트-서버 프로그램 구현하기 ... 335
- 97. 비트코인 환율 표시 프로그램 구현하기 ... 336
- 98. IMAP을 이용해 이메일 가져오기 ... 336
- 99. 텍스트를 임의의 언어로 번역하기 ... 337
- 100. 사진에서 얼굴 감지하기 ... 337

풀이 ... 337
- 95. 호스트의 IP 주소 찾기 ... 337
- 96. 피즈-버즈 게임을 위한 클라이언트-서버 프로그램 구현하기 ... 340
- 97. 비트코인 환율을 표시하는 프로그램 구현하기 ... 346
- 98. IMAP을 이용해 이메일 가져오기 ... 352
- 99. 텍스트를 임의의 언어로 번역하기 ... 357
- 100. 사진에서 얼굴 감지하기 ... 364

찾아보기 ... 377

들어가며

C++는 객체지향, 명령형, 제네릭, 함수형 프로그래밍과 같은 다양한 패러다임이 결합된 범용 프로그래밍 언어다. C++는 효율성을 위해 설계된 언어이며, 성능이 핵심적인 요소인 애플리케이션을 개발할 때 가장 먼저 고려해야 할 선택지가 될 것이다. C++는 업계와 학계를 비롯한 다양한 분야에서 지난 수십 년 동안 널리 사용됐다. 국제 표준화 기구International Organization for Standardization, ISO가 표준화를 맡고 있으며, 2020년을 목표로 C++20으로 불리는 새 표준이 작업 중이다.

언어의 표준이 1,500페이지 분량에 달하는 것만 봐도 알 수 있듯, C++는 배우고 능숙하게 사용하기가 쉽지 않다. 기술은 읽거나 다른 사람이 하는 것을 보며 얻어지는 게 아니어서 반복적인 연습이 필요하다. 프로그래밍도 다르지 않다. 우리 개발자들은 새로운 언어나 기술을 단순히 책이나 문서를 읽으며 또는 튜토리얼 비디오를 보며 익히지 않는다. 지식들을 쌓아 나가며 새로운 것들을 개발하는 연습을 통해 결국 숙달되는 것이다. 하지만 우리가 알고 있는 내용을 시험해보는 좋은 연습 문제들을 찾기가 쉽지 않다. 시중에 다양한 프로그래밍 언어로 풀이할 수 있는 연습 문제들을 제공하는 웹사이트들이 많이 있기는 하나 수학적인 문제나 알고리즘 문제 또는 학생 경진대회를 위한 문제들이 대부분이다. 이런 문제들은 다양한 프로그래밍 언어의 기능을 연습하는 데 그다지 도움이 되지 않는다는 측면에서 이 책이 유용하리라 생각한다.

이 책은 C++의 다양한 기능과 표준 라이브러리 기능, 더 나아가 서드 파티 크로스 플랫폼 라이브러리에 대해서도 연습할 수 있도록 100가지 실전 문제를 만들어 모아 놓았다. 이 책에 실린 몇 가지 문제는 C++에 국한돼 있긴 하지만, 대부분 다른 프로그래밍 언어로도 해결할 수 있는 문제들이다. 물론 이 책은 C++를 능숙하게 사용하도록 도움을 주는 것이 1차적인 목표이므로, 독자 역시 C++로 문제를 해결하리라 본다. 책에 등장하는 모든 문제들의 풀이는 C++로 돼 있다. 물론, 풀이를 완전히 참조하지는 못하겠지만 이 책을 다른 프로그래밍 언어를 배우기 위한 문제집으로도 사용할 수 있을 것이다.

책과 기술에 대한 소개

이 책에서는 문제들을 12개의 장으로 나누어 제공한다. 각 장에 실린 문제들은 서로 유사하거나 관련 있는 주제를 다루고 있으며 난이도 또한 다양하다. 비교적 쉬운 문제들도 있고, 평이하거나 다소 어려운 문제들도 있다. 이 책에서는 각 난이도의 문제들을 비슷한 비중으로 구성했다. 각 장은 주어진 문제에 대한 설명으로 시작한다. 문제에 대한 풀이는 권장 사항, 설명 및 소스코드로 이뤄져 있다. 책에 풀이가 수록돼 있더라도 먼저 직접 구현해보고 난 후에나, 문제를 해결하는 데 어려움이 있을 경우에만 풀이를 참조하는 것이 좋다. 이 책에 실린 소스코드에는 어떤 헤더 파일들을 포함시켜야 할지에 대한 정보가 빠져 있는데, 이는 독자가 스스로 찾아낼 수 있도록 의도한 것이다. 반면, 책과 함께 제공되는 소스코드는 온전한 것이기 때문에 필요한 헤더 파일에 대한 정보를 찾을 수 있을 것이다.[1]

이 책을 쓰는 시점에서는 C++20 표준을 만드는 작업이 진행 중이며, 다음 몇 년 동안 지속될 것으로 보인다. 일부 기능들은 이미 표결됐다. 하나를 예로 들면, 캘린더와 타임 존 기능을 포함하는 chrono 라이브러리의 확장이다. 이 주제에 대한 문제들은 5장에서 다룬다. 비록 컴파일러가 이를 아직 지원하지 않더라도, 새로운 추가 표준을 기반으로 만들어진 date 라이브러리로 이를 해결할 수 있다. 이 책에 실린 문제를 풀기 위해 Asio, Crypto++, Curl, NLohmann/json, PDF-Writer, PNGWriter, pugixml, SQLite, ZipLib과 같은 여러 라이브러리들을 사용한다. 또한 독자가 사용하는 컴파일러가 책 전체에 걸쳐 사용되는 std::optional이나 filesystem 라이브러리를 지원하지 않는다면 Boost 라이브러리를 사용할 수 있을 것이다. 이 책에서 언급된 모든 라이브러리들은 오

---

[1] 한국어판에서 제공하는 소스코드는 Visual Studio 2019와 macOS 10.15.x의 Xcode 11에서 테스트를 거쳤다. - 옮긴이

픈소스open source이며, 크로스 플랫폼cross-platform이다. 이 라이브러리들은 성능, 문서의 질, 커뮤니티에서의 사용 빈도 등의 사항들을 고려해 선정됐다. 독자가 선호하는 다른 라이브러리로 문제를 해결해도 좋다.

이 책의 대상 독자

C++를 배우는 중이거나 연습을 위한 도전 과제를 찾고 있다면 이 책은 당신을 위한 것이다. 독자가 다른 언어에 대한 경험이 있는지와는 관계없이, 이 책은 C++를 배우는 사람 모두에게 도움이 될 수 있는 실용적인 연습 문제와 실전 문제로 구성됐다. 이 책은 언어나 표준 라이브러리의 기능을 설명하기보다(그런 것들은 책이나 문서, 튜토리얼 비디오를 통해 배울 수 있다) 독자가 다양한 난이도의 과제를 수행하며 다른 자료에서 배운 기술들을 활용할 수 있도록 한다. 이 책의 문제들은 언어에 구애받지 않기 때문에 C++로 된 풀이에서 직접적인 도움을 받기는 어렵겠지만 다른 프로그래밍 언어를 배울 때에도 사용할 수 있을 것이다.

이 책의 구성

1장, 수학 문제 다음 장들에서 다룰 더 어려운 문제들에 앞서 몸을 푸는 과정으로, 수학 연습 문제들로 구성돼 있다.

2장, 언어 기능 연산자 오버로딩, 이동 의미론, 사용자 정의 리터럴부터 가변인자 함수, 폴드 표현식, 타입 추론과 같은 템플릿 메타프로그래밍의 측면까지 언어가 제공하는 기능들을 연습할 수 있는 문제들을 실었다.

3장, 문자열과 정규 표현식 문자열과 다른 데이터 타입 간의 변환, 문자열의 분할과 결합, 그리고 정규 표현식을 이용한 작업에 이르기까지 문자열을 조작하는 방법들에 대한 문제들을 풀어본다.

4장, 스트림과 파일 시스템 출력 스트림 조작을 비롯해 C++17의 filesystem 라이브러리로 파일과 디렉토리를 다뤄본다.

5장, 날짜와 시간 곧 출시될 C++20 확장에 포함된 chrono 라이브러리를 미리 체험해본다. 또한 새로 추가된 표준을 바탕으로 만들어진 date 라이브러리로 풀이할 수 있는 달력과 타임존에 관련된 다양한 문제를 살펴본다.

6장, 알고리즘과 데이터 구조 이 책에서 가장 방대하게 다루는 주제 중 하나다. 기존에 알려진 표준 알고리즘을 활용해 풀 수 있는 다양한 문제들을 포함해, 원형 버퍼나 우선순위 큐를 이용해 자신만의 범용 알고리즘을 구현해야 하는 문제들도 알아본다. 이 장은 진화 알고리즘과 셀룰러 오토마타를 배울 수 있는 두 가지 흥미로운 문제, 도킨스의 족제비 프로그램과 콘웨이의 라이프 게임 프로그램을 구현해보는 것으로 마무리한다.

7장, 동시성 스레드와 비동기 함수를 사용해 범용적인 병렬 알고리즘을 구현하는 문제들과 함께 동시성과 관련된 몇 가지 실전 문제를 풀어본다.

8장, 디자인 패턴 데코레이터, 컴포지트, 책임 연쇄, 템플릿 메소드 등 디자인 패턴으로 해결할 수 있는 일련의 문제를 알아본다.

9장, 데이터 직렬화 몇 가지 문제를 통해 일반적으로 가장 많이 사용되는 직렬화 포맷인 JSON과 XML을 다룬다. 또한 서드 파티 오픈소스 크로스 플랫폼 라이브러리들을 사용해 PDF 파일을 만들어 내는 것에 도전해본다.

10장, 압축, 이미지, 데이터베이스 zip 압축 파일과 관련된 문제를 해결하고, 캡차^{Captcha} 방식의 시스템이나 바코드 생성기와 같은 실전 문제를 위해 PNG 파일을 만들어본다. 또한 독자의 애플리케이션에 SQLite 데이터베이스를 내장하고 활용해본다.

11장, 암호화 주로 데이터 암호화와 사이닝을 위해 Crypto++ 라이브러리를 사용하는 방법을 배운다. 또한 자신만의 Base64 인코딩 및 디코딩 유틸리티를 구현해본다.

12장, 네트워킹과 서비스 TCP/IP를 통해 통신하는 자신만의 클라이언트-서버$^{Client-server}$ 애플리케이션을 구현해본다. 또한 비트코인 환율 조회나 문자 번역 API와 같은 다양한 REST 서비스를 사용해 볼 것이다.

▎준비 사항

독자는 C++ 언어와 표준 라이브러리에 대해 기본적인 지식이 있어야 한다. 그렇지 않다면 책을 읽어나가며 함께 학습하기 바란다. 이 책은 문제를 해결하는 방법만 알려주기 때문에 풀이에서 사용된 언어와 기능은 설명하지는 않는다는 점을 참고하자.

문제를 풀기 위해서는 C++17을 지원하는 컴파일러가 필요하다. 필요한 라이브러리의 전체 목록과 사용할 수 있는 컴파일러의 종류는 코드 번들에 포함된 소프트웨어와 하드웨어 리스트^{Software Hardware List}에서 확인할 수 있다.

▎예제 코드 다운로드

한국어판 내용에 맞춰 수정한 예제 코드는 에이콘출판사의 도서정보 페이지인 http://www.acornpub.co.kr/book/modern-cplus-challenge에서 다운로드할 수 있다.

원서에 사용된 예제 코드는 http://www.packtpub.com/support를 방문해 이메일을 등록하면 직접 다운로드할 수 있으며, 이 링크를 통해 원서의 Errata도 확인할 수 있다.

▎코드 빌드

책 전체에 걸쳐 서드 파티 라이브러리가 많이 사용됐지만, 책에서 사용된 라이브러리와 제공된 풀이 전부 크로스 플랫폼이기 때문에 어떤 플랫폼에서도 실행할 수 있다. 여기 수록된 코드들은 Windows 10에서 Visual Studio 2017 v15.6/7과 macOS 10.13.x에서 Xcode 9.3을 이용해 개발과 테스트를 거쳤다.

맥^{Mac}에서 Xcode를 사용하는 경우 Xcode에 포함된 기본 LLVM 툴셋으로는 책에서 사용된 두 가지 기능, filesystem 라이브러리와 std::optional을 사용할 수 없다. 그러나 이들은 Boost.Filesystem과 Boost.Optional 라이브러리를 바탕으로 만들어진 것이기 때문에 풀이에서 언급된 표준 라이브러리를 Boost 라이브러리로 쉽게 대체할 수 있다. 제공되는 코드는 매크로를 통해 어떤 라이브러리를 사용할지를 결정하는 방식으로 두 가지 플랫폼에서 모두 동작하도록 작성됐다. 양쪽 플랫폼, 또는 한 가지 플랫폼에서 소스코드를 빌드하는 방법은 뒤이어 소개한다. 소스코드 압축 파일에서도 같은 정보를 찾을 수 있다.

다양한 플랫폼과 대부분의 개발 환경, 빌드 시스템을 지원할 수 있도록 코드는 CMake 스크립트를 통해 제공된다. 이를 통해 원하는 툴셋에 대한 프로젝트를 생성하거나 스크립트를 작성할 수 있다. 만약 개발 장비에 CMake가 설치돼 있지 않다면 https://cmake.org/에서 다운로드할 수 있다.

다음에서 CMake를 이용해 Visual Studio와 Xcode 스크립트를 생성하는 방법에 대한 설명을 찾을 수 있다. 다른 툴들에 대한 정보가 필요하다면 CMake의 문서를 참조하라.

프로젝트 생성 : Visual Studio 2017

다음 과정을 수행해 x86 플랫폼을 타깃으로 하는 Visual Studio 2017 프로젝트를 생성한다.

1. 명령 프롬프트를 열고 소스코드의 루트 폴더에 있는 build 디렉토리로 이동한다.
2. 다음 CMake 명령어를 실행한다.

   ```
   cmake -G "Visual Studio 15 2017" .. -DCMAKE_USE_WINSSL=ON
   -DCURL_WINDOWS_SSPI=ON -DCURL_LIBRARY=libcurl
   -DCURL_INCLUDE_DIR=..\libs\curl\include -DBUILD_TESTING=OFF
   -DBUILD_CURL_EXE=OFF -DUSE_MANUAL=OFF
   ```

3. 실행이 끝나면 build/cppchallenger.sln에서 Visual Studio 솔루션 파일을 찾을 수 있다.

x64 플랫폼을 타깃으로 할 경우, "Visual Studio 15 2017 Win64"라는 이름의 제너레이터generator를 사용해야 한다.[2] Visual Studio 2017 15.4는 filesystem 라이브러리(experimental 라이브러리를 통해)와 `std::optional` 양쪽을 모두 지원한다.[3] 이전 버전을 사용하고 있거나 Boost 라이브러리를 대신 사용하기 위해서는 Boost를 올바르게 설치한 후 다음 명령어를 사용해 프로젝트를 생성할 수 있다.

```
cmake -G "Visual Studio 15 2017" .. -DCMAKE_USE_WINSSL=ON
-DCURL_WINDOWS_SSPI=ON -DCURL_LIBRARY=libcurl
-DCURL_INCLUDE_DIR=..\libs\curl\include -DBUILD_TESTING=OFF
-DBUILD_CURL_EXE=OFF -DUSE_MANUAL=OFF -DBOOST_FILESYSTEM=ON
-DBOOST_OPTIONAL=ON -DBOOST_INCLUDE_DIR=<헤더 경로>
-DBOOST_LIB_DIR=<라이브러리 경로>
```

헤더와 정적 라이브러리 파일들의 경로가 백슬래시(\)로 끝나지 않는 것을 확인해야 한다.

프로젝트 생성 : Xcode

마지막 장인 12장의 설명 일부는 libcurl 라이브러리를 사용한다. SSL지원을 위해서는 OpenSSL 라이브러리를 함께 링크해야 한다. 다음을 따라 OpenSSL을 설치할 수 있다.[4]

1. https://www.openssl.org/에서 라이브러리를 다운로드한다.
2. 압축을 푼 뒤 터미널을 이용해 루트 디렉토리로 이동한다.
3. 다음 명령어들을 이용해 라이브러리를 빌드하고 설치한다(순서대로 실행하라).

   ```
   ./Configure darwin64-x86_64-cc shared enable-
   ec_nistp_64_gcc_128 no-ssl2 no-ssl3 no-comp --
   ```

---

2   64비트 플랫폼에서 Visual studio 2019 버전을 사용할 경우 기본 타깃이 x64로 지정된다. "Visual Studio 16 2019" -A Win32 와 같이 -A 옵션을 이용해 수동으로 32비트 플랫폼을 타깃으로 지정할 수 있다. - 옮긴이
3   filesystem 라이브러리는 Visual Studio 2017 15.7부터 정식으로 편입됐다. - 옮긴이
4   또는 Boost와 동일하게 Homebrew를 이용해 brew install openssl 명령어로 설치할 수도 있다. - 옮긴이

```
openssldir=/usr/local/ssl/macos-x86_64

make depend

sudo make install
```

std::optional과 filesystem 라이브러리가 Xcode의 Clang 컴파일러에서 지원될 때까지는 Boost 라이브러리를 사용해야 한다. 다음과 같이 Boost 라이브러리를 빌드하고 설치하자.

1. https://brew.sh/에서 Homebrew를 설치한다.
2. 다음 명령어를 입력하면 자동으로 Boost 라이브러리를 다운로드하고 설치한다.

```
brew install boost
```

3. 설치가 끝나면 경로 /usr/local/Cellar/boost/1.70.0에서 Boost 라이브러리를 찾을 수 있다(설치한 버전에 따라 차이가 있을 수 있다).

소스 파일에서 Xcode 프로젝트를 생성하기 위해 다음 설명을 따라해보자.

1. 터미널을 열고 소스코드의 루트 디렉토리에 있는 build 디렉토리로 이동한다.
2. 다음 CMake 명령어를 실행한다. Boost 라이브러리의 경로는 설치된 버전에 따라 차이가 있을 수 있다.

```
cmake -G Xcode .. -DOPENSSL_ROOT_DIR=/usr/local/bin
DOPENSSL_INCLUDE_DIR=/usr/local/include -DBUILD_TESTING=OFF
DBUILD_CURL_EXE=OFF -DUSE_MANUAL=OFF -DBOOST_FILESYSTEM=ON
DBOOST_OPTIONAL=ON
DBOOST_INCLUDE_DIR=/usr/local/Cellar/boost/1.70.0/include
DBOOST_LIB_DIR=/usr/local/Cellar/boost/1.70.0/lib
```

brew를 이용해 openSSL을 설치한 경우, openSSL의 경로를 다르게 지정해 줘
야 한다.

```
cmake -G Xcode .. -DOPENSSL_ROOT_DIR=/usr/local/opt/openssl
DOPENSSL_INCLUDE_DIR=/usr/local/opt/openssl/include -DBUILD_TESTING=OFF
DBUILD_CURL_EXE=OFF -DUSE_MANUAL=OFF -DBOOST_FILESYSTEM=ON
DBOOST_OPTIONAL=ON
DBOOST_INCLUDE_DIR=/usr/local/Cellar/boost/1.70.0/include
DBOOST_LIB_DIR=/usr/local/Cellar/boost/1.70.0/lib
```

3. 실행이 완료된 후 build/cppchallenger.xcodeproj에서 Xcode 프로젝트를 찾을 수 있다.

편집 규약

이 책은 다음과 같은 표기법을 채택했다.

1) 코드 글꼴은 다음에서 사용한다.

본문에 삽입된 코드 단어들, 인터페이스, 모듈 이름, 클래스 이름에는 코드 글꼴을 사용한다.

- `load_file()` 메소드를 호출해 XML 파일의 내용을 `pugi::xml_document` 클래스로 불러들일 수 있다.

2) 코드 블록은 다음처럼 사용한다.

```
int main()
{
    std::cout << "Hello, World!\n";
}
```

코드 블록에서 특정 부분에 대해 주의를 기울여야 할 때는 관련된 라인이나 항목을 굵게 표시했다.

```
template<typename C, typename... Args>
void push_back(C& c, Args&&... args)
{
    (c.push_back(args), ...);
}
```

3) 모든 명령줄 입력이나 출력은 다음처럼 쓰인다.

```
$ mkdir build
$ cd build
```

4) 본문의 굵은 글씨

새로운 단어, 중요한 단어, 또는 화면에 보이는 단어를 의미한다.

 5) 주의사항이나 중요한 내용은 이렇게 나타낸다.

 6) 팁이나 알아둬야 할 부분은 이렇게 나타낸다.

정오표

한국어판 정오표는 http://www.acornpub.co.kr/book/modern-cplus-challenge 에서 확인할 수 있다.

저작권 및 저술 관련

인터넷상에서 어떤 형태로든 불법 복제물을 발견하면 주소나 웹사이트 이름을 링크와 함께 copyright@packtpub.com로 알려주기 바란다.

질문

독자의 의견은 언제나 환영한다. 메일 제목에 책 제목을 명시해 feedback@packtpub.com으로 의견을 보낼 수 있다. 책과 관련해 질문이 있다면 questions@packtpub.com으로 메일을 보내주기 바란다.

한국어판에 관한 질문은 이 책의 옮긴이(jimin@jiminis.me)나 에이콘출판사 편집팀(editor@acornpub.co.kr)으로 문의하면 된다.

01

수학 문제

▮ 문제

1. 3이나 5로 나누어 떨어지는 자연수의 합을 계산하는 프로그램 구현하기

사용자가 입력한 상한까지의 자연수 중 3이나 5로 나누어 떨어지는 수의 합을 계산하고 출력하는 프로그램을 작성하라.

2. 최대공약수 프로그램 구현하기

양의 정수 두 개가 주어졌을 때, 두 수의 최대공약수를 계산하고 출력하는 프로그램을 작성하라.

3. 최소공배수 프로그램 구현하기

양의 정수가 두 개 또는 그 이상 주어졌을 때 최소공배수를 찾는 프로그램을 작성하라.

4. 주어진 수보다 작은 가장 큰 소수를 계산하는 프로그램 구현하기

사용자에 의해 주어진 수보다 작은 가장 큰 소수를 계산하고 출력하라. 결과는 반드시 양의 정수여야 한다.

5. 섹시 소수 짝을 출력하는 프로그램 구현하기

사용자가 입력한 상한까지의 모든 섹시 소수 $^{\text{sexy prime}}$ 짝을 출력하는 프로그램을 작성하라.

6. 과잉수 출력 프로그램 구현하기

사용자가 입력한 상한까지의 모든 과잉수 $^{\text{abundant number}}$ 와 그 과잉 ^{abundance} 을 출력하라.

7. 친화수 짝을 출력하는 프로그램 구현하기

1,000,000보다 작은 모든 친화수 $^{\text{amicable number}}$ 짝을 출력하라.

8. 암스트롱 수를 출력하는 프로그램 구현하기

모든 세 자리 암스트롱 수 $^{\text{Armstrong number}}$ 를 출력하라.

9. 소인수 분해 프로그램 구현하기

사용자가 입력한 수의 소인수$^{prime\ factor}$들을 출력하는 프로그램을 작성하라.

10. 그레이 코드 출력 프로그램 구현하기

모든 5-비트 수의 일반적인 이진 표현, 그레이 코드$^{Gray\ code}$, 복호화된 그레이 코드 값을 출력하는 프로그램을 작성하라.

11. 로마 숫자 표기법 변환 프로그램 구현하기

사용자가 입력한 수를 로마 표기법으로 출력하는 프로그램을 작성하라.

12. 가장 긴 콜라츠 수열 출력 프로그램 구현하기

100만까지의 수 중 가장 긴 콜라츠^{Collatz} 수열을 만드는 수를 찾고, 그 수와 함께 수열의 길이를 출력하는 프로그램을 작성하라.

13. 파이 값 계산 프로그램 구현하기

소수점 두 자리의 정밀도로 파이 값을 계산하는 프로그램을 작성하라.

14. ISBN 검증 프로그램 구현하기

사용자가 입력한 10자리의 문자열이 유효한 ISBN-10 번호를 나타내는지 확인하는 프로그램을 작성하라.

▎풀이

1. 3이나 5로 나누어 떨어지는 자연수의 합을 계산하는 프로그램 구현하기

이 문제의 해법은 3부터 사용자가 입력한 상한까지의 모든 수에 대해(1과 2는 3으로 나누어 떨어지지 않으므로 테스트할 필요가 없을 것이다) 모듈로^{modulo} 연산자를 이용해 주어진 수를 3과 5로 나눈 나머지가 0인지 확인하는 것이다. 큰 상한이 주어졌을 때 수의 합을 구하려면 int나 long 대신 long long 타입을 사용해야 한다는 점을 주의해야 한다. 그렇지 않으면 100,000까지 계산하기도 전에 오버플로우가 발생하게 될 것이다.

```cpp
int main()
{
   unsigned int limit = 0;
   std::cout << "Upper limit:";
   std::cin >> limit;

   unsigned long long sum = 0;
   for (unsigned int i = 3; i < limit; ++i)
   {
      if (i % 3 == 0 || i % 5 == 0)
         sum += i;
   }

   std::cout << "sum=" << sum << std::endl;
}
```

2. 최대공약수 프로그램 구현하기

두 개 이상의 0이 아닌 수의 최대공약수(Great Common Divisor^{GCD}, Greatest Common Factor^{GCF}, Highest Common Factor^{HCF}, Greatest Common Measure^{GCM}, Highest Common Divisor^{HCD} 등으로 표기하기도 한다)는 주어진 수 모두를 나누어 떨어지게 만드는 가장 큰 양

의 정수다. 최대공약수를 구하는 방법은 여러 가지인데, 유클리드^Euclid의 알고리즘이 가장 효율적이다. 두 개의 정수가 있을 때 이 알고리즘은 다음과 같다.

```
gcd(a,0) = a
gcd(a,b) = gcd(b, a mod b)
```

이는 재귀 함수를 사용해 간단히 C++로 구현할 수 있다.

```cpp
unsigned int gcd(unsigned int const a, unsigned int const b)
{
    return b == 0 ? a : gcd(b, a % b);
}
```

유클리드 알고리즘의 비재귀적인 구현은 다음과 같다.

```cpp
unsigned int gcd2(unsigned int a, unsigned int b)
{
    while (b != 0)  {
        unsigned int r = a % b;
        a = b;
        b = r;
    }
    return a;
}
```

C++17에서는 〈numeric〉 헤더에서 두 수의 최대공약수를 계산하는 gcd()라는 이름의 constexpr 함수를 찾을 수 있다.

3. 최소공배수 프로그램 구현하기

두 개 이상의 0이 아닌 정수에 대한 최소공배수(Least Common Multiple^{LCM}, Lowest Common Multiple, Smallest Common, Multiple, Smallest Positive Integer 등으로 표기하기도 한다)는 주어진 수 모두로 나누어 떨어지는 가장 작은 정수를 의미한다. 최소공배수를 계산하는 방법 중 하나는 문제를 최대공약수를 계산하는 것으로 축소하는 것이다. 이때 다음 공식을 사용할 수 있다.

```
lcm(a, b) = abs(a, b) / gcd(a, b)
```

최소공배수를 계산하는 함수는 다음과 같다.

```
int lcm(int const a, int const b)
{
    int h = gcd(a, b);
    return h ? (a * (b / h)) : 0;
}
```

두 개 이상의 정수에 대해 최소공배수를 계산할 때 〈numeric〉 헤더에 있는 std::accumulate 알고리즘을 사용할 수 있다.

```
template <class InputIt>
int lcmr(InputIt first, InputIt last)
{
    return std::accumulate(first, last, 1, lcm);
}
```

 C++17에서는 〈numeric〉 헤더에서 최소공배수를 계산하는 lcm()라는 constexpr 함수를 찾을 수 있다.

4. 주어진 수보다 작은 가장 큰 소수를 계산하는 프로그램 구현하기

소수는 오직 1과 자신, 두 개의 수로만 나누어 떨어지게 만들 수 있는 수다. 주어진 수보다 작은 가장 큰 소수를 찾기 위해서는 먼저 주어진 수가 소수인지를 판별하는 함수를 작성해야 한다. 그후 첫 번째 소수를 만날 때까지 주어진 수부터 1까지의 수에 대해 이 함수를 반복해 호출한다. 주어진 수가 소수인지를 판별하는 알고리즘이 다양한데, 가장 일반적인 구현 방법은 다음과 같다.

```cpp
bool is_prime(int const num)
{
    if (num <= 3) { return num > 1; }
    else if (num % 2 == 0 || num % 3 == 0)
    {
        return false;
    }
    else
    {
        for (int i = 5; i * i <= num; i += 6)
        {
            if (num % i == 0 || num % (i + 2) == 0)
            {
                return false;
            }
        }
        return true;
    }
}
```

이 함수는 다음과 같이 사용할 수 있다.

```cpp
int main()
{
    int limit = 0;
    std::cout << "Upper limit:";
    std::cin >> limit;

    for (int i = limit; i > 1; i--)
    {
```

```cpp
        if (is_prime(i))
        {
            std::cout << "Largest prime:" << i << std::endl;
            return 0;
        }
    }
}
```

5. 섹시 소수 짝을 출력하는 프로그램 구현하기

섹시 소수[sexy prime]는 두 수의 차가 6인 소수 쌍을 의미한다(예: 5와 11, 13과 19). 두 수의 차가 2인 쌍둥이 소수[twin primes]라는 것도 있고, 두 수의 차가 4인 사촌 소수[cousin primes] 도 존재한다.

[문제 4]에서 작성한, 주어진 수가 소수인지를 판별하는 함수를 다시 사용한다. 숫자 n이 소수일 경우 n+6의 소수 여부를 판별하고, 그렇게 확인되면 두 숫자 쌍을 콘솔에 출력한다.

```cpp
int main()
{
    int limit = 0;
    std::cout << "Upper limit:";
    std::cin >> limit;

    for (int n = 2; n <= limit; n++)
    {
        if (is_prime(n) && is_prime(n+6))
        {
            std::cout << n << "," << n+6 << std::endl;
        }
    }
}
```

더 해볼 수 있는 과제로 세 쌍, 네 쌍, 다섯 쌍의 섹시 소수를 찾아보자.

6. 과잉수 출력 프로그램 구현하기

과잉수$^{abundant\ number}$ 또는 초과수$^{excessive\ number}$는 진약수$^{proper\ divisor}$들의 합이 수 자신보다 작은 수를 말한다. 어떤 수의 진약수란 그 수 자신을 제외한 양의 약수를 의미한다. 어떤 수의 진약수들의 합이 그 수를 초과하는 양을 과잉이라고 한다. 예를 들어, 숫자 12의 진약수는 1, 2, 3, 4, 6이다. 이 수들의 합은 16이기 때문에 12는 과잉수가 되며, 과잉은 4(16-12)가 된다.

진약수의 합을 구하기 위해 2부터 주어진 수의 제곱근까지(모든 약수는 제곱근보다 작거나 같으므로) 모든 숫자를 순회하며 다음을 시험해본다. 현재의 수를 i라고 하고, 주어진 수 num이 i로 나누어 떨어진다면 i와 num/i는 모두 약수다. 그러나 i와 num/i가 같으면(가령, i = 3이고 num = 9라면, 9는 i로 나누어 떨어지며 num/i 또한 3이 된다) 같은 진약수가 중복돼 더해지는 것을 막기 위해 오직 i만 더한다. i와 num/i가 같지 않을 때는 i와 num/i 모두를 더한 후 계속한다.

```
int sum_proper_divisors(int const number)
{
    int result = 1;
    for (int i = 2; i <= std::sqrt(number); i++)
    {
        if (number % i == 0)
        {
            result += (i == (number / i)) ? i : (i + number / i);
        }
    }
    return result;
}
```

과잉수를 출력하는 것은 입력된 상한까지 순회하는 것만큼이나 간단하다. 진약수의 합을 구한 후 주어진 수와 비교한다.

```cpp
void print_abundant(int const limit)
{
    for (int number = 10; number <= limit; ++number)
    {
        auto sum = sum_proper_divisors(number);
        if (sum > number)
        {
            std::cout << number << ", abundance="
                      << sum - number << std::endl;
        }
    }
}

int main()
{
    int limit = 0;
    std::cout << "Upper limit:";
    std::cin >> limit;

    print_abundant(limit);
}
```

7. 친화수 짝을 출력하는 프로그램 구현하기

한 숫자의 진약수의 합이 다른 수와 같은 두 수를 친화수^{amicable numbers}라고 한다. 어떤 수의 진약수란 그 수 자신을 제외한 양의 약수를 의미한다. 친화수를 친구수^{friendly number}로 혼동해서는 안 된다. 예컨대, 220은 진약수 1, 2, 4, 5, 10, 11, 20, 22, 44, 55, 110을 가지며 이때 이들의 합은 284이다. 284의 진약수는 1, 2, 4, 71, 142이며, 이 합은 220이다. 따라서 수 쌍 220과 284는 친화수라고 할 수 있다.

이 문제의 해법은 주어진 상한까지의 모든 수에 대해 순회하며 다음을 수행하는 것이다. 먼저 각각의 수에 대해 진약수의 합을 구한다. 이를 sum1이라고 할 때, sum1에 대해 진약수와 그 합을 구하는 것을 반복한다. 만약 합이 원래의 수와 같다면 그 수와 sum1은 친화수다.

```
void print_amicables(int const limit)
{
    for (int number = 4; number < limit; ++number)
    {
        auto sum1 = sum_proper_divisors(number);
        if (sum1 < limit)
        {
            auto sum2 = sum_proper_divisors(sum1);
            if (sum2 == number && number != sum1)
            {
                std::cout << number << "," << sum1 << std::endl;
            }
        }
    }
}
```

위의 예에 등장한 sum_proper_divisors( )은 [문제 6] 과잉수에서 사용됐던 함수다.

TIP 위 함수에는 220과 284, 284와 220처럼 같은 수 쌍을 두 번 출력하는 문제가 있다. 이를 한 번만 출력하도록 구현을 수정해보자.

8. 암스트롱 수 출력 프로그램 구현하기

나르시스트 수^{narcissistic number}, 완전 자릿수 불변^{pluperfect digital invariant}, 플러스 완전수^{plus perfect number} 등의 다른 이름으로도 불리는 암스트롱 수(마이클 F. 암스트롱^{Michael F. Armstrong}의 이름을 딴 수)는 수의 자릿수 각각을 전체 자릿수만큼 제곱한 것의 합이 자신과 같은 수를 말한다. 가장 작은 암스트롱 수는 153이며, 이는 $1^3+5^3+3^3$과 같음을 예로 들 수 있다.

어떤 수가 나르시스트 수인지를 판별하려면, 먼저 각 자릿수를 분리해 제곱을 구해야 한다. 그러나 이는 값비싼 나눗셈과 모듈로 연산을 사용한다. 이를 계산하는 훨씬 빠른 방법은 어떤 수를 각 자릿수에 그 위치만큼 10을 곱한 것의 합으로 표현할 수 있다는 점을 이용하는 것이다. 다시 말해 주어진 범위가 1,000까지이므로, 수는 a*10^2 + b*10 + c

로 나타낼 수 있다. 오직 세 자리 수만 살펴보면 되므로 이때 a는 1부터 시작한다. 이는 다른 접근법들보다 훨씬 빠르게 동작하는데, 곱셈을 계산하는 것이 나눗셈이나 모듈로 연산보다 빠르기 때문이다. 이 함수를 소개한다.

```cpp
void print_narcissistics(bool const printResults)
{
    for (int a = 1; a <= 9; a++)
    {
      for (int b = 0; b <= 9; b++)
      {
        for (int c = 0; c <= 9; c++)
        {
          auto abc = a * 100 + b * 10 + c;
          auto arm = a * a * a + b * b * b + c * c * c;
          if (abc == arm)
          {
              std::cout << arm << std::endl;
          }
        }
      }
    }
}
```

자릿수와 관계없이 주어진 한도까지의 나르시스트 수를 구하는 함수를 작성해보자. 여기에는 먼저 숫자의 자릿수를 구하고, 이를 컨테이너에 저장하고 알맞은 수(자릿수)만큼 제곱해 합하는 과정이 필요하므로 위에서 작성한 함수보다는 다소 느려질 것이다.

9. 소인수 분해 프로그램 구현하기

양의 정수의 소인수는 그 정수를 나누어 떨어지게 만드는 소수다. 가령, 8의 소인수는 2×2×2이며, 42의 소인수는 2×3×7이다. 소인수를 찾기 위해 다음과 같은 알고리즘을 사용할 수 있다.

1. 주어진 수 n이 2로 나누어 떨어진다면, 2는 소인수이므로 리스트에 추가한다. 이후 n에 n/2를 대입하고 이를 n이 홀수가 될 때까지 반복한다.
2. 3부터 n의 제곱근까지 순회한다. 만약 n이 현재 수 i로 나누어 떨어진다면, i는 소인수이므로 리스트에 추가하고 n을 n/i로 치환한다. 이를 n이 i로 나누어 떨어지지 않을 때까지 반복한 뒤, i를 2 증가시킨다(다음 홀수).
3. n이 2보다 큰 소수인 경우, 위 단계들이 끝났을 때 n은 1이 아닐 것이다. 따라서 두 번째 단계를 마친 후 n이 여전히 2보다 크다면, n은 소인수다.

```cpp
std::vector<unsigned long long> prime_factors(unsigned long long n)
{
    std::vector<unsigned long long> factors;
    while (n % 2 == 0) {
        factors.push_back(2);
        n = n / 2;
    }
    for (unsigned long long i = 3; i <= std::sqrt(n); i += 2)
    {
        while (n % i == 0) {
            factors.push_back(i);
            n = n / i;
        }
    }

    if (n > 2)
        factors.push_back(n);
    return factors;
}

int main()
{
    unsigned long long number = 0;
    std::cout << "number:";
    std::cin >> number;
    auto factors = prime_factors(number);
    std::copy(std::begin(factors), std::end(factors),
        std::ostream_iterator<unsigned long long>(std::cout, " "));
}
```

더 해볼 수 있는 과제로 600,851,475,143의 가장 큰 소인수를 구해 보라.

10. 그레이 코드 출력 프로그램 구현하기

반사 이진 코드^{reflected binary code}이나 반사 이진수^{reflected binary}로도 알려진 그레이 코드는 연속된 두 수가 오직 한 비트 차이가 나도록 만드는 이진 인코딩 방법이다. 그레이 코드 인코딩을 구현하기 위해 다음과 같은 공식을 사용할 것이다.

```
if b[i-1] = 1 then g[i] = not b[i]
else g[i] = b[i]
```

이는 다음과 같다.

```
g = b xor (오른쪽으로 한 번 논리 시프트된 b)
```

그레이 코드를 디코딩하기 위해서 다음 공식이 사용된다.

```
b[0] = g[0]
b[i] = g[i] xor b[i-1]
```

이를 32비트 부호 없는 정수형^{unsigned integer}에 대한 C++ 코드로 구현하면 다음과 같다.

```cpp
unsigned int gray_encode(unsigned int const num)
{
    return num ^ (num >> 1);
}

unsigned int gray_decode(unsigned int gray)
{
    for (unsigned int bit = 1U << 31; bit > 1; bit >>= 1)
```

```
      {
         if (gray & bit) gray ^= bit >> 1;
      }
      return gray;
}
```

5비트 정수의 이진 표현과 인코딩된 그레이 코드, 디코딩된 값을 출력하기 위해 다음 코드를 사용한다.

```
std::string to_binary(unsigned int value, int const digits)
{
      return std::bitset<32>(value).to_string().substr(32 - digits, digits);
}

int main()
{
      std::cout << "Number\tBinary\tGray\tDecoded\n";
      std::cout << "------\t------\t----\t-------\n";

      for (unsigned int n = 0; n < 32; ++n)
      {
         auto encg = gray_encode(n);
         auto decg = gray_decode(encg);

         std::cout
            << n << "\t" << to_binary(n, 5) << "\t"
            << to_binary(encg, 5) << "\t" << decg << "\n";
      }
}
```

11. 로마 숫자 표기법 변환 프로그램 구현하기

오늘날 로마 숫자로 알려진 로마 표기법은 7개의 기호, I=1, V=5, X=10, L=50, C=100, D=500, M=1000를 사용한다. 이는 수를 나타내기 위해 덧셈과 뺄셈을 사용하는 방법이다. 1부터 10까지의 수는 I, II, III, IV, V, VI, VII, VIII, IX, X의 숫자 기호에 해당한다. 로마인들은 0을 별도의 기호 없이 nulla로 표현했다. 이 표기법에서 가장 큰 숫자는 왼쪽, 가장 작은 숫자는 오른쪽에 위치한다. 예를 들어, 1994를 로마 숫자로 표기하면 MCMXCIV가 된다. 이 규칙에 익숙하지 않다면 인터넷에서 더 많은 정보를 찾을 수 있다.

로마 숫자를 만들기 위해 다음과 같은 알고리즘을 사용한다.

1. 가장 큰 로마 숫자 기호(M)부터 가장 작은 기호(I)까지, 모든 기호에 대해 다음을 확인한다.
2. 현재의 값이 기호의 값보다 크면 해당하는 기호의 값을 결과 문자열에 덧붙이고 현재 값에서 기호가 의미하는 값을 뺀다.
3. 현재 값이 0이 될 때까지 이를 반복한다.

42를 예로 들어보자. 42보다 작은 값을 의미하는 첫 로마 숫자는 XL이며, 이는 40을 의미한다. 이를 문자열에 삽입하면 XL이 되며, 현재의 수에서 40을 빼면 남은 값은 2가 된다. 2보다 작은 첫 로마 숫자는 1을 의미하는 I다. 결과 문자열에 I를 덧붙이고 현재 수에서 1을 뺀다. 남은 값은 1이 된다. 문자열에 I를 하나 더 붙이면 결과는 XLII가 되며, 다시 한 번 현재 수에서 1을 뺀다. 결과는 0이 되므로 연산을 중지한다.

```
std::string to_roman(unsigned int value)
{
    std::vector<std::pair<unsigned int, char const *>> roman{
        {1000, "M"}, {900, "CM"}, {500, "D"}, {400, "CD"},
        {100, "C"}, {90, "XC"}, {50, "L"}, {40, "XL"},
        {10, "X"}, {9, "IX"}, {5, "V"}, {4, "IV"}, {1, "I"}};

    std::string result;
    for (auto const &kvp : roman) {
        while (value >= kvp.first) {
            result += kvp.second;
            value -= kvp.first;
        }
```

```
    }
    return result;
}
```

이 함수는 다음과 같이 사용할 수 있다.

```
int main()
{
    for (int i = 1; i <= 100; ++i)
    {
        std::cout << i << "\t" << to_roman(i) << std::endl;
    }

    int number = 0;
    std::cout << "number:";
    std::cin >> number;
    std::cout << to_roman(number) << std::endl;
}
```

12. 가장 긴 콜라츠 수열 출력 프로그램 구현하기

울람 추측^{Ulam conjecture}, 카쿠타니의 문제^{Kakutani's problem}, 스웨이츠 추측^{Thwaites conjecture}, 하스 알고리즘^{Hasse's algorithm}, 시라큐스 문제^{Syracuse problem} 등의 이름으로도 불리는 콜라츠 추측^{Collatz conjecture}은 다음에 설명하는 수열이 언제나 1에 도달하게 된다는 검증되지 않은 추측이다. 이 수열은 다음과 같이 정의된다. 어떤 양의 정수 n에서 출발해 이전 항으로부터 다음 항을 산출한다. 이전 항이 짝수면 다음 항은 이전 항의 절반이며, 그렇지 않을 경우 다음 항은 이전 항의 값에 세 배를 해 1을 더한 것이 된다.

이번에 풀 문제는 백만 이하의 모든 양의 정수들에 대한 콜라츠 수열을 구하고, 어떤 수열이 가장 긴지 찾아 그 길이와 첫 번째 항을 출력하는 것이다. 비록 브루트 포스^{brute force} 방식을 적용해 모든 수에 대한 수열을 생성하고 1이 될 때까지의 길이를 찾을 수도 있겠지만, 더 빠른 해법은 이미 생성한 수열의 길이를 저장해 놓는 것이다. n부터 시작한 수열의 값이 n보다 작아진다면, 이때의 수는 이미 한 번 생성되어 길이를 아는 수열을 다시 만드는 것임을 의미한다. 따라서 단순히 캐시에 저장된 길이를 가져와 현재까지 계산한 길이에 더해 n부터 시작한 수열의 길이를 알 수 있다. 그러나 콜라츠 수열을 계산하는 이러한 접근 방식은 캐시의 크기가 시스템에서 할당할 수 있는 메모리의 양을 초과할 수도 있다는 한계가 있다.

```cpp
std::pair<unsigned long long, long> longest_collatz(
    unsigned long long const limit)
{
    long length = 0;
    unsigned long long number = 0;
    std::vector<int> cache(limit + 1, 0);
    for (unsigned long long i = 2; i <= limit; i++)
    {
        auto n = i;
        long steps = 0;
        while (n != 1 && n >= i)
        {
            if ((n % 2) == 0) n = n / 2;
            else n = n * 3 + 1;
            steps++;
        }
        cache[i] = steps + cache[n];

        if (cache[i] > length)
        {
            length = cache[i];
            number = i;
        }
    }

    return std::make_pair(number, length);
}
```

13. 파이 값 계산 프로그램 구현하기

파이 값을 근사해 계산하는 적합한 해법은 몬테 카를로 시뮬레이션^{Monte Carlo simulation}을 사용하는 것이다. 이는 임의의 입력 샘플을 사용해 복잡한 프로세스나 시스템의 행동을 탐색하는 방법이다. 이 방법은 물리, 엔지니어링, 컴퓨팅, 금융, 비즈니스 같은 다양한 분야에서 응용되고 있다.

이를 위해 다음 아이디어를 적용해보자. 지름이 d인 원의 넓이는 PI * d^2 / 4다. 한 변이 d인 정사각형의 넓이는 d^2이다. 이 둘을 나눈다면 PI/4를 얻게 된다. 정사각형 안에 원을 넣고, 정사각형의 영역을 경계로 균일한 분포의^{uniformly distributed} 난수 좌표들을 생성해 점을 배치한다고 생각해보자. 원 안에 있는 점의 수는 원의 넓이에, 정사각형 안에 있는 점의 수는 정사각형의 넓이에 정비례할 것이다. 이는 사각형 안에 있는 점의 수를 원 안에 있는 점의 수로 나눈 값이 PI/4가 될 것이라는 것을 뜻한다. 더 많은 점을 생성할수록 결과는 정확해질 것이다.

의사 난수^{pseudo-random number}를 생성하기 위해 메르센 트위스터^{Mersenne twister} 법과 균등 분포^{uniform statistical distribution}를 사용한다.

```
template <typename E = std::mt19937,
          typename D = std::uniform_real_distribution<>>
double compute_pi(E& engine, D& dist, int const samples = 1000000)
{
    auto hit = 0;
    for (auto i = 0; i < samples; i++)
    {
        auto x = dist(engine);
        auto y = dist(engine);
        if (y <= std::sqrt(1 - std::pow(x, 2))) hit += 1;
    }
    return 4.0 * hit / samples;
}

int main()
{
```

```
    std::random_device rd;
    auto seed_data = std::array<int, std::mt19937::state_size> {};
    std::generate(std::begin(seed_data), std::end(seed_data),
                  std::ref(rd));
    std::seed_seq seq(std::begin(seed_data), std::end(seed_data));
    auto eng = std::mt19937{ seq };
    auto dist = std::uniform_real_distribution<>{ 0, 1 };

    for (auto j = 0; j < 10; j++)
        std::cout << compute_pi(eng, dist) << std::endl;
}
```

14. ISBN 검증 프로그램 구현하기

국제표준도서번호^{ISBN,International Standard Book Number}는 서적에 부여되는 고유한 식별 번호다. 오늘날에는 13자리 형식이 사용되고 있지만, 이 문제에서는 과거에 사용됐던 10자리 형식을 검증해야 한다. 마지막 10번째 숫자는 체크섬^{checksum}의 역할을 한다. 이 자리에 위치하는 수는 ISBN의 10자리 수 모두에 10부터 1까지의 각각의 가중치를 곱해 더한 값이 11의 배수가 되도록 선택된다.

문자열 형식의 ISBN을 전달 인자로 받는 `validate_isbn_10` 함수는 다음과 같다. 이 함수는 인자로 받은 문자열의 길이가 10이고, 문자열의 모든 성분이 숫자로 이뤄져 있으며, 모든 수에 각각의 가중치(또는 위치)를 곱해 더한 값이 11의 배수일 때 `true`를 반환한다.

```
bool validate_isbn_10(std::string_view isbn)
{
    auto valid = false;
    if (isbn.size() == 10 &&
        std::count_if(std::begin(isbn), std::end(isbn), isdigit) == 10)
    {
        auto w = 10;
        auto sum = std::accumulate(
            std::begin(isbn), std::end(isbn), 0,
```

```
            [&w](int const total, char const c) {
                return total + w-- * (c - '0'); });

        valid = !(sum % 11);
    }
    return valid;
}
```

> 더 해볼 수 있는 과제로 이 함수를 개선해 3-16-148410-0과 같이 하이픈을 포함하는 ISBN-10 번호를 검증할 수 있도록 만들 수 있을 것이다. ISBN-13을 검증하는 함수도 만들어보자.

02

언어 기능

문제

15. IPv4 데이터 형식 표현하는 함수 작성하기

IPv4 주소를 표현하는 클래스를 작성하라.

- 콘솔을 통해 주소를 읽고 쓰는 기능을 하는 함수를 구현하라.
- 사용자는 127.0.0.1이나 168.192.0.100과 같이 점으로 구분된 IPv4 주소를 입력할 수 있어야 한다.
- 출력 결과도 같은 형식이어야 한다.

16. 범위 안에 있는 IPv4 주소 열거하기

사용자가 어떤 범위의 처음과 끝, 두 개의 IPv4 주소를 입력하면 그 범위에 있는 모든 주소를 나열하는 프로그램을 작성하라.

- [문제 15]에서 정의된 구조체를 확장해 요구사항을 구현하라.

17. 기본적인 연산을 지원하는 2차원 배열 만들기

클래스 템플릿을 이용해 2차원 배열 컨테이너를 만들라.

- 이 클래스는 다음과 같은 메소드를 제공해야 한다.
  - 원소에 접근하는 메소드(at( )과 data( ))
  - 각 차원의 크기를 반환하는 메소드
  - 반복자iterator를 제공하는 메소드
  - 배열을 한 가지 값으로 채우는 메소드fill
  - 동일한 차원의 다른 객체와 내용물을 교환swap하는 메소드
- 이 타입의 객체는 이동move을 지원해야 한다.

18. 여러 수를 인자로 받는 최소 함수 작성하기

여러 개의 수를 전달 인자로 받고, < 연산자를 사용해 인자들을 비교한 뒤 가장 작은 값을 반환하는 함수 템플릿을 작성하라.

- 이 함수 템플릿을 변형해 < 연산자 대신 두 개의 수를 비교하는 함수를 매개변수로 받는 형태도 구현해보라.

19. 컨테이너에 여러 값 삽입하기

push_back(T&& value) 메소드를 갖는 임의의 컨테이너 끝 부분에 여러 개의 원소를 삽입하는 범용 함수를 작성하라.

20. 컨테이너 안의 원소를 조건별로 확인하는 함수 작성하기

다음 범용 함수들을 작성하라.

- 주어진 컨테이너 내부에 어떤 원소가 존재하는지 확인하는 함수 (any)
- 컨테이너 내부에 주어진 모든 원소가 존재하는지 확인하는 함수 (all)
- 컨테이너 내부에 주어진 원소가 존재하지 않는지 확인하는 함수 (none)

이 함수들을 이용해 다음과 같은 코드를 쓸 수 있어야 한다.

```
std::vector<int> v{ 1, 2, 3, 4, 5, 6 };
assert(contains_any(v, 0, 3, 30));

std::array<int, 6> a{ { 1, 2, 3, 4, 5, 6 } };
assert(contains_all(a, 2, 3, 5, 6));

std::list<int> l{ 1, 2, 3, 4, 5, 6 };
assert(!contains_none(l, 0, 6));
```

21. 시스템 핸들 래퍼 작성하기

파일 핸들file handle과 같은 운영체제 핸들을 떠올려 보라. 이 문제에서는 시스템 핸들의 래퍼wrapper를 작성해야 한다.

- 핸들을 획득acquisition하거나 해제release할 수 있어야 한다.
- 핸들의 유효성을 확인할 수 있어야 한다.
- 핸들의 소유권을 한 객체에서 다른 객체로 이동할 수 있어야 한다.

22. 온도 단위 리터럴을 제공하는 라이브러리 작성하기

가장 많이 사용되는 세 가지 단위법인 섭씨, 화씨, 캘빈으로 온도를 표현하고 단위법 간 변환 기능을 제공하는 작은 라이브러리를 작성하라.

- 이 라이브러리는 섭씨일 때 36.5_deg, 화씨의 경우 97.7_f, 캘빈 온도의 경우 309.65_K 처럼 세 단위법 각각에 대한 리터럴을 제공해야 한다.
- 각 단위의 값들에 대한 사칙 연산을 지원해야 하며 한 단위의 값을 다른 단위로 변환할 수 있어야 한다.

풀이

15. IPv4 데이터 형식 표현하는 함수 작성하기

이 문제에서는 IPv4 주소를 나타내는 클래스를 작성할 것이다. IPv4 주소는 32비트 값이며, 168.192.0.100처럼 주로 점으로 구분된 십진수 값들로 표현된다. 각각의 부분은 0부터 255까지의 범위인 8비트 값을 나타낸다. 이 값을 쉽게 다루기 위해 네 개의 unsigned char 변수를 사용해 주소를 저장할 것이다. 이 값은 네 개의 unsigned char 변수 또는 하나의 unsigned long 변수를 사용해 생성할 수 있다. 콘솔(또는 다른 입력 스트림)에서 바로 값을 읽어오고, 콘솔(또는 다른 출력 스트림)로 바로 값을 쓰기 위해 >> 연산자와 << 연산자를 오버로딩할 것이다. 다음은 요구사항을 만족시키는 최소한의 구현을 나타낸 것이다.

```
#include <iostream>
#include <array>
#include <sstream>
#include <assert.h>

class ipv4
{
    std::array<unsigned char, 4> data;

public:
    constexpr ipv4() : data{ {0} } {}
    constexpr ipv4(unsigned char const a, unsigned char const b,
                   unsigned char const c, unsigned char const d):
        data{{a, b, c, d}} {}
```

```cpp
explicit constexpr ipv4(unsigned long a) :
    data{ {static_cast<unsigned char>((a >> 24) & 0xFF),
           static_cast<unsigned char>((a >> 16) & 0xFF),
           static_cast<unsigned char>((a >> 8) & 0xFF),
           static_cast<unsigned char>(a & 0xFF) } }  {}
ipv4(ipv4 const & other) noexcept : data(other.data) {}
ipv4 &operator=(ipv4 const & other) noexcept
{
    data = other.data;
    return *this;
}

std::string to_string() const
{
    std::stringstream sstr;
    sstr << *this;
    return sstr.str();
}

constexpr unsigned long to_ulong() const noexcept
{
    return (static_cast<unsigned long>(data[0]) << 24) |
           (static_cast<unsigned long>(data[1]) << 16) |
           (static_cast<unsigned long>(data[2]) << 8) |
            static_cast<unsigned long>(data[3]);
}

friend std::ostream& operator<<(std::ostream& os, const ipv4& a)
{
    os << static_cast<int>(a.data[0]) << '.'
       << static_cast<int>(a.data[1]) << '.'
       << static_cast<int>(a.data[2]) << '.'
       << static_cast<int>(a.data[3]);
    return os;
}

friend std::istream& operator>>(std::istream& is, ipv4& a)
{
    char d1, d2, d3;
    int b1, b2, b3, b4;
```

```
        is >> b1 >> d1 >> b2 >> d2 >> b3 >> d3 >> b4;
        if (d1 == '.' && d2 == '.' && d3 == '.')
            a = ipv4(b1, b2, b3, b4);
        else
            is.setstate(std::ios_base::failbit);
        return is;
    }
};
```

작성한 클래스 ipv4는 다음처럼 사용할 수 있다.

```
int main()
{
    ipv4 address(168, 192, 0, 1);
    std::cout << address << std::endl;

    ipv4 ip;
    std::cout << ip << std::endl;
    std::cin >> ip;
    if (!std::cin.fail())
        std::cout << ip << std::endl;
}
```

16. 범위 안에 있는 IPv4 주소 열거하기

주어진 범위에서 IPv4 주소를 열거하려면 먼저 IPv4 값들을 비교할 수 있어야 하므로 적어도 < 연산자를 구현할 필요가 있다. 그 외에도 ==, !=, <, >, <=, >=와 같은 다른 모든 비교 연산자들까지 다음의 코드에 구현했다. IPv4 값의 증가를 나타내기 위해 ++ 연산자에 대한 전위prefix와 후위postfix 표현식 역시 구현했다. 다음 코드는 [문제 15]에서 작성했던 IPv4 클래스를 확장한 것이다.

```
ipv4& operator++()
{
```

```cpp
        *this = ipv4(1 + to_ulong());
        return *this;
    }

    ipv4& operator++(int)
    {
        ipv4 result(*this);
        ++(*this);
        return *this;
    }

    friend bool operator==(ipv4 const & a1, ipv4 const & a2) noexcept
    {
        return a1.data == a2.data;
    }

    friend bool operator!=(ipv4 const & a1, ipv4 const & a2) noexcept
    {
        return !(a1 == a2);
    }

    friend bool operator<(ipv4 const & a1, ipv4 const & a2) noexcept
    {
        return a1.to_ulong() < a2.to_ulong();
    }

    friend bool operator>(ipv4 const & a1, ipv4 const & a2) noexcept
    {
        return a2 < a1;
    }

    friend bool operator<=(ipv4 const & a1, ipv4 const & a2) noexcept
    {
        return !(a1 > a2);
    }

    friend bool operator>=(ipv4 const & a1, ipv4 const & a2) noexcept
    {
        return !(a1 < a2);
    }
```

이전 문제에서 작성했던 ipv4 클래스를 수정해 다음 프로그램을 작성할 수 있다.

```
int main()
{
    std::cout << "input range: ";
    ipv4 a1, a2;
    std::cin >> a1 >> a2;
    if (a2 > a1)
    {
        for (ipv4 a = a1; a <= a2; a++)
        {
            std::cout << a << std::endl;
        }
    }
    else
    {
        std::cerr << "invalid range!" << std::endl;
    }
}
```

17. 기본적인 연산을 지원하는 2차원 배열 만들기

어떻게 구조체를 정의할 수 있을지 알아보기 전에, 몇 가지 테스트 케이스를 정의해본다. 다음 코드는 이 문제의 요구사항을 나타낸 것이다.

```
int main()
{
    // 원소 접근
    array2d<int, 2, 3> a{1, 2, 3, 4, 5, 6};
    for (size_t i = 0; i < a.size(1); ++i)
        for (size_t j = 0; j < a.size(2); ++j)
            a(i, j) *= 2;

    // 순회
    std::copy(std::begin(a), std::end(a),
```

```
            std::ostream_iterator<int>(std::cout, " "));

    // 채우기
    array2d<int, 2, 3> b;
    b.fill(1);

    // 교환
    a.swap(b);

    // 이동
    array2d<int, 2, 3> c(std::move(b));
}
```

배열의 원소에 접근하기 위해 a[i][j]처럼 쓰이는 [ ]연산자 대신 a(i,j)와 같이 ( )연산자를 사용했다는 것을 주목하자. 이것은 ( )의 형태를 통해서만 여러 개의 전달 인자(각 차원에 대한 인덱스)를 받을 수 있기 때문이다. 반면, [ ]를 사용할 경우 하나의 전달 인자만 받을 수 있다. a[i][j]와 같은 표현식을 가능하게 하려면 [ ]연산자는 또 다른 [ ]연산자를 통해 하나의 원소를 반환하는 중간 타입(배열의 행)을 반환해야 한다.

이미 고정된 길이나 가변 길이를 지원하는 표준 컨테이너들이 존재한다. 이 2차원 배열 클래스는 이러한 컨테이너들의 어댑터^{adapter} 역할을 할 것이다. std::array와 std::vector 중 어떤 컨테이너를 사용할 것인지 결정하기 위해 두 가지 사항을 고려해야 한다.

- 이 array2d 클래스는 이 타입의 객체를 이동 가능하도록 만드는 이동 의미론을 지원해야 한다.
- 리스트 초기화^{list initialization}를 지원해야 한다.

std::array 컨테이너는 오직 담고 있는 원소가 이동 생성 가능하며^{move-constructible} 이동 할당 가능^{move-assignable}할 때만 이동할 수 있다. 또한 std::initializer_list를 통해 생성될 수 없다. 따라서 std::vector가 위의 사항들을 만족하는 선택지가 될 것이다.

이 어댑터 컨테이너는 내부적으로 데이터를 벡터의 벡터로 저장하거나(각각의 행을 C개의 원소를 가진 vector<T>로 저장하며, R개의 행을 하나의 vector<vector<T>>로 저장해 2차원 배열을 구성한다) R×C개의 T 타입 원소를 가진 하나의 벡터로 저장할 수 있다. 하나의 벡터를 사용할 경우 i번째 행의 j번째 열의 원소는 i * C + j번째 인덱스의 원소에 저장된다. 이 접근법은 더 적은 메모리 공간을 사용하며, 모든 데이터를 하나의 연속된 영역으로 저장하므로 구현하기에도 더 간단하다. 이러한 이유로 이쪽이 더 나은 해법이 될 것이다.

요구사항을 만족하는 2차원 배열 클래스를 구현하는 방법은 다음과 같다.

```cpp
template <class T, size_t R, size_t C>
class array2d
{
    typedef T                   value_type;
    typedef value_type*         iterator;
    typedef value_type const*   const_iterator;
    std::vector<T>              arr;
public:
    array2d() : arr(R * C) {}
    explicit array2d(std::initializer_list<T> l):arr(l) {}
    constexpr T* data() noexcept { return arr.data(); }
    constexpr T const * data() const noexcept { return arr.data(); }

    constexpr T& at(size_t const r, size_t const c)
    {
        return arr.at(r * C + c);
    }

    constexpr T const & at(size_t const r, size_t const c) const
    {
        return arr.at(r * C + c);
    }

    constexpr T& operator()(size_t const r, size_t const c)
    {
        return arr[r * C + c];
    }

    constexpr T const & operator()(size_t const r, size_t const c) const
    {
```

```
        return arr[r * C + c];
    }

    constexpr bool empty() const noexcept { return R == 0 || C == 0; }

    constexpr size_t size(int const rank) const
    {
        if (rank == 1) return R;
        else if (rank == 2) return C;
        throw std::out_of_range("Rank is out of range!");
    }

    void fill(T const & value)
    {
        std::fill(std::begin(arr), std::end(arr), value);
    }

    void swap(array2d & other) noexcept { arr.swap(other.arr); }

    const_iterator begin() const { return arr.data(); }
    const_iterator end()   const   { return arr.data() + arr.size(); }
    iterator       begin()         { return arr.data(); }
    iterator       end()           { return arr.data() + arr.size(); }
};
```

18. 여러 수를 인자로 받는 최소 함수 작성하기

가변 인자 함수 템플릿variadic function template을 사용해 여러 개의 전달 인자를 받는 함수 템플릿을 작성할 수 있다. 이를 위해 컴파일 시간 재귀recursion를 구현해야 한다(사실 이는 단순히 여러 개의 오버로드된 함수들을 호출하는 것이다). 다음 코드는 요구사항을 어떻게 구현할 수 있을지를 보인다.

```
template <typename T>
T minimum(T const a, T const b) { return a < b ? a : b; }
```

```
template <typename T1, typename... T>
T1 minimum(T1 a, T... args)
{
    return minimum(a, minimum(args...));
}

int main()
{
    auto x = minimum(5, 4, 2, 3);
}
```

사용자가 작성한 두 개의 전달 인자를 받는 비교 함수를 사용하기 위해서는 별개의 함수 템플릿을 작성해야 한다. 이 비교 함수를 반드시 첫 번째 전달 인자로 사용해야 불특정한 수의 함수 매개변수를 사용할 수 있다. 이 함수는 첫 번째 최소 함수를 오버로딩할 수 없으므로 다른 이름을 지어주도록 하자. 왜냐하면 컴파일러는 <typename T1, typename... T>와 <class Compare, typename T1, typename... T>, 두 가지 템플릿 매개변수 리스트의 차이를 구분할 수 없기 때문이다. 변경사항은 많지 않다. 다음 코드를 쉽게 따라 작성할 수 있을 것이다.

```
template <class Compare, typename T>
T minimumc(Compare comp, T const a, T const b)
{ return comp(a, b) ? a : b; }

template <class Compare, typename T2, typename... T>
T1 minimumc(Compare comp, T1 a, T... args)
{
    return minimumc(comp, a, minimumc(comp, args...));
}

int main()
{
    auto y = minimumc(std::less<>(), 3, 2, 1, 0);
}
```

19. 컨테이너에 여러 값 삽입하기

가변 인자 함수 템플릿을 통해 임의의 수의 전달 인자를 받는 함수를 작성할 수 있다. 함수는 컨테이너를 첫 번째 매개변수로 받아야 하며, 컨테이너의 뒤에 삽입할 값을 의미하는 불특정한 수의 인자가 따라와야 한다. 폴드fold 표현식을 통해 이러한 함수 템플릿을 아주 간단하게 작성할 수 있다. 구현하면 다음과 같다.

```
template <typename C, typename... Args>
void push_back(C& c, Args&&... args)
{
    (c.push_back(args), ...);
}
```

다양한 컨테이너 타입에 대해 이 함수 템플릿을 사용하는 예시로 다음을 참조하자.

```
int main()
{
    std::vector<int> v;
    push_back(v, 1, 2, 3, 4);
    std::copy(std::begin(v), std::end(v),
            std::ostream_iterator<int>(std::cout, " "));

    std::list<int> l;
    push_back(l, 1, 2, 3, 4);
    std::copy(std::begin(l), std::end(l),
            std::ostream_iterator<int>(std::cout, " "));
}
```

20. 컨테이너 안의 원소를 조건별로 확인하는 함수 작성하기

요구사항에 따라, 가변 인자 함수 템플릿을 사용해 여러 전달 인자의 존재 여부를 확인해야 한다. 이러한 함수를 작성하기 위해서는 컨테이너에서 어떠한 원소를 찾고 성공이나 실패 여부를 bool 값 결과로 반환하는 범용 헬퍼 함수가 필요할 것이다. 문제에서 설명된 모든 함수들, 즉 contains_all, contains_any, contains_none이 하는 역할은 결국 헬퍼 함수에서 반환된 결과들에 논리 연산을 적용하는 것이므로 폴드 표현식을 사용해 코드를 간단히 만들 수 있다. 폴드 표현식이 펼쳐지고 나면 단락 평가$^{\text{short circuit evaluation}}$가 활성화된다. 즉, 오직 최종 결과에 영향을 주는 조건만 평가하게 된다. 이 함수를 이용해 실제로 값 2가 없는 컨테이너에서 원소 1, 2, 3이 모두 존재하는지 확인하려고 한다고 하자. 함수는 컨테이너에서 값 2가 있는지 확인한 후 값 3을 확인하지 않고 최종 결과를 반환할 것이다.

```cpp
template <class C, class T>
bool contains(C const & c, T const & value)
{
    return std::end(c) != std::find(std::begin(c), std::end(c), value);
}

template <class C, class... T>
bool contains_any(C const & c, T &&... value)
{
    return (... || contains(c, value));
}

template <class C, class... T>
bool contains_all(C const & c, T &&... value)
{
    return (... && contains(c, value));
}

template <class C, class... T>
bool contains_none(C const & c, T &&... value)
{
    return !contains_any(c, std::forward<T>(value)...);
}
```

21. 시스템 핸들 래퍼 작성하기

시스템 핸들은 시스템 자원의 참조 형태라고 할 수 있다. 모든 운영체제는 적어도 최초 시점에는 C로 쓰였기 때문에, 핸들을 생성하고 해제하는 작업은 전용 시스템 함수를 거쳐 이뤄진다. 이는 예외가 발생하는 경우처럼 올바르지 않은 소멸 절차로 인해 자원 누수가 발생할 위험을 증가시킨다.

다음 코드를 통해 윈도우^{Windows} 환경에서 파일을 열고, 읽고, 닫는 기능이 있는 함수를 볼 수 있다. 그러나 이 코드에는 몇 가지 문제가 있다. 개발자가 함수를 떠나기 전에 핸들을 닫는 것을 잊을 수도 있다. 어쩌면 예외 처리가 없을 때 핸들이 올바르게 닫히기 전 예외를 던지는 함수가 호출되기도 한다. 이때 함수는 바깥으로 예외를 던지기 때문에 자원 정리 코드는 실행되지 않을 것이다.

```cpp
void bad_handle_example()
{
    bool condition1 = false;
    bool condition2 = true;
    HANDLE handle = CreateFile("sample.txt",
                               GENERIC_READ,
                               FILE_SHARE_READ,
                               nullptr,
                               OPEN_EXISTING,
                               FILE_ATTRIBUTE_NORMAL,
                               nullptr);

    if (handle == INVALID_HANDLE_VALUE)
        return;

    if (condition1)
    {
        CloseHandle(handle);
        return;
    }

    std::vector<char> buffer(1024);
    unsigned long bytesRead = 0;
    ReadFile(handle,
```

```
            buffer.data(),
            buffer.size(),
            &bytesRead,
            nullptr);

    if (condition2)
    {
        // 핸들을 닫는 것을 잊어버림
        return;
    }

    // 예외 발생. 그 다음 줄은 실행되지 않음
    function_that_throws();

    CloseHandle(handle);
}
```

C++ 래퍼 클래스를 통해 래퍼 객체가 스코프를 벗어나고 소멸될 때, 이것이 정상적인 실행 경로를 통한 것이거나 예외로 인한 것인지와의 여부와 관계없이 핸들이 올바르게 소멸되는 것을 보장할 수 있다. 여러 종류의 핸들을 고려해야 하며, 유효하지 않은 핸들을 나타내는 값들(0이나 널^{null} 값, 또는 -1)을 나타낼 수 있어야 올바로 구현된 것이다. 다음에 구현된 내용은 다음과 같은 기능들을 제공한다.

- 핸들의 명시적인 획득 및 객체가 파괴될 때의 자동 해제
- 이동 의미론을 통한 핸들 소유권 전달
- 비교 연산자를 통해 두 객체가 같은 핸들을 참조하는지 확인
- 교환이나 리셋과 같은 추가적인 연산

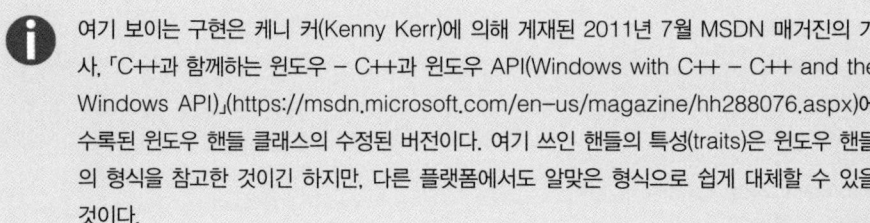

여기 보이는 구현은 케니 커(Kenny Kerr)에 의해 게재된 2011년 7월 MSDN 매거진의 기사, 「C++과 함께하는 윈도우 - C++과 윈도우 API(Windows with C++ - C++ and the Windows API)」(https://msdn.microsoft.com/en-us/magazine/hh288076.aspx)에 수록된 윈도우 핸들 클래스의 수정된 버전이다. 여기 쓰인 핸들의 특성(traits)은 윈도우 핸들의 형식을 참고한 것이긴 하지만, 다른 플랫폼에서도 알맞은 형식으로 쉽게 대체할 수 있을 것이다.

```cpp
template <typename Traits>
class unique_handle
{
    using pointer = typename Traits::pointer;
    pointer m_value;
public:
    unique_handle(unique_handle const &) = delete;
    unique_handle &operator=(unique_handle const &) = delete;

    explicit unique_handle(pointer value = Traits::invalid()) noexcept
        : m_value{value}
    { }

    unique_handle(unique_handle && other) noexcept
        : m_value{other.release()}
    { }

    unique_handle &operator=(unique_handle && other) noexcept
    {
        if (this != &other)
            reset(other.release());
        return *this;
    }

    ~unique_handle() noexcept
    {
        Traits::close(m_value);
    }

    explicit operator bool() const noexcept
    {
        return m_value != Traits::invalid();
    }

    pointer get() const noexcept { return m_value; }

    pointer release() noexcept
    {
        auto value = m_value;
        m_value = Traits::invalid();
        return value;
    }
```

```cpp
    bool reset(pointer value = Traits::invalid()) noexcept
    {
        if (m_value != value)
        {
            Traits::close(m_value);
            m_value = value;
        }
        return static_cast<bool>(*this);
    }

    void swap(unique_handle<Traits> &other) noexcept
    {
        std::swap(m_value, other.m_value);
    }
};

template <typename Traits>
void swap(unique_handle<Traits> & left, unique_handle<Traits> & right) noexcept
{
    left.swap(right);
}

template <typename Traits>
bool operator==(unique_handle<Traits> const & left,
                unique_handle<Traits> const & right) noexcept
{
    return left.get() == right.get();
}

template <typename Traits>
bool operator!=(unique_handle<Traits> const & left,
                unique_handle<Traits> const & right) noexcept
{
    return left.get() != right.get();
}

struct null_handle_traits
{
    using pointer = HANDLE;
    static pointer invalid() noexcept { return nullptr; }
    static void close(pointer value) noexcept
    {
```

```
        CloseHandle(value);
    }
};

struct invalid_handle_traits
{
    using pointer = HANDLE;
    static pointer invalid() noexcept { return INVALID_HANDLE_VALUE; }
    static void close(pointer value) noexcept
    {
        CloseHandle(value);
    }
};

using null_handle = unique_handle<null_handle_traits>;
using invalid_handle = unique_handle<invalid_handle_traits>;
```

이 핸들 타입을 새로 정의해 앞의 예제를 간단하게 다시 작성할 수 있다. 예외 처리가 제대로 되지 않거나, 개발자가 더 이상 필요하지 않은 자원을 해제하는 것을 잊어버려 핸들이 올바르게 닫히지 않는 문제를 예방할 수도 있다. 이 코드가 더 간단하면서도 확실하다.

```
void good_handle_example()
{
    bool condition1 = false;
    bool condition2 = true;

    invalid_handle handle{
        CreateFile("sample.txt",
                   GENERIC_READ,
                   FILE_SHARE_READ,
                   nullptr,
                   OPEN_EXISTING,
                   FILE_ATTRIBUTE_NORMAL,
                   nullptr)};

    if (!handle) return;
```

```
    if (condition1) return;

    std::vector<char> buffer(1024);
    unsigned long bytesRead = 0;
    ReadFile(handle.get(),
             buffer.data(),
             buffer.size(),
             &bytesRead,
             nullptr);

    if (condition2) return;

    function_that_throws();
}
```

22. 온도 단위 리터럴을 제공하는 라이브러리 작성하기

요구사항을 충족시키기 위해 여러 가지 타입과 연산자, 함수를 구현해야 한다.

- 지원하는 온도 단위scale의 열거형enumeration scale
- 온도 값을 나타내며 단위를 통해 매개변수화 될 수 있는 클래스 템플릿 quantity
- ==, !=, <, >, <=, >= 처럼 두 개의 양quantity을 비교할 수 있는 비교 연산자들
- 같은 종류의 양을 더하거나 뺄 수 있는 +와 -와 같은 산술 연산자들. 추가로, +=와 -= 연산자 또한 구현할 수 있다.
- 한 단위를 다른 단위로 변환하는 함수 템플릿 temperature_cast. 이 함수는 자체적으로 변환을 수행하는 대신 타입 특성type traits을 사용할 것이다.
- 사용자 정의 온도 리터럴을 만들기 위한 리터럴 연산자들, ""_deg, ""_f, ""_k.

> 간략성을 위해 다음 코드에서는 섭씨와 화씨 온도만을 다루고 있다. 추후에 이 코드가 캘빈 단위를 지원할 수 있도록 확장해보자. 부록으로 담은 소스코드에 섭씨, 화씨, 캘빈 단위를 온전히 다루는 구현을 실었으니 참고하자.

are_equal() 함수는 부동 소수점 값을 비교하기 위해 사용되는 유틸리티 함수다.

```cpp
bool are_equal(double const d1, double const d2,
               double const epsilon = 0.001)
{
    return std::fabs(d1 - d2) < epsilon;
}
```

가능한 온도 단위의 열거형과 온도 값을 나타내는 클래스는 다음과 같이 정의한다.

```cpp
namespace temperature
{
    enum class scale { celsius, fahrenheit, kelvin };

    template <scale S>
    class quantity
    {
        const double amount;
    public:
        constexpr explicit quantity(double const a) : amount(a) {}
        explicit operator double() const { return amount; }
    };
}
```

quantity<S> 클래스를 위한 비교 연산자는 다음과 같이 작성한다.

```cpp
namespace temperature
{
    template <scale S>
    inline bool operator==(quantity<S> const & lhs, quantity<S> const & rhs)
    {
        return are_equal(static_cast<double>(lhs), static_cast<double>(rhs));
    }

    template <scale S>
    inline bool operator!=(quantity<S> const & lhs, quantity<S> const & rhs)
    {
        return !(lhs == rhs);
```

```
    }

    template <scale S>
    inline bool operator<(quantity<S> const & lhs, quantity<S> const & rhs)
    {
        return static_cast<double>(lhs) < static_cast<double>(rhs);
    }

    template <scale S>
    inline bool operator>(quantity<S> const & lhs, quantity<S> const & rhs)
    {
        return rhs < lhs;
    }

    template <scale S>
    inline bool operator<=(quantity<S> const & lhs, quantity<S> const & rhs)
    {
        return !(lhs > rhs);
    }

    template <scale S>
    inline bool operator>=(quantity<S> const & lhs, quantity<S> const & rhs)
    {
        return !(lhs < rhs);
    }

    template <scale S>
    constexpr quantity<S> operator+(quantity<S> const &q1,
                                    quantity<S> const &q2)
    {
        return quantity<S>(static_cast<double>(q1) +
                           static_cast<double>(q2));
    }

    template <scale S>
    constexpr quantity<S> operator-(quantity<S> const &q1,
                                    quantity<S> const &q2)
    {
        return quantity<S>(static_cast<double>(q1) -
                           static_cast<double>(q2));
    }
}
```

온도 값을 다른 단위로 변환하기 위해 temperature_cast( )라는 함수 템플릿을 정의할 것이다. 이는 실제 변환을 위해 여러 타입 특성을 활용한다. 여기 수록되지 않은 타입 특성들은 부록의 소스코드에서 확인할 수 있다.

```cpp
namespace temperature
{
    template <scale S, scale R>
    struct conversion_traits
    {
        static double convert(double const value) = delete;
    };

    template <>
    struct conversion_traits<scale::celsius, scale::fahrenheit>
    {
        static double convert(double const value)
        {
            return (value * 9) / 5 + 32;
        }
    };

    template <>
    struct conversion_traits<scale::fahrenheit, scale::celsius>
    {
        static double convert(double const value)
        {
            return (value - 32) * 5 / 9;
        }
    };

    template <scale R, scale S>
    constexpr quantity<R> temperature_cast(quantity<S> const q)
    {
        return quantity<R>(conversion_traits<S, R>::convert(
            static_cast<double>(q)));
    }
}
```

다음 코드에서 온도 값 생성을 위한 리터럴 연산자에 대한 구현 내용을 확인할 수 있다. 이 연산자들은 temperature_scale_literals라는 이름의 다른 네임스페이스에 정의돼 있다. 이는 다른 리터럴 연산자들과 이름이 충돌하는 위험을 최소화하기 위한 좋은 방법이다.

```cpp
namespace temperature
{
    namespace temperature_scale_literals
    {
        constexpr quantity<scale::celsius> operator "" _deg(
            long double const amount)
        {
            return quantity<scale::celsius> {static_cast<double>(amount)};
        }

        constexpr quantity<scale::fahrenheit> operator "" _f(
            long double const amount)
        {
            return quantity<scale::fahrenheit> {static_cast<double>(amount)};
        }
    }
}
```

다음은 이 라이브러리를 이용해 섭씨와 화씨 각각의 두 온도 값을 정의하고 단위를 변환하는 예시다.

```cpp
int main()
{
    using namespace temperature;
    using namespace temperature_scale_literals;

    auto t1{ 36.5_deg };
    auto t2{ 79.0_f };

    auto tf = temperature_cast<scale::fahrenheit>(t1);
    auto tc = temperature_cast<scale::celsius>(tf);
    assert(t1 == tc);
}
```

03 문자열과 정규 표현식

I 문제

23. 바이너리 데이터를 문자열로 변환하기

8비트 정수들이(배열이나 벡터의 형태로) 입력으로 주어진 경우 이 데이터의 16진수 표현을 나타내는 문자열을 반환하는 함수를 작성하라.

- 함수는 대문자로 이뤄진 결과와 소문자로 이뤄진 결과 모두를 만들어 낼 수 있어야 한다.

예) 입력: {0xBA,0xAD,0xF0,0x0D} → 출력: "BAADF00D" 또는 "baadf00d"
    입력: {1,2,3,4,5,6} → 출력: "010203040506"

24. 문자열을 바이너리 데이터로 변환하기

입력 인자로 16진수 문자열이 주어질 때, 문자열을 역직렬화^{deserialization}하고 결과로 8비트 정수들의 벡터를 반환하는 함수를 작성하라.

> 예 입력: "BAADF00D" 또는 "baadF00D" → 출력: {0xBA, 0xAD, 0xF0, 0x0D}
> 입력: "010203040506" → 출력: {1, 2, 3, 4, 5, 6}

25. 문자열을 제목 형식으로 바꾸기

입력으로 주어진 텍스트의 단어를 제목 형식으로 변환하는 함수를 작성하라.

- 모든 단어는 대문자로 시작해야 하며, 나머지 문자들은 소문자가 돼야 한다.

> 예 문자열 "the c++ challenger"를 입력한 결과는 "The C++ Challenger"가 돼야 한다.

26. 구획 문자로 나누어진 문자열 합치기

문자열 리스트와 구획 문자^{delimiter}가 주어졌을 때, 구획 문자를 사이에 두고 주어진 문자열들을 합쳐 하나의 새로운 문자열을 만드는 함수를 작성하라.

- 구획 문자는 마지막 문자열 뒤에는 나타나지 않아야 하며, 입력 문자열이 주어지지 않을 경우 함수는 빈 문자열을 반환해야 한다.

> 예 입력: {"this","is","an","example"}과 구분자 ' '(공백)
> 출력: "this is an example".

27. 구획 문자 리스트를 바탕으로 문자열을 토큰으로 분리하기

문자열 하나와 가능한 구획 문자의 리스트가 주어졌을 때, 주어진 구획 문자를 기준으로 문자열을 토큰으로 나누고 std::vector에 담아 반환하는 함수를 작성하라.

예 입력: "this,is.a sample!!"과 구획 문자 ",.! "
출력: {"this", "is", "a", "sample"}.

28. 가장 긴 회문 부분 문자열 출력하기

입력 문자열이 주어졌을 때, 문자열 안에서 가장 긴 회문palindrome을 찾아 반환하는 함수를 작성하라.

- 같은 길이의 회문이 여러 개라면 첫 번째로 찾은 결과를 반환하라.

29. 차량 번호판 검증하기

LLL-LL DDD, 또는 LLL-LL DDDD의(L은 A에서 Z까지의 대문자, D는 숫자) 자동차 번호판 형식이 있다고 하자. 다음 두 함수를 작성하라.

- 번호판이 올바른 형식인지 검증하는 함수
- 입력 텍스트가 주어졌을 때 차량 번호를 추출해 반환하는 함수

30. URL 추출하기

URL을 나타내는 문자열이 주어졌을 때, URL의 각 부분(프로토콜, 도메인, 포트, 경로, 쿼리, 프래그먼트)을 분석하고 추출하는 함수를 작성하라.

31. 날짜를 문자열로 변환하기

dd.mm.yyyy 또는 dd-mm-yyyy 형식의 날짜가 포함된 텍스트가 주어졌을 때, 텍스트 내부의 날짜를 yyyy-mm-dd 형식으로 변환하는 함수를 작성하라.

▮ 풀이

23. 바이너리 데이터를 문자열로 변환하기

std::array, std::vector, C 형식 배열 등 다양한 종류의 입력 형식을 다룰 수 있는 범용 함수를 작성하려면 함수 템플릿을 이용해야 한다.

다음 코드에서 함수 템플릿의 두 가지 오버로드를 볼 수 있다. 하나는 컨테이너와 문자열의 대/소문자 여부를 결정하기 위한 플래그를 받고 다른 하나는 한 쌍의 반복자(범위의 처음과 끝을 의미하는)와 함께 같은 플래그를 인자로 받는다. 입력 데이터의 내용은 너비, 채움 문자, 대/소문자 플래그 등의 I/O 조정자^{manipulator}를 적절하게 이용해 `std::ostringstream` 객체에 쓰인다.

```
template <typename Iter>
std::string bytes_to_hexstr(Iter begin, Iter end,
                            bool const uppercase = false)
{
    std::ostringstream oss;
    if (uppercase) oss.setf(std::ios_base::uppercase);
    for (; begin != end; ++begin)
      oss << std::hex << std::setw(2) << std::setfill('0')
          << static_cast<int>(*begin);
    return oss.str();
}

template <typename C>
std::string bytes_to_hexstr(C const & c, bool const uppercase = false)
{
    return bytes_to_hexstr(std::cbegin(c), std::cend(c), uppercase);
}
```

이 함수는 다음과 같이 사용할 수 있다.

```cpp
int main()
{
    std::vector<unsigned char> v{0xBA, 0xAD, 0xF0, 0x0D};
    std::array<unsigned char, 6> a{{1, 2, 3, 4, 5, 6}};
    unsigned char buf[5] = {0x11, 0x22, 0x33, 0x44, 0x55};

    assert(bytes_to_hexstr(v, true) == "BAADF00D");
    assert(bytes_to_hexstr(a, true) == "010203040506");
    assert(bytes_to_hexstr(buf, true) == "1122334455");

    assert(bytes_to_hexstr(v) == "baadf00d");
    assert(bytes_to_hexstr(a) == "010203040506");
    assert(bytes_to_hexstr(buf) == "1122334455");
}
```

24. 문자열을 바이너리 데이터로 변환하기

이 문제는 [문제 23]에서 작성한 내용을 반대로 작업하면 된다. 그러나 이번엔 함수 템플릿 대신 하나의 함수만 작성할 것이다. 입력은 문자열의 경량 래퍼^{lightweight wrapper} 타입인 std::string_view의 형식이다. 출력은 8비트 부호 없는 정수의 벡터가 될 것이다.

다음에 나오는 함수 hexstr_to_bytes는 입력 문자열을 두 문자씩 unsigned char값으로 변환하고("A0"은 0xA0이 된다), 이를 std::vector에 삽입해 반환한다.

```cpp
unsigned char hexchar_to_int(char const ch)
{
    if (ch >= '0' && ch <= '9') return ch - '0';
    if (ch >= 'A' && ch <= 'F') return ch - 'A' + 10;
    if (ch >= 'a' && ch <= 'f') return ch - 'a' + 10;
        throw std::invalid_argument("Invalid hexadecimal character");
}

std::vector<unsigned char> hexstr_to_bytes(std::string_view str)
{
    std::vector<unsigned char> result;
```

```
    for (size_t i = 0; i < str.size(); i += 2)
    {
        result.push_back(
            (hexchar_to_int(str[i]) << 4) | hexchar_to_int(str[i + 1]));
    }
    return result;
}
```

> 이 함수는 입력 문자열이 짝수 개의 16진수 숫자를 포함하고 있다고 가정한다. 만약 입력 문자열이 홀수 개의 16진수 숫자를 포함하면 마지막 숫자는 무시될 것이다(따라서 "BAD"는 {0xBA}가 된다). 이 함수를 수정해 마지막 숫자를 버리는 대신 0을 앞 자리에 채워 입력으로 주어진 "BAD"를 {0x0B, 0xAD}처럼 변환할 수 있도록 하는 것도 시도해보자. 공백과 같은 구획 문자로 나뉜 16진수 숫자를 역직렬화하는 함수를 만들어 볼 수도 있다(예: "BA AD F0 0D").

다음 코드는 이 함수를 어떻게 사용할 수 있는지 보여준다.

```
int main()
{
    std::vector<unsigned char> expected{ 0xBA, 0xAD, 0xF0, 0x0D, 0x42 };
    assert(hexstr_to_bytes("BAADF00D42") == expected);
    assert(hexstr_to_bytes("BaaDf00d42") == expected);
}
```

25. 문자열을 제목 형식으로 바꾸기

함수 템플릿 capitalize( )는 다음과 같이 구현되며, 모든 문자열 타입에 대해 동작한다. 이 함수는 입력 문자열을 수정하지 않고 새로운 문자열을 만들어 내는데, 이렇게 하기 위해 std::stringstream이 사용됐다. 함수는 입력 문자열 내부의 모든 문자들을 순회하며 공백이나 구두점이 나올 때마다 새로운 단어를 의미하는 플래그를 true로 설정한다.

단어의 첫 번째 문자는 대문자로, 나머지 문자들은 소문자로 변환된다.

```cpp
template <class Elem>
using tstring = std::basic_string<Elem, std::char_traits<Elem>,
                                  std::allocator<Elem>>;

template <class Elem>
using tstringstream = std::basic_stringstream<
    Elem, std::char_traits<Elem>, std::allocator<Elem>>;

template <class Elem>
tstring<Elem> capitalize(tstring<Elem> const &text)
{
    tstringstream<Elem> result;
    bool newWord = true;
    for (auto const ch : text)
    {
        newWord = newWord || std::ispunct(ch) || std::isspace(ch);
        if (std::isalpha(ch))
        {
            if (newWord)
            {
                result << static_cast<Elem>(std::toupper(ch));
                newWord = false;
            }
            else
                result << static_cast<Elem>(std::tolower(ch));
        }
        else
            result << ch;
    }
    return result.str();
}
```

이 함수를 어떻게 쓸 수 있는지 살펴보자.

```cpp
int main()
{
    using namespace std::string_literals;
```

```
    assert("The C++ Challenger"s ==
           capitalize("the c++ challenger"s));
    assert("This Is An Example, Should Work!"s ==
           capitalize(L"THIS IS an ExamplE, should wORk!"));
}
```

26. 구획 문자로 나누어진 문자열 합치기

join_strings( )이라는 함수 템플릿의 두 가지 오버로드를 볼 수 있다.

하나는 문자열이 담긴 컨테이너와 함께 구분 문자를 나타내는 포인터를 인자로 받는다. 다른 하나는 범위의 처음과 끝을 의미하는 두 랜덤 액세스 반복자와 함께 구분 문자를 인자로 받는다.

두 함수 템플릿 모두 출력 문자열 스트림과 std::copy 함수를 이용해 모든 입력 문자열들을 하나로 합친 새로운 문자열을 만들어 낸다. 이 범용 함수는 지정된 범위의 모든 원소를 출력 반복자로 표현되는 출력 범위로 복사한다. 여기서는 << 연산자를 통해 반복자에 값이 할당될 때마다 지정된 출력 스트림에 해당하는 값을 쓰는 std::ostream_iterator를 사용한다.

```
template <typename Iter>
std::string join_strings(Iter begin, Iter end,
                         char const * const separator)
{
    std::ostringstream os;
    std::copy(begin, end - 1,
              std::ostream_iterator<std::string>(os, separator));
    os << *(end - 1);
    return os.str();
}

template <typename C>
std::string join_strings(C const & c, char const * const separator)
```

```
{
    if (c.size() == 0) return std::string{};
    return join_strings(std::begin(c), std::end(c), separator);
}

int main()
{
    using namespace std::string_literals;
    std::vector<std::string> v1{"this", "is", "an", "example"};
    std::vector<std::string> v2{"example"};
    std::vector<std::string> v3{};

    assert(join_strings(v1, " ") == "this is an example"s);
    assert(join_strings(v2, " ") == "example"s);
    assert(join_strings(v3, " ") == ""s);
}
```

> 도전할 과제로, 반복자를 인자로 받는 오버로드를 수정해 양방향 반복자(bidirectional iterator)와 같은 다른 유형의 반복자도 인자로 받을 수 있도록 만들고, 리스트와 같은 다른 컨테이너와도 함께 사용할 수 있도록 해보자.

27. 구획 문자 리스트를 바탕으로 문자열을 토큰으로 분리하기

두 가지 유형의 문자열 분리 함수를 생각해 볼 수 있다.

- 첫 번째는 하나의 문자를 구획 문자로 사용하는 것이다. 입력 문자열의 내용으로 초기화된 문자열 스트림을 사용하며, std::getline()으로 다음 구획 문자나 개행 문자end-of-line character를 마주칠 때까지 영역을 읽어들인다.

- 두 번째는 std::string으로 가능한 구획 문자의 리스트를 받는 것이다. 함수는 std::string::find_first_of()를 사용해 주어진 위치에서부터 처음으로 등장하는 구획 문자의 위치를 찾는다. 입력 문자열 전체가 처리될 때까지 이를 반복한다. 추출한 부분 문자열은 결과 벡터에 추가된다.

```cpp
template <class Elem>
using tstring = std::basic_string<Elem, std::char_traits<Elem>,
                                  std::allocator<Elem>>;

template <class Elem>
using tstringstream = std::basic_stringstream<
    Elem, std::char_traits<Elem>, std::allocator<Elem>>;

template <typename Elem>
inline std::vector<tstring<Elem>> split(tstring<Elem> text,
                                        Elem const delimiter)
{
    auto sstr = tstringstream<Elem>{text};
    auto tokens = std::vector<tstring<Elem>>{};
    auto token = tstring<Elem>{};
    while (std::getline(sstr, token, delimiter))
    {
        if (!token.empty()) tokens.push_back(token);
    }
    return tokens;
}

template <typename Elem>
inline std::vector<tstring<Elem>> split(tstring<Elem> text,
                                        tstring<Elem> const &delimiters)
{
    auto tokens = std::vector<tstring<Elem>>{};
    size_t pos, prev_pos = 0;
    while ((pos = text.find_first_of(delimiters, prev_pos)) !=
    std::string::npos)
    {
        if (pos > prev_pos)
        tokens.push_back(text.substr(prev_pos, pos - prev_pos));
        prev_pos = pos + 1;
    }
    if (prev_pos < text.length())
    tokens.push_back(text.substr(prev_pos, std::string::npos));
    return tokens;
}
```

다음 샘플 코드에서는 하나, 또는 여러 개의 구획 문자를 사용해 여러 문자열을 분할하는 두 가지 예제를 보여준다.

```cpp
int main()
{
    using namespace std::string_literals;
    std::vector<std::string> expected{"this", "is", "a", "sample"};
    assert(expected == split("this is a sample"s, ' '));
    assert(expected == split("this,is a.sample!!"s, ",.! "s));
}
```

28. 가장 긴 회문 부분 문자열 출력하기

가장 간단한 해법은 브루트 포스 접근법을 이용해 각각의 부분 문자열이 회문인지 확인하는 것이다. 그러나 이는 $C(N, 2)$개(N이 문자의 수일 때)의 부분 문자열을 확인해야 한다는 것을 의미하며, 이때의 시간 복잡도는 $O(N^3)$이 된다. 이 시간 복잡도는 부분 문제의 결과를 저장함으로써 $O(N^2)$로 줄어들 수 있다. 이를 위해 $N \times N$ 크기의 불리언 값을 갖는 테이블이 필요하다.

[i, j]위치에 있는 원소는 위치 i에서부터 j까지의 문자열이 회문인지를 나타낸다. 먼저 [i, i] 위치의 모든 원소를 true로 초기화 한다(한 글자 회문). 그리고 모든 [i, i+1] 중 같은 문자가 연속될 때를 찾아 true로 초기화한다(두 글자 회문). 이후 두 글자보다 더 긴 부분 문자열을 조사한다. [i, j]는 테이블에서 [i+1, j-1] 위치의 원소가 true고, 문자열의 i 번째와 j 번째 문자가 같으면 true가 된다. 테이블의 모든 원소에 대한 계산을 마친 후, 가장 긴 회문 문자열의 시작 지점과 길이를 추출한다. 이 풀이를 코드로 나타내면 다음과 같다.

```cpp
std::string longest_palindrome(std::string_view str)
{
    size_t const len = str.size();
```

```
   size_t longestBegin = 0;
   size_t maxLen = 1;
   std::vector<bool> table(len * len, false);
   for (size_t i = 0; i < len; i++)
      table[i * len + i] = true;

   for (size_t i = 0; i < len - 1; i++)
   {
      if (str[i] == str[i + 1])
      {
         table[i * len + i + 1] = true;
         if (maxLen < 2)
         {
            longestBegin = i;
            maxLen = 2;
         }
      }
   }

   for (size_t k = 3; k <= len; k++)
   {
      for (size_t i = 0; i < len - k + 1; i++)
      {
         size_t j = i + k - 1;
         if (str[i] == str[j] && table[(i + 1) * len + j - 1])
         {
            table[i * len + j] = true;
            if (maxLen < k)
            {
               longestBegin = i;
               maxLen = k;
            }
         }
      }
   }
   return std::string(str.substr(longestBegin, maxLen));
}
```

다음은 longest_palindrome( ) 함수의 몇 가지 테스트 케이스를 나타낸 것이다.

```
int main()
{
    using namespace std::string_literals;
    assert(longest_palindrome("sahararahnide") == "hararah");
    assert(longest_palindrome("level") == "level");
    assert(longest_palindrome("s") == "s");
}
```

29. 차량 번호판 검증하기

이 문제는 정규 표현식을 사용하면 가장 간단하게 풀 수 있다. 문제에서 설명된 형식을 만족하는 정규 표현식은 "[A-Z]{3}-[A-Z]{2} \d{3,4}"다.

첫 번째 함수는 입력 문자열이 정규 표현식과 일치하는 텍스트만으로 이뤄졌는지 검증하는 기능만 있다. 이를 위해 다음처럼 std::regex_match( )를 사용할 것이다.

```
bool validate_license_plate_format(std::string_view str)
{
    std::regex rx(R"([A-Z]{3}-[A-Z]{2} \d{3,4})");
    return std::regex_match(str.data(), rx);
}

int main()
{
    assert(validate_license_plate_format("ABC-DE 123"));
    assert(validate_license_plate_format("ABC-DE 1234"));
    assert(!validate_license_plate_format("ABC-DE 12345"));
    assert(!validate_license_plate_format("abc-de 1234"));
}
```

두 번째 함수는 조금 다르다. 단순히 입력 문자열을 검사하는 대신, 문자열 내부에서 정규 표현식과 일치하는 모든 부분 문자열을 찾아내야 한다. 따라서 정규 표현식은 "([A-Z]{3}-[A-Z]{2} \d{3,4})*"처럼 바꾸어야 한다. 다음처럼 std::sregex_iterator를 사용해 일치하는 부분 문자열 모두에 대해 이를 반복한다.

```
std::vector<std::string> extract_license_plate_numbers(
                            std::string const & str)
{
    std::regex rx(R"((([A-Z]{3}-[A-Z]{2} \d{3,4})*))");
    std::smatch match;
    std::vector<std::string> results;

    for (auto i = std::sregex_iterator(std::cbegin(str), std::cend(str), rx);
         i != std::sregex_iterator(); ++i)
    {
        if((*i)[1].matched)
            results.push_back(i->str());
    }
    return results;
}

int main()
{
    std::vector<std::string> expected{
        "AAA-AA 123", "ABC-DE 1234", "XYZ-WW 0001"};
    std::string text("AAA-AA 123qwe-ty 1234  ABC-DE 123456..XYZ-WW 0001");
    assert(expected == extract_license_plate_numbers(text));
}
```

30. URL 추출하기

이 문제도 정규 표현식으로 풀기에 적합하다. 그러나 모든 URL과 일치할 만한 정규 표현식을 찾아내기는 꽤 어렵다. 이 문제는 특정한 용도를 위한 최적의 정규 표현식을 찾아내는 것이 아니라, 정규 표현식 라이브러리를 사용하는 것에 대한 실력을 높이는 것이 목표이기 때문에 여기에서는 참고할 수 있는 정규 표현식을 제공한다.

 https://regex101.com/와 같은 온라인 테스트나 디버거로 정규 표현식을 시험할 수 있다. 이는 정규 표현식을 만들고 다양한 데이터 세트에 대해 시도할 때 유용하다.

URL의 여러 부분을 고려해야 한다. 프로토콜과 도메인은 URL의 필수적인 부분이며, 포트, 경로, 쿼리, 프래그먼트는 선택적으로 사용될 수 있다. 다음은 URL을 분석하고 결과를 반환하는 데 사용되는 데이터 구조다(또는 튜플^{tuple}을 반환하고, 구조화된 바인딩$^{structured\ binding}$을 사용해 튜플의 다양한 부분에 변수를 연관지을 수 있다).

```cpp
struct uri_parts
{
    std::string            protocol;
    std::string            domain;
    optional<int>          port;
    optional<std::string>  path;
    optional<std::string>  query;
    optional<std::string>  fragment;
};
```

URL을 분석하고 추출해 각 부분을 반환하는 함수는 다음과 같이 구현한다. 반환 타입이 `std::optional<uri_parts>`인 것을 주목하자. 이는 함수가 정규 표현식을 입력 문자열에 일치시키는 데 실패할 수 있기 때문이다. 이때의 반환 값은 `std::nullopt`가 된다.

```cpp
std::optional<uri_parts> parse_uri(std::string uri)
{
    std::regex rx(R"(^(\w+):\/\/([\w.-]+)(:(\d+))?([\w\/\.]+)?(\?([\w=&]*)(#?(\w+))?)?$)");
    auto matches = std::smatch{};

    if (std::regex_match(uri, matches, rx))
    {
        if (matches[1].matched && matches[2].matched)
        {
        uri_parts parts;
        parts.protocol = matches[1].str();
        parts.domain = matches[2].str();
        if (matches[4].matched)
            parts.port = std::stoi(matches[4]);
        if (matches[5].matched)
```

```
            parts.path = matches[5];
        if (matches[7].matched)
            parts.query = matches[7];
        if (matches[9].matched)
            parts.fragment = matches[9];
        return parts;
      }
   }
   return {};
}
```

다음 프로그램은 형식이 다른 두 URL을 이용해 parse_uri( ) 함수를 테스트한다.

```
int main()
{
    auto p1 = parse_uri("https://packt.com");
    assert(p1);
    assert(p1->protocol == "https");
    assert(p1->domain == "packt.com");
    assert(!p1->port);
    assert(!p1->path);
    assert(!p1->query);
    assert(!p1->fragment);

    auto p2 = parse_uri("https://bbc.com:80/en/index.html?lite=true#ui");
    assert(p2);
    assert(p2->protocol == "https");
    assert(p2->domain == "bbc.com");
    assert(p2->port == 80);
    assert(p2->path.value() == "/en/index.html");
    assert(p2->query.value() == "lite=true");
    assert(p2->fragment.value() == "ui");
}
```

31. 날짜를 문자열로 변환하기

텍스트 변환은 std::regex_replace( )을 이용해 정규 표현식으로 수행할 수 있다. 특정한 형식의 날짜와 일치하는 정규 표현식은 (\d{1,2})(\.|-|/)(\d{1,2})(\.|-|/)(\d{4})다.

이 정규 표현식은 다섯 개의 캡처 그룹으로 정의된다.

첫 번째는 일(day), 두 번째는 분리 문자(. or -), 세 번째는 월(month), 네 번째는 다시 분리 문자(. or -), 다섯 번째는 연도(year)다.

입력 문자열에서 dd.mm.yyyy나 dd-mm-yyyy 형식의 날짜를 yyyy-mm-dd로 변환해야 하므로, std::regex_replace( )에는 "($5-$3-$1)"의 대체 형식 문자열을 사용해야 한다.

```
std::string transform_date(std::string_view text)
{
    auto rx = std::regex{R"((\d{1,2})(\.|-|/)(\d{1,2})(\.|-|/)(\d{4}))"};
    return std::regex_replace(text.data(), rx, R"($5-$3-$1)");
}

int main()
{
    using namespace std::string_literals;
    assert(transform_date("today is 01.12.2017!"s) ==
           "today is 2017-12-01!"s);
}
```

04 스트림과 파일 시스템

문제

32. 파스칼의 삼각형

파스칼의 삼각형을 10행까지 콘솔에 출력하는 함수를 작성하라.

33. 프로세스를 표로 출력하기

시스템에서 실행되고 있는 모든 프로세스의 스냅샷이 있다고 가정하자. 각 프로세스의 정보는 이름, 식별자identifier, 상태(동작 중 또는 중지됨), 프로세스를 실행하는 계정 이름, 바이트 단위의 메모리 크기, 플랫폼(32비트 또는 64비트)에 대한 정보를 가진다. 이러한 정보를 가진 프로세스의 리스트를 받아 알파벳 순으로 정렬하고 표 형태로 출력하는 함수를 작성하라.

- 메모리를 나타내는 열은 오른쪽 정렬돼야 하며, 다른 모든 열은 왼쪽 정렬돼야 한다. 메모리 크기는 KB 단위로 표시한다.

예 함수 출력의 예시다.

```
chrome.exe      1044    Running     marius.bancila   25180  32-bit
chrome.exe      10100   Running     marius.bancila  227756  32-bit
cmd.exe         512     Running     SYSTEM              48  64-bit
explorer.exe    7108    Running     marius.bancila   29529  64-bit
skype.exe       22456   Suspended   marius.bancila     656  64-bit
```

34. 텍스트 파일에서 빈 줄 제거하기

텍스트 파일의 경로가 주어졌을 때, 파일을 수정해 빈 줄을 모두 제거하는 함수를 작성하라.

- 공백만 있는 줄은 빈 줄로 간주한다.

35. 디렉토리 크기 계산하기

바이트 단위의 디렉토리의 크기를 재귀적으로 계산하는 함수를 작성하라.

- 심볼릭 링크를 추적해야 할지 여부를 결정할 수 있어야 한다.

36. 주어진 날짜보다 오래된 파일 삭제하기

디렉토리의 경로와 기간이 주어졌을 때, 특정 기간보다 오래된 모든 엔트리(파일과 하위 디렉토리)를 재귀적으로 삭제하는 함수를 작성하라.

- 기간은 날, 시간, 분, 초 등 어떠한 형식이든 될 수 있으며, 한 시간 이십 분처럼 조합으로 이뤄질 수도 있다.
- 디렉토리 자체가 주어진 기간보다 오래됐으면 전체를 삭제해야 한다.

37. 디렉토리에서 정규 표현식과 일치하는 파일 찾기

디렉토리와 정규 표현식이 주어졌을 때, 이름이 정규 표현식과 일치하는 모든 디렉토리 엔트리의 리스트를 반환하는 함수를 작성하라.

38. 임시 로그 파일

텍스트 메시지를 임시 텍스트 파일에 기록하는 로깅 클래스를 작성하라.

- 텍스트 파일은 고유한 이름으로 임시 디렉토리에 위치해야 한다.
- 별도의 명시가 없으면 파일은 클래스의 인스턴스가 소멸될 때 제거돼야 하며 영구적인 경로로 로그 파일을 이동시켜 파일을 보존할 수 있어야 한다.

풀이

32. 파스칼의 삼각형

파스칼의 삼각형은 이항 계수$^{binomial\ coefficients}$를 형태로 나타낸 것이다. 삼각형의 첫 행은 1 하나의 값을 가진다. 각각의 행의 원소는 윗 행의 왼쪽과 오른쪽에 있는 원소의 합을 나타내며, 빈 엔트리는 0으로 간주한다. 다음은 다섯 행까지 표시한 파스칼의 삼각형이다.

```
        1
      1   1
    1   2   1
  1   3   3   1
1   4   6   4   1
```

파스칼 삼각형을 출력하려면 다음과 같은 사항을 고려해야 한다.

- 출력 위치를 적절한 수의 공백만큼 오른쪽으로 이동해 꼭대기가 삼각형의 가운데에 위치하도록 한다.
- 윗 행의 왼쪽과 오른쪽의 값을 더해 각각의 값을 계산한다. 열 i와 행 j의 값을 구하는 간단한 공식은, 이전 값 x에 (i - j) / (j + 1)을 곱해 새로운 값 x를 구하는 것을 반복하는 것이다. x는 1부터 시작한다.

다음 함수는 파스칼 삼각형의 출력을 구현한 예시다.

```
unsigned int number_of_digits(unsigned int const i)
{
    return i > 0 ? (int)log10((double)i) + 1 : 1;
}

void print_pascal_triangle(int const n)
{
    for (int i = 0; i < n; i++)
```

```
    {
        auto x = 1;
        std::cout << std::string((n - i - 1) * (n / 2), ' ');
        for (int j = 0; j <= i; j++)
        {
            auto y = x;
            x = x * (i - j) / (j + 1);
            auto maxlen = number_of_digits(x) - 1;
            std::cout << y << std::string(n - 1 - maxlen - n % 2, ' ');
        }
        std::cout << std::endl;
    }
}
```

다음은 사용자로부터 입력받은 높이의 삼각형을 콘솔에 출력하는 프로그램이다.

```
int main()
{
    int n = 0;
    std::cout << "Levels (up to 10): ";
    std::cin >> n;
    if (n > 10)
        std::cout << "Value too large" << std::endl;
    else
        print_pascal_triangle(n);
}
```

33. 프로세스를 표로 출력하기

이 문제를 위해 프로세스의 정보를 나타내는 다음과 같은 클래스를 생각해 볼 수 있다.

```
enum class procstatus { suspended, running };
enum class platforms { p32bit, p64bit };

struct procinfo
```

```
{
    int         id;
    std::string name;
    procstatus  status;
    std::string account;
    size_t      memory;
    platforms   platform;
};
```

상태와 플랫폼 정보를 수치가 아니라 텍스트로 출력하기 위해 열거형을 std::string으로 변환하는 함수가 필요하다.

```
std::string status_to_string(procstatus const status)
{
    if (status == procstatus::suspended) return "suspended";
    else return "running";
}

std::string platform_to_string(platforms const platform)
{
    if (platform == platforms::p32bit) return "32-bit";
    else return "64-bit";
}
```

프로세스는 이름을 알파벳으로 정렬한 순서에 따라 출력돼야 하므로 가장 먼저 입력을 정렬해야 한다. 출력 작업을 위해 I/O 조정자를 사용한다.

```
void print_processes(std::vector<procinfo> processes)
{
    std::sort(
        std::begin(processes), std::end(processes),
        [](procinfo const & p1, procinfo const & p2) {
            return p1.name < p2.name; });

    for (auto const & pi : processes)
    {
```

```cpp
            std::cout << std::left << std::setw(25) << std::setfill(' ')
                      << pi.name;
            std::cout << std::left << std::setw(8) << std::setfill(' ')
                      << pi.id;
            std::cout << std::left << std::setw(12) << std::setfill(' ')
                      << status_to_string(pi.status);
            std::cout << std::left << std::setw(15) << std::setfill(' ')
                      << pi.account;
            std::cout << std::right << std::setw(10) << std::setfill(' ')
                      << (int)(pi.memory / 1024);
            std::cout << std::left << ' ' << platform_to_string(pi.platform);
            std::cout << std::endl;
    }
}
```

다음 프로그램은 프로세스의 리스트를 정의하고(운영체제의 API를 이용해 실제로 동작하고 있는 프로세스의 정보를 받아올 수도 있을 것이다) 요구하는 형식에 맞춰 콘솔에 출력한다.

```cpp
int main()
{
    using namespace std::string_literals;

    std::vector<procinfo> processes{
        {512, "cmd.exe"s, procstatus::running, "SYSTEM"s,
            148293, platforms::p64bit},
        {1044, "chrome.exe"s, procstatus::running,"marius.bancila"s,
            25180454, platforms::p32bit},
        {7108, "explorer.exe"s, procstatus::running, "marius.bancila"s,
            2952943, platforms::p64bit},
        {10100, "chrome.exe"s, procstatus::running, "marius.bancila"s,
            227756123, platforms::p32bit},
        {22456, "skype.exe"s, procstatus::suspended, "marius.bancila"s,
            16870123, platforms::p64bit},
    };

    print_processes(processes);
}
```

34. 텍스트 파일에서 빈 줄 제거하기

다음은 이 문제를 해결하기 위한 접근 방법이다.

1. 원본 파일에서 원하는 텍스트만 보존하기 위해 임시 파일을 생성한다.
2. 입력 파일을 줄 단위로 읽어들이고, 줄이 비어 있지 않으면 임시 파일에 복사한다.
3. 작업이 모두 끝나면 원본 파일을 제거한다.
4. 임시 파일을 원본 경로로 복사한다.

원본 파일을 제거하는 대신 임시 파일이 원본을 덮어쓰게 만들 수도 있다. 다음 코드는 앞에서 설명한 단계를 구현한 것이다. 임시 파일은 임시 디렉토리에 생성되며, filesystem::temp_directory_path() 형태로 반환된다.

```cpp
namespace fs = std::experimental::filesystem

void remove_empty_lines(fs::path filepath)
{
    std::ifstream filein(filepath.native(), std::ios::in);
    if (!filein.is_open())
        throw std::runtime_error("cannot open input file");
    auto temppath = fs::temp_directory_path() / "temp.txt";
    std::ofstream fileout(temppath.native(),
    std::ios::out | std::ios::trunc);
    if (!fileout.is_open())
        throw std::runtime_error("cannot create temporary file");

    std::string line;
    while (std::getline(filein, line))
    {
        if (line.length() > 0 &&
        line.find_first_not_of(' ') != line.npos)
        {
            fileout << line << '\n';
        }
    }
```

```
      filein.close();
      fileout.close();

      fs::remove(filepath);
      fs::rename(temppath, filepath);
}
```

35. 디렉토리 크기 계산하기

디렉토리의 크기를 계산하기 위해 모든 파일을 순회하며 각 파일의 크기를 합산해야 한다.

filesystem 라이브러리의 filesystem::recursive_directory_iterator 반복자를 통해 디렉토리의 엔트리들을 재귀적으로 순회할 수 있다. 이는 여러 형태의 생성자를 갖는데, 그중 몇은 심볼릭 링크를 추적할지의 여부를 결정하는 filesystem::directory_options 타입의 값을 취한다. 범용 알고리즘인 std::accumulate()로 파일 사이즈를 모두 더할 수 있다. 디렉토리의 크기가 2GB를 초과할 수 있기 때문에 합산한 값의 변수에는 int나 long 대신 unsigned long long 타입을 사용해야 한다. 다음 함수는 요구사항을 만족시키는 구현 방법 중 하나다.

```
namespace fs = std::experimental::filesystem;

std::uintmax_t get_directory_size(fs::path const &dir,
                                  bool const follow_symlinks = false)
{
    auto iterator = fs::recursive_directory_iterator(
        dir,
        follow_symlinks ? fs::directory_options::follow_directory_symlink :
                          fs::directory_options::none);

    return std::accumulate(
        fs::begin(iterator), fs::end(iterator),
        0ull,
        [](std::uintmax_t const total,
```

```cpp
                        fs::directory_entry const &entry) {
                return total + (fs::is_regular_file(entry) ?
                        fs::file_size(entry.path()) : 0);
        });
}

int main()
{
    std::string path;
    std::cout << "Path: ";
    std::cin >> path;
    std::cout << "Size: " << get_directory_size(path) << std::endl;
}
```

36. 주어진 날짜보다 오래된 파일 삭제하기

filesystem 라이브러리로 파일 시스템을 조작하고, chrono 라이브러리를 이용해 시간과 기간에 대한 작업을 할 수 있다.

요구사항을 구현하는 함수는 다음 작업을 수행해야 한다.

1. 목표로 지정된 경로에 엔트리가 존재하며 그 항목이 주어진 기간보다 오래 됐으면 삭제한다.
2. 만약 항목이 주어진 기간보다 오래되지 않은 디렉토리면, 하위 엔트리를 순회하며 함수를 재귀적으로 호출한다.

```cpp
namespace fs = std::experimental::filesystem;
namespace ch = std::chrono;

template <typename Duration>
bool is_older_than(fs::path const &path, Duration const duration)
{
    auto ftimeduration = fs::last_write_time(path).time_since_epoch();
    auto nowduration = (ch::system_clock::now() - duration)
                        .time_since_epoch();
```

```
        return ch::duration_cast<Duration>(nowduration - ftimeduration)
                        .count() > 0;
}

template <typename Duration>
void remove_files_older_than(fs::path const & path,
                             Duration const duration)
{
    try
    {
      if (fs::exists(path))
      {
        if (is_older_than(path, duration))
        {
            fs::remove(path);
        }
        else if (fs::is_directory(path))
        {
           for (auto const & entry : fs::directory_iterator(path))
           {
               remove_files_older_than(entry.path(), duration);
           }
        }
      }
    }
    catch (std::exception const &ex)
    {
       std::cerr << ex.what() << std::endl;
    }
}
```

directory_iterator를 사용해 remove_files_older_than( )을 재귀적으로 호출하는 대신, recursive_directory_iterator로 주어진 기간보다 오래된 엔트리를 삭제할 수도 있다. 그러나 이러한 접근 방식은 정의되지 않은 행동^{undefined behavior}을 유발할 수 있기 때문에 피하는 것이 좋다. 이는 재귀 디렉토리 반복자가 만들어진 후 파일이나 디렉토리가 삭제되거나 추가됐을 때 반복자가 변경을 확인할 수 있는지의 여부가 정의되지 않았기 때문이다.

is_older_than( ) 함수 템플릿은 현재의 시스템 시각과 파일이 마지막으로 쓰인 시점 간의 시스템 클록 차이가 얼마나 되는지 계산하고 두 시점의 차이가 특정한 기간보다 큰지 여부를 확인한다.

remove_files_older_than( )은 다음처럼 사용할 수 있다.

```cpp
int main()
{
    using namespace std::chrono_literals;

#ifdef _WIN32
    auto path = R"(..\Test\)";
#else
    auto path = R"(../Test/)";
#endif

    remove_files_older_than(path, 1h + 20min);
}
```

37. 디렉토리에서 정규 표현식과 일치하는 파일 찾기

명시된 기능은 직관적으로 구현할 수 있다. 특정한 디렉토리의 모든 엔트리를 재귀적으로 순회하며 엔트리의 일반적인 파일들 중 이름이 주어진 정규 표현식과 일치하는 경우를 저장한다. 이를 위해 다음을 사용해야 한다.

- 디렉토리 엔트리를 순회하기 위한 filesystem::recursive_directory_iterator
- 파일 이름이 정규 표현식과 일치하는지를 확인하기 위한 regex와 regex_match( )
- 특정한 조건을 만족하는 디렉토리 엔트리를 vector의 끝에 복사해 넣기 위한 copy_if( )와 back_inserter

이러한 함수는 다음과 같이 구현할 수 있다.

```cpp
namespace fs = std::experimental::filesystem;

std::vector<fs::directory_entry> find_files(
    fs::path const & path,
    std::string_view regex)
{
    std::vector<fs::directory_entry> result;
    std::regex rx(regex.data());

    std::copy_if(
       fs::recursive_directory_iterator(path),
       fs::recursive_directory_iterator(),
       std::back_inserter(result),
       [&rx](fs::directory_entry const & entry) {
          return fs::is_regular_file(entry.path()) &&
                 std::regex_match(entry.path().filename().string(), rx);
       });

    return result;
}
```

이를 이용해 다음 코드를 작성할 수 있다.

```cpp
int main()
{
    auto dir = fs::temp_directory_path();
    auto pattern = R"(wct[0-9a-zA-Z]{3}\.tmp)";
    auto result = find_files(dir, pattern);

    for (auto const & entry : result)
    {
        std::cout << entry.path().string() << std::endl;
    }
}
```

38. 임시 로그 파일

이 문제를 위해 만들어야 하는 로깅 클래스는 다음 사항을 만족시켜야 한다.

- 임시 디렉토리에 텍스트 파일을 만들고, 쓰기 용도로 여는 생성자가 있어야 한다.
- 객체가 소멸할 때 파일이 있다면 이를 닫고 삭제해야 한다.
- 파일을 닫고 영구적인 경로로 이동하는 메소드를 가져야 한다.
- << 연산자를 오버로드해 출력 파일에 텍스트 메시지를 쓸 수 있어야 한다.

고유한 파일 이름을 생성하기 위해 UUID(또는 GUID)를 이용해야 한다. C++ 표준은 이와 관련된 기능을 제공하지 않지만, boost::uuid, CrossGuid 또는 내가 제작한 stduuid 등의 서드 파티 라이브러리들이 있다. 여기서는 stduuid를 사용해 볼 것이다. https://github.com/mariusbancila/stduuid에서 이 라이브러리를 찾을 수 있다.

```cpp
namespace fs = std::experimental::filesystem;

class logger
{
    fs::path logpath;
    std::ofstream logfile;
public:
    logger()
    {
        auto name = uuids::to_string(uuids::uuid_random_generator{}());
        logpath = fs::temp_directory_path() / (name + ".tmp");
        logfile.open(logpath.c_str(), std::ios::out | std::ios::trunc);
    }

    ~logger() noexcept
    {
        try{
            if (logfile.is_open()) logfile.close();
            if (!logpath.empty()) fs::remove(logpath);
        }
        catch (...) { }
```

```cpp
    }

    void persist(fs::path const &path)
    {
        logfile.close();
        fs::rename(logpath, path);
        logpath.clear();
    }

    logger& operator<<(std::string_view message)
    {
        logfile << message.data() << '\n';
        return *this;
    }
};
```

이 클래스를 사용하는 예시는 다음과 같다.

```cpp
int main()
{
    logger log;
    try
    {
        log << "this is a line" << "and this is another one";
        throw std::runtime_error("error");
    }
    catch (...)
    {
        log.persist(R"(lastlog.txt)");
    }
}
```

05 날짜와 시간

문제

39. 함수 실행 시간 측정하기

임의의 수의 전달 인자를 가진 어떤 함수의 실행 시간을 측정하는 함수를 작성하라.

- 어떤 단위(초, 밀리초, 마이크로초 등)로도 측정할 수 있어야 한다.

40. 두 날짜 사이의 날 수를 반환하기

주어진 두 날짜 사이의 날 수를 반환하는 함수를 작성하라.

- 날짜를 입력한 순서와는 무관하게 동작해야 한다.

41. 주어진 날짜의 요일 찾기

주어진 날짜의 요일을 찾는 함수를 작성하라.

- 1(월요일)부터 7(일요일) 사이의 값을 반환해야 한다.

42. 한 해의 몇 번째 날인지 찾기

어떤 날짜가 주어졌을 때, 날짜가 그 해의 몇 번째 날(1부터 365까지, 윤년일 경우 366까지)인지 찾아, 반환하는 함수와 주어진 날짜가 그 해의 몇 번째 주에 속하는지 찾는 함수를 각각 작성하라.

43. 여러 시간대에 걸친 회의 시각 출력하기

회의 참여자의 리스트와 시간대가 주어졌을 때, 각 참가자 지역에서의 회의 시각을 출력하는 함수를 작성하라.

44. 달력 출력하기

특정한 연도와 월이 주어졌을 때, 해당 연월의 달력을 출력하는 함수를 작성하라.

- 출력 형식은 다음과 같아야 한다.

예 2017년 12월의 예

```
Mon Tue Wed Thu Fri Sat Sun
                  1   2   3
  4   5   6   7   8   9  10
 11  12  13  14  15  16  17
 18  19  20  21  22  23  24
 25  26  27  28  29  30  31
```

풀이

39. 함수 실행 시간 측정하기

함수의 실행 시간을 측정하려면 먼저 함수가 실행되기 전 시점의 시각을 구해야 한다. 이후 함수를 실행하고, 다시 실행이 끝난 시점의 시각을 구해 두 시점 사이의 간격을 계산한다. 편의를 위해 실행할 함수와 전달 인자를 취하는 가변 인자 함수 템플릿을 사용한다.

- `std::high_resolution_clock`을 이용해 현재 시각을 구한다.
- `std::invoke( )`를 이용해 측정할 함수를 전달 인자와 함께 실행한다.
- 특정한 기간 동안의 틱tick 대신 기간 자체를 반환하도록 한다. 이는 분해능resolution을 유지하기 위해 중요하다. 이를 통해 초, 또는 밀리초처럼 다양한 분해능의 실행 시간을 구할 수 있다. 이는 결과를 틱으로 반환하게 만든다면 구현할 수 없는 것이다.

```
template <typename Time = std::chrono::microseconds,
          typename Clock = std::chrono::high_resolution_clock>
struct perf_timer
{
    template <typename F, typename... Args>
    static Time duration(F &&f, Args... args)
    {
        auto start = Clock::now();
        std::invoke(std::forward<F>(f), std::forward<Args>(args)...);
        auto end = Clock::now();

        return std::chrono::duration_cast<Time>(end - start);
    }
};
```

이 함수 템플릿은 다음처럼 사용할 수 있다.

```
void f()
{
    // 작동 시뮬레이션
    std::this_thread::sleep_for(2s);
}

void g(int const a, int const b)
{
    // 작동 시뮬레이션
    std::this_thread::sleep_for(1s);
}

int main()
{
    auto t1 = perf_timer<std::chrono::microseconds>::duration(f);
    auto t2 = perf_timer<std::chrono::milliseconds>::duration(g, 1, 2);

    auto total = std::chrono::duration<double, std::nano>(t1 + t2).count();
}
```

40. 두 날짜 사이의 날 수를 반환하기

C++17까지는 chrono 표준 라이브러리가 날짜나 주, 달력, 시간대 등과 관련된 유용한 기능들을 지원하지 않았다. 그러나 C++20에서는 달라진다. 2018년 5월 잭슨빌^{Jacksonville}에서 열린 회의를 통해 시간대와 달력 지원이 표준에 포함됐다. 새로운 추가 사항은 하워드 히넌트^{Howard Hinnant}가 chrono를 기반으로 작성한 date라는 오픈소스 라이브러리를 기반으로 한다. date 라이브러리는 깃헙^{GitHub} 저장소 https://github.com/HowardHinnant/date에서 찾을 수 있다. date 라이브러리를 이용해 5장에서 등장하는 여러 문제를 풀어본다.

다음 소개하는 방법에서는 date 네임스페이스를 사용하고 있지만, C++20에서 이는

std::chrono의 일부가 될 것이다. 이때 코드 변경 없이 네임스페이스를 간단히 변경할 수 있는 방법이 필요할 것이다.

이를 해결하기 위해 date.h 헤더에서 찾을 수 있는 date::sys_days 클래스를 이용한다. 이는 std::system_clock의 에포크[epoch] 시간으로부터 며칠이 지났는지를 나타낸다. 즉, 이는 하루의 분해능을 갖는 time_point이며, 암시적으로 std::system_clock::time_point로 변환될 수 있다. 여기서는 이 타입의 두 객체를 생성한 뒤 그 둘의 차를 구해야 한다. 결과는 정확히 두 날짜 사이의 날 수를 나타낼 것이다. 이 함수를 간단하게 표현했다.

```
inline int number_of_days(
    int const y1, unsigned int const m1, unsigned int const d1,
    int const y2, unsigned int const m2, unsigned int const d2)
{
    using namespace date;

    return (sys_days{year{y1} / month{m1} / day{d1}} -
            sys_days{year{y2} / month{m2} / day{d2}}).count();
}

inline int number_of_days(date::sys_days const & first,
                          date::sys_days const & last)
{
    return (last - first).count();
}
```

오버로드된 함수가 어떻게 사용될 수 있는지 다음 코드를 보자.

```
int main()
{
    auto diff1 = number_of_days(2016, 9, 23, 2017, 5, 15);

    using namespace date::literals;
    auto diff2 = number_of_days(2016_y/sep/23, 15_d/may/2017);
}
```

41. 주어진 날짜의 요일 찾기

date 라이브러리를 사용해 문제를 상대적으로 수월하게 해결할 수 있다. 이번에는 다음 타입들을 사용해보자.

- 연도와 월(1부터 12), 일(1부터 31)에 대한 필드를 포함하는 날짜를 나타내는 구조체 date::year_month_day.
- 구조체 date::iso_week::year_weeknum_weekday. 이는 iso_week.h 헤더 안에 있으며, 연도 정보, 날짜가 한 해의 몇 번째 주인지, 한 주의 몇 번째 날(1부터 7)인지를 나타내는 필드를 가진다. 이 클래스는 date::sys_days로 암시적으로 변환될 수 있다. 이는 date::year_month_day처럼 암시적으로 date::sys_days와 양 방향으로 변환할 수 있는 다른 달력 시스템으로도 결과를 변환할 수 있다는 것을 의미한다.

원하는 날짜를 나타내는 year_month_day 객체를 생성해 그로부터 year_weeknum_weekday 객체를 만들어 내고, weekday( ) 함수를 통해 날짜가 일주일의 몇 번째 날인지를 얻어 문제를 해결할 수 있다.

```
unsigned int week_day(int const y, unsigned int const m,
                      unsigned int const d)
{
    using namespace date;

    if (m < 1 || m > 12 || d < 1 || d > 31) return 0;

    auto const dt = date::year_month_day{year{ y }, month{ m }, day{ d }};
    auto const tiso = iso_week::year_weeknum_weekday{ dt };

    return (unsigned int)tiso.weekday();
}

int main()
{
    auto wday = week_day(2018, 5, 9);
}
```

42. 한 해의 몇 번째 날인지 찾기

이 문제를 두 부분으로 나눠서 해결할 수 있다. 이전에 푼 [문제 40]과 [문제 41]에서 해결 방법을 직관적으로 얻을 수 있다.

- 주어진 날짜와 같은 해의 1월 0일, 두 개의 `date::sys_days` 객체 간의 차를 구함으로써 주어진 날짜가 그 해의 몇 번째 날인지 계산할 수 있다. 또는 주어진 날짜와 1월 1일 간의 차이를 구하고 결과에 1을 더할 수 있다.
- 날짜가 그 해의 몇 번째 주에 속하는지 찾기 위해서는 [문제 41]처럼 `year_weeknum_weekday` 객체를 만들어 `weeknum( )` 값을 구해야 한다.

```
int day_of_year(int const y, unsigned int const m,
                unsigned int const d)
{
    using namespace date;

    if (m < 1 || m > 12 || d < 1 || d > 31) return 0;

    return (sys_days{year{y} / month{m} / day{d}} -
            sys_days{year{y} / jan / 0}).count();
}

unsigned int calendar_week(int const y, unsigned int const m,
                           unsigned int const d)
{
    using namespace date;

    if (m < 1 || m > 12 || d < 1 || d > 31) return 0;

    auto const dt = date::year_month_day{year{y}, month{m}, day{d}};
    auto const tiso = iso_week::year_weeknum_weekday{dt};

    return (unsigned int)tiso.weeknum();
}
```

이 함수는 다음처럼 사용될 수 있다.

```cpp
int main()
{
    int y = 0;
    unsigned int m = 0, d = 0;
    std::cout << "Year:"; std::cin >> y;
    std::cout << "Month:"; std::cin >> m;
    std::cout << "Day:"; std::cin >> d;

    std::cout << "Calendar week:" << calendar_week(y, m, d) << std::endl;
    std::cout << "Day of year:" << day_of_year(y, m, d) << std::endl;
}
```

43. 여러 시간대에 걸친 회의 시각 출력하기

여러 시간대를 다루는 작업을 위해서는 date 라이브러리의 tz.h 헤더를 사용해야 한다. 이를 위해서 먼저 IANA Time Zone Database를 다운로드하고 압축을 풀어야 한다.

다음은 date 라이브러리를 위해 시간대 데이터베이스를 준비하는 과정이다.

- https://www.iana.org/time-zones에서 최신 버전의 데이터베이스를 다운로드한다. 현재의 최신 버전은 tzdata2017c.tar.gz다.
- 다운로드한 최신 버전의 데이터베이스를 컴퓨터의 적절한 위치에서 tzdata라는 이름의 하위 디렉토리에 압축을 해제한다. 예를 들어 부모 디렉토리가 c:\work\challenges\libs\date(윈도우 환경에서)라면, 여기에 tzdata라는 이름의 하위 디렉토리가 생긴다.
- 윈도우 환경에서는 윈도우 시간대를 IANA 시간대로 맵핑하는 정보를 가진 windowsZones.xml이라는 이름의 파일을 다운로드해야 한다. 이는 https://unicode.org/repos/cldr/trunk/common/supplemental/windowsZones.xml에서 찾을 수 있다. 이 파일은 위에서 생성한 tzdata 하위 디렉토리 안에 저장돼야 한다.

- 프로젝트 설정에서, INSTALL이라는 이름의 전처리기^{preprocessor} 매크로를 정의하고 tzdata 하위 디렉토리의 부모 디렉토리를 나타내도록 한다. 앞에서 예로 든 경로를 사용할 경우 INSTALL=c:\\work\\challenges\\libs\\date가 돼야 한다(이 값은 매크로를 통해 문자열로 바뀌고 연결돼 파일 경로로 만들어지므로 경로를 올바르게 연결하기 위해 백슬래시를 두 번씩 사용해야 한다는 점에 유의하자).

이름과 시간대처럼 최소한의 정보를 가진 사용자 구조체를 사용하는 것을 고려해 보자. `date::locate_zone( )`을 이용해 시간대를 생성할 수 있다.

```
struct user
{
    std::string Name;
    date::time_zone const * Zone;

    explicit user(std::string_view name, std::string_view zone)
        : Name{name.data()}, Zone(date::locate_zone(zone.data()))
    {}
};
```

사용자의 목록과 각 시간대에서의 회의 시작 시각을 나타내는 함수는 기준 시간대의 시각을 받아 각 사용자들의 시간대로 변환해야 한다. 이를 위해 `date::zoned_time` 클래스의 변환 생성자^{conversion constructor}를 사용한다.

```
template <class Duration, class TimeZonePtr>
void print_meeting_times(
    date::zoned_time<Duration, TimeZonePtr> const & time,
    std::vector<user> const & users)
{
    std::cout
        << std::left << std::setw(15) << std::setfill(' ')
        << "Local time: "
        << time << std::endl;

    for (auto const & user : users)
```

```cpp
    {
        std::cout
            << std::left << std::setw(15) << std::setfill(' ')
            << user.Name
            << date::zoned_time<Duration, TimeZonePtr>(user.Zone, time)
            << std::endl;
    }
}
```

주어진 시각(시와 분)이 현재 시간대를 나타낼 때, 이 함수는 다음처럼 사용할 수 있다.

```cpp
int main()
{
    std::vector<user> users{
        user{"Ildiko", "Europe/Budapest"},
        user{"Jens", "Europe/Berlin"},
        user{"Jane", "America/New_York"}
    };

    unsigned int h, m;
    std::cout << "Hour:"; std::cin >> h;
    std::cout << "Minutes:"; std::cin >> m;

    date::year_month_day today =
        date::floor<date::days>(ch::system_clock::now());

    auto localtime = date::zoned_time<std::chrono::minutes>(
        date::current_zone(),
        static_cast<date::local_days>(today) + ch::hours{h} + ch::minutes{m});

    print_meeting_times(localtime, users);
}
```

44. 달력 출력하기

이전 문제들을 풀었던 방법을 조합해 이 문제도 풀 수 있다. 문제에 제시된 대로 달력을 출력하려면 다음과 같은 사항들을 알고 있어야 한다.

- 그 달의 첫 번째 날의 요일. 이는 이전 문제에서 작성한 week_day( ) 함수를 이용해 구할 수 있다.
- 그 달의 일 수. 이는 date::year_month_day_last 구조체를 사용해 day( ) 값을 얻어옴으로써 구할 수 있다.

이 정보들을 얻었으면 다음 작업들을 수행해야 한다.

- 첫 주에서 첫 번째 요일이 등장할 때까지 빈 값을 출력한다.
- 형식에 맞춰 1부터 그 달의 마지막 날까지 출력한다.
- 매 7일마다 새로운 줄로 줄넘김 한다(비록 이전 달에 속하더라도 첫 번째 주의 첫 번째 날부터 시작해 세어 나간다).

이 내용들을 구현하면 다음과 같다.

```
unsigned int week_day(int const y, unsigned int const m,
                      unsigned int const d)
{
    using namespace date;

    if (m < 1 || m > 12 || d < 1 || d > 31) return 0;

    auto const dt = date::year_month_day{year{ y }, month{ m }, day{ d }};
    auto const tiso = iso_week::year_weeknum_weekday{ dt };

    return (unsigned int)tiso.weekday();
}

void print_month_calendar(int const y, unsigned int m)
{
```

```cpp
   using namespace date;
   std::cout << "Mon Tue Wed Thu Fri Sat Sun" << std::endl;

   auto first_day_weekday = week_day(y, m, 1);
   auto last_day = (unsigned int)year_month_day_last(
      year{ y }, month_day_last{ month{ m } }).day();

   unsigned int index = 1;
   for (unsigned int day = 1; day < first_day_weekday; ++day, ++index)
   {
      std::cout << "    ";
   }

   for (unsigned int day = 1; day <= last_day; ++day)
   {
      std::cout << std::right << std::setfill(' ') << std::setw(3)
              << day << ' ';
      if (index++ % 7 == 0) std::cout << std::endl;
   }
   std::cout << std::endl;
}

int main()
{
   print_month_calendar(2017, 12);
}
```

06

알고리즘과 데이터 구조

문제

45. 우선순위 큐 데이터 구조 구현하기

우선순위 큐$^{\text{priority queue}}$ 데이터 구조를 구현하라.

- 가장 큰 원소를 탐색하는 작업은 상수 시간 안에, 원소를 추가하거나 제거하는 작업은 로그 시간 복잡도 안에 이뤄져야 한다.
- 새로운 원소는 큐의 끝에 삽입되며, 제거 연산은 꼭대기에 있는 원소부터 진행돼야 한다.

- 기본적으로 큐는 < 연산자를 사용해 원소를 비교한다. 그러나 사용자가 첫 번째 전달 인자가 두 번째보다 작을 때 true를 반환하는 별도의 비교 함수 객체를 제공할 수도 있어야 한다. 이 구현은 최소한 다음과 같은 연산을 지원해야 한다.
    - push( ): 새로운 원소를 추가하는 연산
    - pop( ): 가장 꼭대기에 있는 원소를 제거하는 연산
    - top( ): 가장 꼭대기에 있는 원소에 대한 접근을 제공하는 연산
    - size( ): 큐에 있는 원소들의 개수를 나타내는 연산
    - empty( ): 큐가 비어 있는지 여부를 나타내는 연산

46. 원형 버퍼 데이터 구조 구현하기

고정된 크기의 원형 버퍼를 나타내는 데이터 구조를 작성하라.

- 원형 버퍼는 버퍼가 고정된 크기 이상으로 채워지면 존재하는 원소를 덮어쓴다.
- 작성할 클래스는 다음 조건을 충족해야 한다.
    - 기본 생성자 호출 불가
    - 특정한 크기의 객체 생성을 지원
    - 버퍼의 수용량capacity과 상태 확인 지원(empty( ), full( ), size( ), capacity( ))
    - 잠재적으로 가장 오래된 원소부터 덮어쓰는 원소 추가 연산
    - 버퍼에서 가장 오래된 원소들을 제거하는 연산
    - 원소 순회 지원

47. 이중 버퍼 구현하기

읽고 쓰는 작업을 충돌 없이 동시에 수행할 수 있는 버퍼 클래스를 구현하라.

- 읽기 연산은 쓰기 연산이 진행 중일 때 오래된 데이터에 접근할 수 있어야 한다.
- 새로 쓰이는 데이터는 쓰기 연산이 완료되는 대로 읽을 수 있어야 한다.

48. 범위 안에서 가장 빈번하게 등장하는 원소와 등장 횟수를 반환하기

주어진 범위 안에서 가장 빈번하게 나타나는 원소와 그 등장 횟수를 반환하는 함수를 작성하라.

- 가장 많이 나타나는 원소가 둘 이상이라면 해당하는 모든 원소를 반환해야 한다.

예 수열이 {1, 1, 3, 5, 8, 13, 3, 5, 8, 8, 5}로 주어지면 {5, 3}과 {8, 3}을 반환한다.

49. 텍스트 히스토그램 구하기

텍스트가 주어졌을 때 텍스트 안에 등장하는 알파벳 문자의 등장 빈도에 대한 히스토그램histogram을 구하고 출력하는 프로그램을 작성하라. 등장 빈도는 전체 문자의 수에서 각 문자가 등장하는 횟수를 백분율로 나타낸 것이다.

- 오직 알파벳 문자만 계산해야 하며 숫자나 기호, 다른 문자들은 무시된다.
- 등장 빈도는 문자의 등장 횟수로만 결정되며 텍스트의 길이와는 무관하다.

50. 전화번호 목록 필터링하기

전화번호 목록이 주어졌을 때 특정 국가의 전화번호만을 반환하는 함수를 작성하라.

- 전화번호의 국가는 국가번호로 결정된다. 가령, 영국의 국가번호는 44다.
- 전화번호는 +기호로 시작하는 국가번호가 앞에 있거나, 국가번호가 생략돼 있을 수도 있다. 국가번호가 없는 번호는 무시한다.

51. 전화번호 목록 변형하기

주어진 목록에 있는 전화번호 모두를 변환해 +기호로 시작하는 특정한 국가 코드를 앞에 덧붙이는 함수를 작성하라.

- 전화번호 안의 모든 공백은 제거돼야 한다.

📝 입력과 출력의 예

```
07555 123456      => +447555123456
07555123456       => +447555123456
+44 7555 123456   => +447555123456
44 7555 123456    => +447555123456
7555 123456       => +447555123456
```

52. 문자열로 만들 수 있는 모든 순열 생성하기

콘솔에 주어진 문자열로 만들 수 있는 모든 순열을 출력하는 함수를 작성하라. 재귀를 사용한 버전과 그렇지 않은 버전, 두 가지의 함수를 작성해야 한다.

53. 영화 평균 평점 계산하여 출력하기

주어진 목록에 있는 영화들의 평균 평점을 계산하고 출력하는 프로그램을 작성하라.

- 각 영화는 1부터 10까지의 점수를 가진다(1이 가장 낮고, 10이 가장 높은 점수).
- 평균 평점을 산출하기 전에 최고 평점과 최저 평점 5%씩을 제거해야 한다.
- 결과는 소수점 한 자리까지 출력하도록 한다.

54. 쌍 알고리즘 함수 작성하기

어떤 범위가 주어졌을 때, 연속한 두 원소를 쌍^{pair}으로 묶고 새로운 범위를 만들어 반환하는 범용 함수를 작성하라.

- 입력 범위에 원소가 홀수 개 있으면 마지막 원소는 무시한다.

📝 입력 범위가 {1, 1, 3, 5, 8, 13, 21}로 주어지면 결과는 { {1, 1}, {3, 5}, {8, 13} }이 된다.

55. 결합 알고리즘 함수 작성하기

두 범위가 주어졌을 때, 원소 각각을 순서대로 쌍으로 묶어 하나의 범위를 반환하는 함수를 작성하라.

- 두 범위의 길이가 다르면 결과의 길이는 둘 중 짧은 입력 범위의 길이가 된다.

예 입력 범위가 {1, 2, 3, 4, 5, 6, 7, 8, 9, 10}와 {1, 1, 3, 5, 8, 13, 21}일 때, 결과는 { {1,1}, {2,1}, {3,3}, {4,5}, {5,8}, {6,13}, {7,21} }과 같아야 한다.

56. 선택 알고리즘 함수 작성하기

어떤 값들의 범위와 투영^{projection} 함수가 주어졌을 때, 각 값들을 새로운 형태로 변환하고 선택한 부분만을 반환하는 함수를 작성하라.

예 id와 title, author 필드를 가진 책 타입 값들의 범위를 갖고 있다고 가정할 때, 이 함수는 책의 제목^{title}들만 선택해 반환할 수 있어야 한다. 이 함수의 쓰임새를 보자.

```
struct book
{
    int         id;
    std::string title;
    std::string author;
};

std::vector<book> books{
    {101, "The C++ Programming Language", "Bjarne Stroustrup"},
    {203, "Effective Modern C++", "Scott Meyers"},
    {404, "The Modern C++ Programming Cookbook", "Marius Bancila"}};

auto titles = select(books, [](book const & b) { return b.title; });
```

57. 정렬 알고리즘 함수 작성하기

상한upper bound과 하한lower bound을 가리키는 랜덤 액세스 반복자 한 쌍이 주어졌을 때, 퀵 정렬quicksort 알고리즘으로 주어진 범위의 원소를 정렬하는 함수를 작성하라.

- < 연산자로 범위 안의 원소를 비교하고 오름차순으로 정렬하는 버전과, 사용자가 정의한 이항 비교 함수를 사용해 원소를 정렬하는 버전, 두 가지를 작성해야 한다.

58. 노드 사이의 최단 경로 계산하여 출력하기

노드의 네트워크와 각 노드 사이의 거리가 주어졌을 때, 특정한 노드 둘 사이의 거리와 경로를 계산하고 출력하는 프로그램을 작성하라.

- 입력으로 다음과 같은 비방향성 그래프가 주어진다.

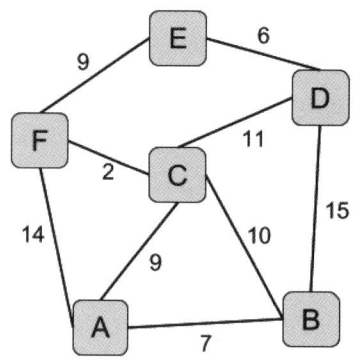

이때 프로그램의 출력은 다음과 같아야 한다.

```
A -> A : 0      A
A -> B : 7      A -> B
A -> C : 9      A -> C
A -> D : 20     A -> C -> D
```

```
A -> E : 20    A -> C -> F -> E
A -> F : 11    A -> C -> F
```

59. 족제비 프로그램 구현하기

리처드 도킨스Richard Dawkins가 묘사한(눈 먼 시계공The Blind Watchmaker, 3장) 족제비weasel 컴퓨터 시뮬레이션을 구현하는 프로그램을 작성하라.

여기서도 마찬가지로 컴퓨터 원숭이를 사용할 텐데 프로그램의 내부에는 차이가 있을 것이다. 이번 역시 글자 28개가 만들어 내는 임의의 순서를 고르는 것으로 시작한다. 이는 스스로를 복제하지만, 복사하는 과정에서 무작위의 오류, 즉 변이를 만들어 낸다. 컴퓨터는 원본 어구의 변이된 '자손'들인 무의미한 어구들을 조사하고 목표 어구인 METHINKS IT IS LIKE A WEASEL과 가장 유사한 것을 선택한다.

60. 생명 게임 구현하기

존 호튼 콘웨이John Horton Conway에 의해 제안된 세포 자동차cellular automation인 생명 게임Game of Life을 구현하는 프로그램을 작성하라.

- 이 게임은 격자 구조를 이루는 삶과 죽음, 두 상태를 갖는 정사각형의 세포로 구성돼 있다.
- 각 세포는 인접한 세포들과 상호작용하며, 모든 단계마다 다음과 같은 일이 일어난다.
    - 살아 있는 어떤 세포가 주변에 살아 있는 이웃 세포가 하나 이하라면 인구 부족으로 죽게 된다.
    - 살아 있는 어떤 세포가 주변에 살아 있는 이웃이 둘이나 셋이라면 살아남는다.

- 살아 있는 어떤 세포가 주변에 살아있는 이웃이 넷 이상이라면 인구 과다로 죽게 된다.
- 살아 있는 세포 셋을 이웃하고 있는 죽은 세포는 재생돼 살아나게 된다.
- 단계가 반복될 때마다 게임의 상태를 콘솔에 출력한다. 편의를 위해 20열×50행 처럼 적당한 격자의 크기를 선택할 수 있다.

풀이

45. 우선순위 큐 구조 구현하기

우선순위 큐는 우선순위를 갖는 원소를 담고 있는 추상 데이터 타입이다. 선입 선출first-in-first-out 컨테이너와는 달리, 우선순위 큐는 우선순위가 높은 원소부터 접근을 허용한다. 이 데이터 구조는 다익스트라Dijkstra의 최단거리 찾기, 프림Prim 알고리즘, 힙 정렬heap sort, A* 탐색 알고리즘, 허프만 코드Huffman code를 이용한 데이터 압축 등 다양한 알고리즘에서 사용된다.

우선순위 큐를 구현하는 가장 간단한 접근법은 `std::vector` 컨테이너를 내부적으로 사용하고 언제나 정렬된 상태를 유지하도록 만드는 것이다. 이는 최댓값 원소와 최솟값 원소가 양 끝에 위치한다는 것을 의미한다. 하지만 이 접근법이 가장 효율적이지는 않다.

우선순위 큐를 구현하기 위한 가장 적합한 데이터 구조는 힙heap이다. 힙은 트리tree 기반의 데이터 구조로서, 다음 조건을 만족한다. 만약 P가 노드 C의 부모 노드일 때, 최대 힙max heap에서 P의 키(값)는 C의 키보다 크거나 같고, 최소 힙min heap에서는 작거나 같다.

표준 라이브러리에 힙을 사용하기 위한 몇 가지 표준 연산이 있다.

- `std::make_heap()`: 이 함수는 < 연산자 또는 사용자가 제공한 비교 함수를 이용해 주어진 범위를 최대 힙으로 만든다.

- std::push_heap( ): 이 함수는 최대 힙의 끝에 새로운 원소를 삽입한다.
- std::pop_heap( ): 이 함수는 힙의 첫 번째 원소를 제거한다(첫 번째 원소와 마지막 원소를 교환하고 부분 범위 [first, last-1)을 최대 힙으로 만든다).
- std::vector를 사용해 데이터를 저장하고 힙과 관련된 표준 함수를 사용하는 우선순위 큐의 구현은 다음과 같다.

```
template <class T,
    class Compare = std::less<typename std::vector<T>::value_type>>
class priority_queue
{
    typedef typename std::vector<T>::value_type value_type;
    typedef typename std::vector<T>::size_type size_type;
    typedef typename std::vector<T>::reference reference;
    typedef typename std::vector<T>::const_reference const_reference;
public:
    bool empty() const noexcept { return data.empty(); }
    size_type size() const noexcept { return data.size(); }

    void push(value_type const & value)
    {
        data.push_back(value);
        std::push_heap(std::begin(data), std::end(data), comparer);
    }

    void pop()
    {
        std::pop_heap(std::begin(data), std::end(data), comparer);
        data.pop_back();
    }

    const_reference top() const { return data.front(); }
    void swap(priority_queue& other) noexcept
    {
        swap(data, other.data);
        swap(comparer, other.comparer);
    }
```

```
private:
    std::vector<T> data;
    Compare comparer;
};

template <class T, class Compare>
void swap(priority_queue<T, Compare>& lhs,
          priority_queue<T, Compare>& rhs)
noexcept(noexcept(lhs.swap(rhs)))
{
    lhs.swap(rhs);
}
```

이 클래스는 다음처럼 사용할 수 있다.

```
int main()
{
    priority_queue<int> q;
    for (int i : {1, 5, 3, 1, 13, 21, 8})
    {
        q.push(i);
    }

    assert(!q.empty());
    assert(q.size() == 7);

    while (!q.empty())
    {
        std::cout << q.top() << ' ';
        q.pop();
    }
}
```

46. 원형 버퍼 구조 구현하기

원형 버퍼는 양 끝이 서로 연결된 것처럼 동작해 가상의 원형 메모리 레이아웃을 형성하는 고정된 크기의 컨테이너다. 원형 버퍼는 자동으로 오래된 엔트리를 새 것으로 덮어씌워서 데이터를 유지하는 데 많은 메모리가 필요하지 않다는 것이 가장 큰 장점이다. 원형 버퍼는 I/O 버퍼링, 바운디드 로깅 bounded logging (가장 최근의 로그만을 저장하는 것), 비동기 처리용 버퍼 등에서 사용된다.

상황을 두 가지로 나눠 보자.

1. 버퍼에 여러 개의 원소들이 추가됐지만 최대 수용량(사용자가 지정한 크기)에 도달하지 않았다면, 이때 원형 버퍼는 벡터와 같은 일반적인 컨테이너처럼 동작한다.
2. 버퍼에 여러 개의 원소들이 추가됐고, 그 크기가 버퍼의 최대 수용량을 초과하면, 이때 버퍼 메모리는 재사용되며 오래된 원소들이 덮어 씌워진다.

다음 항목들로 이러한 구조를 표현할 수 있다.

- 미리 할당된 수만큼 원소를 수용할 수 있는 일반적인 컨테이너
- 마지막으로 원소가 삽입된 위치를 표시하는 헤드 포인터
- 컨테이너 안의 원소 개수를 나타내며, 원소가 덮어 씌워지는 특성상 수용량을 초과할 수 없는 크기 카운터

원형 버퍼의 주요한 연산 두 가지를 소개한다.

- **버퍼에 새로운 원소를 추가하는 연산**: 원소는 항상 헤드 포인터(또는 인덱스)의 다음 위치에 삽입된다. 이 연산을 나타내는 push( ) 메소드는 아래에서 확인할 수 있다.
- **버퍼에 존재하는 원소를 제거하는 연산**: 항상 가장 오래된 원소를 제거한다. 가장 오래된 원소란 head - size에 있는 것이다(이때 인덱스가 원형을 이룬다는 것을 감안해야 한다). 이 연산을 나타내는 pop( ) 메소드는 다음 코드에서 확인할 수 있다.

데이터 구조를 구현한 모습이다.

```cpp
template <class T>
class circular_buffer
{
    typedef circular_buffer_iterator<T> const_iterator;

    circular_buffer() = delete;
public:
    explicit circular_buffer(size_t const size) : data_(size)
    {}

    bool clear() noexcept { head_ = -1; size_ = 0; }
    bool empty() const noexcept { return size_ == 0; }
    bool full() const noexcept { return size_ == data_.size(); }
    size_t capacity() const noexcept { return data_.size(); }
    size_t size() const noexcept { return size_; }

    void push(T const item)
    {
        head_ = next_pos();
        data_[head_] = item;
        if (size_ < data_.size()) size_++;
    }

    T pop()
    {
        if (empty()) throw std::runtime_error("empty buffer");
        auto pos = first_pos();
        size_--;
        return data_[pos];
    }

    const_iterator begin() const
    {
        return const_iterator(*this, first_pos(), empty());
    }

    const_iterator end() const
```

```cpp
    {
        return const_iterator(*this, next_pos(), true);
    }

private:
    std::vector<T> data_;
    size_t head_ = -1;
    size_t size_ = 0;
    size_t next_pos() const noexcept
    { return size_ == 0 ? 0 : (head_ + 1) % data_.size(); }
    size_t first_pos() const noexcept
    { return size_ == 0 ? 0 : (head_ + data_.size() - size_ + 1) %
                              data_.size(); }

    friend class circular_buffer_iterator<T>;
};
```

인덱스는 원형 특성을 연속적인 메모리 레이아웃에 맵핑해야 하므로, 이 클래스를 위한 반복자 타입은 포인터 타입이 돼서는 안 된다. 인덱스에 모듈로 연산을 적용해 반복자가 언제나 올바른 원소를 가리킬 수 있도록 만든다. 이러한 반복자를 구현하는 방법 하나를 소개한다.

```cpp
template <class T>
class circular_buffer_iterator
{
    typedef circular_buffer_iterator        self_type;
    typedef T                               value_type;
    typedef T&                              reference;
    typedef T const&                        const_reference;
    typedef T*                              pointer;
    typedef std::random_access_iterator_tag iterator_category;
    typedef ptrdiff_t                       difference_type;
public:
    circular_buffer_iterator(circular_buffer<T> const & buf,
                             size_t const pos, bool const last) :
    buffer_(buf), index_(pos), last_(last)
    {}
```

```cpp
self_type & operator++()
{
   if (last_)
       throw std::out_of_range("Iterator cannot be incremented past the end of range.");
   index_ = (index_ + 1) % buffer_.data_.size();
   last_ = index_ == buffer_.next_pos();
   return *this;
}

self_type operator++ (int)
{
    self_type tmp = *this;
    ++*this;
    return tmp;
}

bool operator== (self_type const & other) const
{
    assert(compatible(other));
    return index_ == other.index_ && last_ == other.last_;
}

bool operator!= (self_type const & other) const
{
    return !(*this == other);
}

const_reference operator* () const
{
    return buffer_.data_[index_];
}

const_reference operator-> () const
{
    return buffer_.data_[index_];
}

private:
    bool compatible(self_type const & other) const
    {
```

```
        return &buffer_ == &other.buffer_;
    }

    circular_buffer<T> const & buffer_;
    size_t index_;
    bool last_;
};
```

앞에서 구현한 방법을 활용해 다음과 같은 코드를 작성할 수 있다. 주석에 주목해보자. 첫 번째 범위는 내부 벡터의 실제 내용물을 나타내며, 두 번째 범위는 이터레이터를 통해 접근할 수 있는 논리적인 내용물을 의미한다.

```
int main()
{
    circular_buffer<int> cbuf(5);   // {0, 0, 0, 0, 0} -> {}

    cbuf.push(1);                    // {1, 0, 0, 0, 0} -> {1}
    cbuf.push(2);                    // {1, 2, 0, 0, 0} -> {1, 2}
    cbuf.push(3);                    // {1, 2, 3, 0, 0} -> {1, 2, 3}

    auto item = cbuf.pop();          // {1, 2, 3, 0, 0} -> {2, 3}
    cbuf.push(4);                    // {1, 2, 3, 4, 0} -> {2, 3, 4}
    cbuf.push(5);                    // {1, 2, 3, 4, 5} -> {2, 3, 4, 5}
    cbuf.push(6);                    // {6, 2, 3, 4, 5} -> {2, 3, 4, 5, 6}
    cbuf.push(7);                    // {6, 7, 3, 4, 5} -> {3, 4, 5, 6, 7}
    cbuf.push(8);                    // {6, 7, 8, 4, 5} -> {4, 5, 6, 7, 8}

    item = cbuf.pop();               // {6, 7, 8, 4, 5} -> {5, 6, 7, 8}
    item = cbuf.pop();               // {6, 7, 8, 4, 5} -> {6, 7, 8}
    item = cbuf.pop();               // {6, 7, 8, 4, 5} -> {7, 8}

    item = cbuf.pop();               // {6, 7, 8, 4, 5} -> {8}
    item = cbuf.pop();               // {6, 7, 8, 4, 5} -> {}

    cbuf.push(9);                    // {6, 7, 8, 9, 5} -> {9}
}
```

47. 이중 버퍼 구현하기

여기 서술된 문제는 이중 버퍼링이 일어나는 일반적인 상황을 나타낸 것이다. 이중 버퍼링은 데이터를 읽을 때 누군가가 부분적으로 업데이트한 것 대신 완전한 버전을 볼 수 있도록 하는 다중 버퍼링 기술의 가장 일반적인 경우다. 특히 플리커링flickering을 방지하기 위해 컴퓨터 그래픽에서 흔히 사용되는 기술이다.

요구 기능을 구현하기 위해 작성해야 하는 버퍼 클래스는 두 개의 내부 버퍼가 있어야 한다. 하나의 버퍼 쓰기 작업이 일어나는 임시 데이터를, 또 다른 버퍼는 완전한(또는 제출된) 데이터를 담는다. 쓰기 작업이 끝나면 임시 버퍼의 내용은 주 버퍼에 쓰인다. 다음 코드는 내부 버퍼로 `std::vector`를 사용했다. 쓰기 작업이 끝나면 두 버퍼 안에 있는 내용을 교환하는데, 이 방법은 데이터를 복사하는 것보다 훨씬 빠르다.

쓰기 작업이 끝난 데이터에 접근하는 방법은 두 가지다. 하나는, 읽기 버퍼의 내용물을 지정된 출력으로 복사하는 `read()` 함수를 쓰거나, 원소에 직접 접근([] 연산자 오버로딩)하는 방법이다. 다른 스레드가 버퍼에 쓰기 작업을 하는 동안에도 안전하게 데이터를 읽을 수 있도록 `std::mutex`를 통해 읽기 버퍼에 대한 접근을 동기화한다.

```
template <typename T>
class double_buffer
{
    typedef T           value_type;
    typedef T&          reference;
    typedef T const &   const_reference;
    typedef T*          pointer;

public:
    explicit double_buffer(size_t const size) :
        rdbuf(size), wrbuf(size)
    {}

    size_t size() const noexcept { return rdbuf.size(); }

    void write(T const * const ptr, size_t const size)
```

```cpp
    {
        std::unique_lock<std::mutex> lock(mt);
        auto length = std::min(size, wrbuf.size());
        std::copy(ptr, ptr + length, std::begin(wrbuf));
        wrbuf.swap(rdbuf);
    }

    template <class Output>
    void read(Output it) const
    {
        std::unique_lock<std::mutex> lock(mt);
        std::copy(std::cbegin(rdbuf), std::cend(rdbuf), it);
    }
    pointer data() const
    {
        std::unique_lock<std::mutex> lock(mt);
        return rdbuf.data();
    }

    reference operator[](size_t const pos)
    {
        std::unique_lock<std::mutex> lock(mt);
        return rdbuf[pos];
    }

    const_reference operator[](size_t const pos) const
    {
        std::unique_lock<std::mutex> lock(mt);
        return rdbuf[pos];
    }

    void swap(double_buffer other)
    {
        std::swap(rdbuf, other.rdbuf);
        std::swap(wrbuf, other.wrbuf);
    }
private:
    std::vector<T>    rdbuf;
    std::vector<T>    wrbuf;
    mutable std::mutex mt;
};
```

다음 예시는 작성한 이중 버퍼 클래스를 통해 서로 다른 두 개체가 동시에 쓰기와 읽기 작업을 하는 것을 보여준다.

```cpp
template <typename T>
void print_buffer(double_buffer<T> const & buf)
{
    buf.read(std::ostream_iterator<T>(std::cout, " "));
    std::cout << std::endl;
}

int main()
{
    double_buffer<int> buf(10);

    std::thread t([&buf]() {
        for (int i = 1; i < 1000; i += 10)
        {
            int data[] = { i, i + 1, i + 2, i + 3, i + 4,
                           i + 5, i + 6, i + 7, i + 8, i + 9 };
            buf.write(data, 10);

            using namespace std::chrono_literals;
            std::this_thread::sleep_for(100ms);
        }
    });

    auto start = std::chrono::system_clock::now();
    do
    {
        print_buffer(buf);

        using namespace std::chrono_literals;
        std::this_thread::sleep_for(150ms);
    } while (std::chrono::duration_cast<std::chrono::seconds>(
             std::chrono::system_clock::now() - start).count() < 12);

    t.join();
}
```

48. 범위 안에서 가장 빈번하게 등장하는 원소와 등장 횟수를 반환하기

범위 안에서 가장 빈번하게 등장하는 원소를 찾고 그 원소를 반환하려면 다음과 같은 작업이 필요하다.

- `std::map`을 이용해 각 원소의 등장 횟수를 센다. 키는 원소, 값은 등장 횟수가 될 것이다.
- `std::max_element( )`를 사용해 맵에서 가장 큰 원소를 찾는다. 결과는 맵의 원소 중 하나, 즉 원소와 등장 횟수의 쌍이 될 것이다.
- 위에서 구한 최대 등장 횟수와 같은 값(등장 횟수)이 있는 모든 맵 원소를 복사하고 결과를 반환한다.

앞에서 설명한 단계대로 코드를 작성하면 다음과 같다.

```
template <typename T>
std::vector<std::pair<T, size_t>> find_most_frequent(
    std::vector<T> const & range)
{
    std::map<T, size_t> counts;
    for (auto const & e : range) counts[e]++;

    auto maxelem = std::max_element(
        std::cbegin(counts), std::cend(counts),
        [](auto const & e1, auto const & e2) {
            return e1.second < e2.second;
    });

    std::vector<std::pair<T, size_t>> result;

    std::copy_if(
        std::begin(counts), std::end(counts),
        std::back_inserter(result),
        [maxelem](auto const & kvp) {
            return kvp.second == maxelem->second;
    });
```

```
        return result;
}
```

`find_most_frequent()` 함수는 다음과 같이 사용할 수 있다.

```
int main()
{
    auto range = std::vector<int>{1, 1, 3, 5, 8, 13, 3, 5, 8, 8, 5};
    auto result = find_most_frequent(range);

    for (auto const & e : result)
    {
        std::cout << e.first << " : " << e.second << std::endl;
    }
}
```

49. 텍스트 히스토그램 구하기

히스토그램은 수치 데이터의 분포를 막대 모형의 도형으로 나타낸 그래프다. 널리 알려진 히스토그램은 사진과 이미지 처리에서 쓰이는 컬러 히스토그램^{color histogram}과 이미지 히스토그램^{image histogram}이다.

여기서 다루는 텍스트 히스토그램은 주어진 텍스트에서 알파벳 문자의 등장 빈도를 나타내기 위한 그래프다. 이 문제는 범위로 주어지는 원소가 문자라는 것과 모두의 빈도를 계산해야 한다는 점을 제외하고는 [문제 48]과 비슷하다.

이 문제를 해결하려면 다음 과정을 거쳐야 한다.

- 맵을 이용해 각 알파벳 문자의 등장 횟수를 센다. 키는 알파벳 문자, 값은 등장 횟수가 될 것이다.
- 알파벳 문자가 나오는 횟수를 셀 때, 알파벳 문자가 아닌 문자는 제외한다. 같은 알파벳 문자의 대문자와 소문자는 동일한 것으로 취급한다.

- std::accumulate( )를 사용해 주어진 텍스트에서 모든 알파벳 문자 각각의 등장 횟수를 계산한다.
- std::for_each( ) 또는 범위 기반 for 반복문을 사용해 맵의 모든 원소를 순회하며 등장 횟수를 빈도로 변환한다.

앞의 과정을 담은 구현 방법 한 가지를 코드로 소개한다.

```cpp
std::map<char, double> analyze_text(std::string_view text)
{
    std::map<char, double> frequencies;
    for (char ch = 'a'; ch <= 'z'; ch++)
        frequencies[ch] = 0;

    for (auto ch : text)
    {
        if (isalpha(ch))
            frequencies[tolower(ch)]++;
    }

    auto total = std::accumulate(
        std::cbegin(frequencies), std::cend(frequencies),
        0ull,
        [](auto const sum, auto const & kvp) {
            return sum + static_cast<unsigned long long>(kvp.second);
        });

    std::for_each(
        std::begin(frequencies), std::end(frequencies),
        [total](auto & kvp) {
            kvp.second = (100.0 * kvp.second) / total;
        });

    return frequencies;
}
```

콘솔에 입력된 텍스트에서 알파벳 문자의 빈도를 출력하는 프로그램이다.

```cpp
int main()
{
    auto result = analyze_text(R"(Lorem ipsum dolor sit amet, consectetur 
        adipiscing elit, sed do eiusmod tempor incididunt ut labore et 
        dolore magna aliqua.)");

    for (auto const & kvp : result)
    {
        std::cout << kvp.first << " : "            << std::fixed
                  << std::setw(5) << std::setfill(' ')
                  << std::setprecision(2) << kvp.second << std::endl;
    }
}
```

50. 전화번호 목록 필터링하기

이 문제는 상대적으로 간단하게 풀 수 있다. 모든 전화번호를 순회하며 특정한 국가번호로 시작하는 전화번호를 별도의 컨테이너(std::vector 같은)로 복사한다. 만약 지정된 국가번호가 44라면 44와 +44 모두를 확인해야 한다. 입력 범위를 필터링하는 작업에는 std::copy_if() 함수를 이용할 수 있다. 해법은 아래와 같다.

```cpp
bool starts_with(std::string_view str, std::string_view prefix)
{
    return str.find(prefix) == 0;
}

template <typename InputIt>
std::vector<std::string> filter_numbers(InputIt begin, InputIt end,
                                         std::string const & countryCode)
{
    std::vector<std::string> result;
    std::copy_if(
```

```cpp
        begin, end,
        std::back_inserter(result),
        [countryCode](auto const & number) {
            return starts_with(number, countryCode) ||
                    starts_with(number, "+" + countryCode);
        });
    return result;
}

std::vector<std::string> filter_numbers(
    std::vector<std::string> const & numbers,
    std::string const & countryCode)
{
    return filter_numbers(std::cbegin(numbers), std::cend(numbers),
                        countryCode);
}
```

이 함수가 어떻게 사용될 수 있는지 살펴보자.

```cpp
int main()
{
    std::vector<std::string> numbers{
        "+40744909080",
        "44 7520 112233",
        "+44 7555 123456",
        "40 7200 123456",
        "7555 123456"
    };

    auto result = filter_numbers(numbers, "44");

    for (auto const & number : result)
    {
        std::cout << number << std::endl;
    }
}
```

51. 전화번호 목록 변형하기

이 문제는 [문제 50]과 비슷한 면이 있다. 그러나 특정한 국가번호로 시작하는 전화번호를 선택하는 대신, 각 번호를 +로 시작하는 국가번호가 앞에 붙도록 변형해야 한다. 고려해야 할 여러 가지 경우를 알아보자.

- 전화번호가 0으로 시작하면 이는 전화번호에 국가번호가 없다는 것을 의미한다. 국가번호를 포함하도록 전화번호를 바꾸려면 숫자 0을 +기호로 시작하는 실제 국가번호로 교체해야 한다.
- 전화번호가 국가번호로 시작할 때는 전화번호 앞에 +기호를 덧붙이면 된다.
- 전화번호에 +로 시작하는 국가번호가 앞에 붙어 있다면 그 번호는 이미 조건 형식을 만족하는 것이다.
- 전화번호가 위의 경우들에 해당하지 않을 때, +기호로 시작되는 국가번호와 전화번호를 결합시켜 결과를 구할 수 있다.

> 문제를 단순하게 만들기 위해, 전화번호가 다른 국가번호로 시작하는 경우는 무시하자. 아래 코드를 수정해 다른 국가번호로 시작하는 전화번호를 다룰 수 있게 만드는 것은 더 해볼 수 있는 과제로 남겨둔다. 여기서 이러한 번호들은 목록에서 제거하도록 한다.

설명한 모든 경우에서 번호가 공백을 포함할 수 있다. 요구 조건에 따르면 이 공백을 없애야 하는데, 이때 std::remove_if( )와 isspace( ) 함수를 사용할 수 있다. 이를 구현한 코드를 소개한다.

```
bool starts_with(std::string_view str, std::string_view prefix)
{
    return str.find(prefix) == 0;
}

void normalize_phone_numbers(std::vector<std::string>& numbers,
                             std::string const & countryCode)
```

```cpp
{
    std::transform(
    std::cbegin(numbers), std::cend(numbers),
    std::begin(numbers),
    [countryCode](std::string const & number) {
        std::string result;
        if (number.size() > 0)
        {
        if (number[0] == '0')
            result = "+" + countryCode +
                     number.substr(1);
        else if (starts_with(number, countryCode))
            result = "+" + number;
        else if (starts_with(number, "+" + countryCode))
            result = number;
        else
            result = "+" + countryCode + number;
        }

        result.erase(
            std::remove_if(std::begin(result), std::end(result),
                [](const char ch) { return isspace(ch); }),
            std::end(result));
        return result;
    });
}
```

다음 프로그램은 주어진 전화번호 목록을 요구 조건에 따라 표준화해 콘솔에 출력시킨다.

```cpp
int main()
{
    std::vector<std::string> numbers{
        "07555 123456",
        "07555123456",
        "+44 7555 123456",
        "44 7555 123456",
        "7555 123456"
    };
```

```
    normalize_phone_numbers(numbers, "44");

    for (auto const & number : numbers)
    {
        std::cout << number << std::endl;
    }
}
```

52. 문자열로 만들 수 있는 모든 순열 생성하기

이 문제는 표준 라이브러리에 수록된 몇 가지 범용 알고리즘을 이용하면 쉽게 풀 수 있다. std::next_permutation( )로 비재귀적인 버전을 간단하게 작성 가능하다.

이 함수는 이미 정렬된 입력 범위를 다음번 순서로 구성 가능한 순열로 변환한다. 순서는 < 연산자를 기반으로 사전순으로 비교하거나, 특정한 비교 함수 객체를 통해 정해진다. 다음 순서로 구성할 수 있는 순열이 있다면 true를 반환하고, 그렇지 않을 때 순열은 첫 번째의 상태로 되돌아가며 false를 반환한다.

std::next_permuation( )로 비재귀적 버전을 구현하면 다음과 같다.

```
void print_permutations(std::string str)
{
    std::sort(std::begin(str), std::end(str));

    do
    {
       std::cout << str << std::endl;
    } while (std::next_permutation(std::begin(str), std::end(str)));
}
```

재귀적 방법은 약간 더 복잡하다.

먼저, 입력과 출력 문자열을 이용하여 구현하는 방법이 있다. 순열을 생성하려는 문자열을 입력 문자열로 삼고 출력 문자열은 비워둔 채로 시작한다. 입력 문자열에서 한 번에 한 문자씩 취해 출력 문자열로 옮긴다. 입력 문자열이 비게 되는 시점에 출력 문자열은 다음 순서의 순열이 된다. 이를 수행하는 재귀적 알고리즘은 다음과 같다.

- 입력 문자열이 비어 있으면 출력 문자열을 출력하고 반환한다.
- 그렇지 않을 때는 입력 문자열의 모든 문자를 순회하며 각각의 원소에 대해 다음을 수행한다.
    - 입력 문자열의 첫 번째 문자를 제거하고 출력 문자열의 끝에 붙이는 메소드를 재귀적으로 호출한다
    - 입력 문자열을 회전해 첫 번째 문자를 가장 마지막으로 옮기고, 두 번째 문자열이 처음으로 오도록 하는 작업을 반복한다.

이 알고리즘을 그림으로 설명해본다.

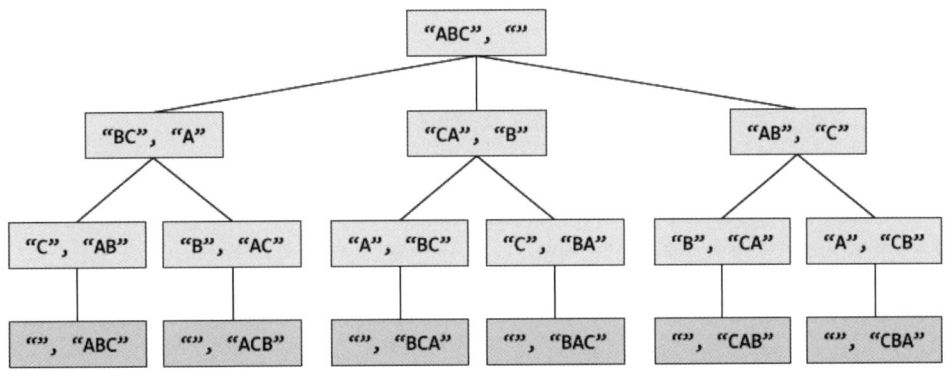

입력 문자열을 회전하기 위해 표준 라이브러리의 std::rotate( )를 사용한다. 이는 범위 안의 원소를 왼쪽으로 한 칸 회전한다. 이 재귀적 알고리즘을 구현해 보면 다음과 같다.

```
void next_permutation(std::string str, std::string perm)
{
    if (str.empty()) std::cout << perm << std::endl;
    else
    {
        for (size_t i = 0; i < str.size(); ++i)
        {
            next_permutation(str.substr(1), perm + str[0]);

            std::rotate(std::begin(str), std::begin(str) + 1, std::end(str));
        }
    }
}

void print_permutations_recursive(std::string str)
{
    next_permutation(str, "");
}
```

구현한 두 개의 함수는 이렇게 사용할 수 있다.

```
int main()
{
    std::cout << "non-recursive version" << std::endl;
    print_permutations("main");

    std::cout << "recursive version" << std::endl;
    print_permutations_recursive("main");
}
```

53. 영화 평균 평점 계산하여 출력하기

이 문제는 절단 평균$^{\text{truncated mean}}$을 이용해 영화 평점을 계산해야 한다.

절단 평균은 집중 경향$^{\text{central tendency}}$을 통계적으로 측정하는 것으로, 통계 분포 또는 샘플의 양 극단을 버리고 계산한 평균이다. 보통 이는 양 극단에 위치한 점수를 같은 양만큼

버려 구할 수 있다. 이 문제에서는 가장 높은 사용자 점수와 가장 낮은 사용자 점수의 5%를 제거해야 한다.

주어진 범위의 절단 평균을 구하는 함수는 다음 작업을 수행해야 한다.

- 범위를 정렬해 원소들을 순서대로(오름차순 또는 내림차순) 위치시킨다.
- 필요한 백분율 만큼 양 끝의 원소를 제거한다.
- 남은 원소들의 합을 구한다.
- 합을 남은 원소의 개수로 나누어 평균을 구한다.

이 알고리즘을 구현한 다음 truncated_mean( ) 함수를 살펴보자.

```cpp
double truncated_mean(std::vector<int> values, double const percentage)
{
    std::sort(std::begin(values), std::end(values));
    auto remove_count = static_cast<size_t>(
                            values.size() * percentage + 0.5);

    values.erase(std::begin(values), std::begin(values) + remove_count);
    values.erase(std::end(values) - remove_count, std::end(values));

    auto total = std::accumulate(
        std::cbegin(values), std::cend(values),
        0ull,
        [](auto const sum, auto const e) {
            return sum + e; });
    return static_cast<double>(total) / values.size();
}
```

이 함수로 영화 평균 평점을 계산하고 출력하는 프로그램이다.

```cpp
struct movie
{
    int          id;
    std::string  title;
```

```
    std::vector<int> ratings;
};

void print_movie_ratings(std::vector<movie> const &movies)
{
    for (auto const & m : movies)
    {
        std::cout << m.title << " : "
                  << std::fixed << std::setprecision(1)
                  << truncated_mean(m.ratings, 0.05) << std::endl;
    }
}

int main()
{
    std::vector<movie> movies
    {
        {101, "The Matrix", {10, 9, 10, 9, 9, 8, 7, 10, 5, 9, 9, 8}},
        {102, "Gladiator", {10, 5, 7, 8, 9, 8, 9, 10, 10, 5, 9, 8, 10}},
        {103, "Interstellar", {10, 10, 10, 9, 3, 8, 8, 9, 6, 4, 7, 10}}
    };

    print_movie_ratings(movies);
}
```

54. 쌍 알고리즘 함수 작성하기

이 문제에 등장하는 쌍 함수는 입력 범위의 인접한 원소를 쌍으로 묶어 std::pair 원소를 만들고 출력 범위에 추가하는 것이다. 소개할 코드에서 다음 두 가지 항목을 구현했다.

- 입력 범위의 시작과 끝, 결과가 삽입될 출력 범위를 나타내는 세 반복자를 전달 인자로 받는 범용 함수 템플릿.
- std::vector<T>를 입력 인자로 받고 std::vector<std::pair<T, T>>를 반환하는 오버로드. 이 함수의 역할은 단순히 첫 번째 오버로드를 호출하는 것이다.

```
template <typename Input, typename Output>
void pairwise(Input begin, Input end, Output result)
{
    auto it = begin;
    while (it != end)
    {
        auto v1 = *it++; if (it == end) break;
        auto v2 = *it++;
        result++ = std::make_pair(v1, v2);
    }
}

template <typename T>
std::vector<std::pair<T, T>> pairwise(std::vector<T> const &range)
{
    std::vector<std::pair<T, T>> result;
    pairwise(std::begin(range), std::end(range),
            std::back_inserter(result));
    return result;
}
```

다음 프로그램은 정수 벡터의 원소를 쌍으로 묶은 결과를 콘솔에 출력한다.

```
int main()
{
    std::vector<int> v{ 1, 1, 3, 5, 8, 13, 21 };
    auto result = pairwise(v);

    for (auto const & p : result)
    {
        std::cout << '{' << p.first << ',' << p.second << '}' << std::endl;
    }
}
```

55. 결합 알고리즘 함수 작성하기

이 문제는 [문제 54]와 비슷하지만 입력 범위가 두 개가 주어진다는 점이 다르다. 결과는 역시 std::pair의 범위가 될 것이다. 그러나 두 입력 범위는 서로 다른 타입의 원소를 가지고 있을 수도 있다. 다음 두 오버로드를 구현한 코드를 참고하자.

- 경계를 결정하는 각 입력 범위의 시작과 끝을 가리키는 반복자 그리고 결과가 쓰여야 할 출력 범위의 반복자를 전달 인자로 받는 범용 함수
- T타입의 원소와 U타입의 원소가 있는 두 std::vector를 입력 인자로 취하고 std::vector<std::pair<T, U>>를 출력으로 내보내는 함수. 이 오버로드가 하는 역할은 단순히 다른 오버로드를 호출하는 것이다.

```
template <typename Input1, typename Input2, typename Output>
void zip(Input1 begin1, Input1 end1,
         Input2 begin2, Input2 end2,
         Output result)
{
    auto it1 = begin1;
    auto it2 = begin2;
    while (it1 != end1 && it2 != end2)
    {
        result++ = std::make_pair(*it1++, *it2++);
    }
}

template <typename T, typename U>
std::vector<std::pair<T, U>> zip(
    std::vector<T> const & range1,
    std::vector<U> const & range2)
{
  std::vector<std::pair<T, U>> result;

  zip(std::begin(range1), std::end(range1),
      std::begin(range2), std::end(range2),
      std::back_inserter(result));

  return result;
}
```

다음에서 두 정수 벡터가 함께 결합되고, 결과를 콘솔에 출력하는 과정을 볼 수 있다.

```
int main()
{
    std::vector<int> v1{ 1, 2, 3, 4, 5, 6, 7, 8, 9, 10 };
    std::vector<int> v2{ 1, 1, 3, 5, 8, 13, 21 };

    auto result = zip(v1, v2);
    for (auto const & p : result)
    {
        std::cout << '{' << p.first << ',' << p.second << '}' << std::endl;
    }
}
```

56. 선택 알고리즘 함수 작성하기

구현해야 하는 select( ) 함수는 std::vector<T>와 F 타입의 함수 하나를 입력 인자로 받고 std::vector<R>를 결과로 반환해야 한다. 이때 R은 T에 F를 적용한 결과다. 이때 컴파일 시간에 수행되는 표현식인 std::result_of( )를 사용해 결과 타입을 추론할 수 있다. select( ) 함수는 내부적으로 std::transform( )을 이용해 입력 벡터의 원소를 순회하며 각 원소에 함수 f를 적용한 결과를 출력 벡터에 삽입한다.

이 함수를 코드로 구현해봤다.

```
template <
    typename T, typename A, typename F,
    typename R = typename std::decay<typename std::result_of<
                 typename std::decay<F>::type &(
                 typename std::vector<T, A>::const_reference)>::type>::type>
std::vector<R> select(std::vector<T, A> const &c, F &&f)
{
    std::vector<R> v;
    std::transform(std::cbegin(c), std::cend(c),
                   std::back_inserter(v),
```

```
                    std::forward<F>(f));
    return v;
}
```

select( ) 함수는 다음과 같이 사용할 수 있다.

```
int main()
{
    std::vector<book> books{
        {101, "The C++ Programming Language", "Bjarne Stroustrup"},
        {203, "Effective Modern C++", "Scott Meyers"},
        {404, "The Modern C++ Programming Cookbook", "Marius Bancila"}};

    auto titles = select(books, [](book const & b) { return b.title; });
    for (auto const & title : titles)
    {
        std::cout << title << std::endl;
    }
}
```

57. 정렬 알고리즘 함수 작성하기

퀵 정렬은 전순서[1] total order 배열의 원소를 비교 정렬하는 알고리즘이다. 제대로 구현되기만 한다면 이는 병합 정렬merge sort 또는 힙 정렬heap sort 보다 훨씬 빠르다.

최악의 경우 이 알고리즘에서 $O(n^2)$회의 비교 연산(범위가 이미 정렬되어 있을 때)이 이뤄지긴 하지만, 평균적인 복잡도는 $O(n \cdot \log(n))$에 불과하다. 퀵 정렬은 분할 정복divide and conquer 알고리즘이다. 이는 큰 범위를 작은 범위로 나누어 재귀적으로 정렬하는 것이다.

---

1 범위 안의 임의의 두 원소가 크기를 서로 비교할 수 있는 것 – 옮긴이

원소를 분할하는 방법에는 몇 가지가 있다. 이 구현에서는 토니 호어Tony Hoare가 개발한 본래의 방법을 사용한다. 이 방법에 대한 알고리즘을 의사코드pseudocode로 나타낸다면 다음과 같다.

```
algorithm quicksort(A, lo, hi) is
    if lo < hi then
        p := partition(A, lo, hi)
        quicksort(A, lo, p)
        quicksort(A, p + 1, hi)

algorithm partition(A, lo, hi) is
    pivot := A[lo]
    i := lo - 1
    j := hi + 1
    loop forever
        do
            i := i + 1
        while A[i] < pivot

        do
            j := j - 1
        while A[j] > pivot

        if i >= j then
            return j
        swap A[i] with A[j]
```

이 알고리즘을 범용적으로 구현하려면 배열이나 인덱스 대신 반복자를 사용해야 한다. 다음 코드에서는 반복자가 랜덤 액세스random-access를 지원해야(즉, 상수 시간에 다른 원소로 이동할 수 있어야) 한다는 조건을 달고 있다.

```
template <class RandomIt>
RandomIt partition(RandomIt first, RandomIt last)
{
    auto pivot = *first;
```

```cpp
    auto i = first + 1;
    auto j = last - 1;
    while (i <= j)
    {
        while (i <= j && *i <= pivot) i++;
        while (i <= j && *j > pivot) j--;
        if (i < j) std::iter_swap(i, j);
    }

    std::iter_swap(i - 1, first);

    return i - 1;
}

template <class RandomIt>
void quicksort(RandomIt first, RandomIt last)
{
    if (first < last)
    {
        auto p = partition(first, last);
        quicksort(first, p);
        quicksort(p + 1, last);
    }
}
```

다음처럼 quicksort( ) 함수는 다양한 타입의 컨테이너를 정렬하는 데 사용할 수 있다.

```cpp
int main()
{
    std::vector<int> v{1, 5, 3, 8, 6, 2, 9, 7, 4};
    quicksort(std::begin(v), std::end(v));

    std::array<int, 9> a{1, 2, 3, 4, 5, 6, 7, 8, 9};
    quicksort(std::begin(a), std::end(a));

    int a[]{9, 8, 7, 6, 5, 4, 3, 2, 1};
    quicksort(std::begin(a), std::end(a));
}
```

이 문제에서는 사용자가 정의한 비교 함수를 쓸 수 있어야 한다는 것을 요구하고 있다. 구획 함수를 변경해 원소를 피봇pivot과 비교할 때 < 연산자나 > 연산자를 사용하는 대신 사용자 정의 비교 함수를 사용하도록 만든다.

```
template <class RandomIt, class Compare>
RandomIt partitionc(RandomIt first, RandomIt last, Compare comp)
{
    auto pivot = *first;
    auto i = first + 1;
    auto j = last - 1;
    while (i <= j)
    {
        while (i <= j && comp(*i, pivot)) i++;
        while (i <= j && !comp(*j, pivot)) j--;
        if (i < j) std::iter_swap(i, j);
    }

    std::iter_swap(i - 1, first);

    return i - 1;
}

template <class RandomIt, class Compare>
void quicksort(RandomIt first, RandomIt last, Compare comp)
{
    if (first < last)
    {
        auto p = partitionc(first, last, comp);
        quicksort(first, p, comp);
        quicksort(p + 1, last, comp);
    }
}
```

이 오버로드를 통해 주어진 범위를 내림차순으로 정렬한 예시를 살펴보자.

```
int main()
{
    std::vector<int> v{1, 5, 3, 8, 6, 2, 9, 7, 4};
    quicksort(std::begin(v), std::end(v), std::greater_equal<>());
}
```

퀵 정렬 알고리즘을 반복적^{iterative} 버전으로 구현할 수도 있다. 반복적 버전의 성능은 재귀적 버전과 같다(보통 $O(n \cdot \log(n))$이지만 원소가 이미 정렬돼 있으면 $O(n^2)$로 떨어질 수 있다). 재귀적 알고리즘을 반복적 버전으로 만들기는 상대적으로 간단하다. 재귀 호출을 모방하기 위해 스택^{stack}을 사용하고 구획의 경계를 저장하면 된다.

다음은 < 연산자를 사용해 원소를 비교하는 반복적 구현법이다.

```
template <class RandomIt>
void quicksorti(RandomIt first, RandomIt last)
{
    std::stack<std::pair<RandomIt, RandomIt>> st;
    st.push(std::make_pair(first, last));
    while (!st.empty())
    {
        auto iters = st.top();
        st.pop();

        if (iters.second - iters.first < 2) continue;

        auto p = partition(iters.first, iters.second);

        st.push(std::make_pair(iters.first, p));
        st.push(std::make_pair(p + 1, iters.second));
    }
}
```

반복적 구현도 재귀적 구현과 같은 방법으로 사용할 수 있다.

```
int main()
{
    std::vector<int> v{ 1, 5, 3, 8, 6, 2, 9, 7, 4 };
    quicksorti(std::begin(v), std::end(v));
}
```

58. 노드 사이의 최단 경로 계산하여 출력하기

제시된 문제를 풀려면 다익스트라 알고리즘을 사용해 그래프에서 최단 경로를 찾아야 한다. 원래의 최단 거리 알고리즘은 주어진 두 노드 사이의 최단 경로를 찾는 것이긴 하지만, 이 문제의 요구사항은 특정한 노드 하나와 그래프에 있는 다른 모든 노드 간의 경로를 찾는 것이다.

이 알고리즘은 우선순위 큐를 사용해 효율적으로 구현할 수 있다. 알고리즘에 대한 의사코드(https://en.wikipedia.org/wiki/Dijkstra%27s_algorithm를 참조하라)는 다음과 같다.

```
function Dijkstra(Graph, source):
    dist[source] ← 0           // 초기화

    create vertex set Q
    for each vertex v in Graph:
        if v ≠ source
            dist[v] ← INFINITY    // 소스에서 v까지의 알 수 없는 거리
            prev[v] ← UNDEFINED   // v의 선행(predecessor) 정점

        Q.add_with_priority(v, dist[v])

    while Q is not empty:          // 주 루프
        u ← Q.extract_min()        // 최선의 정점을 제거하고 반환
        for each neighbor v of u:  // Q에 남아있는 v에 대해서
            alt ← dist[u] + length(u, v)
            if alt < dist[v]
                dist[v] ← alt
                prev[v] ← u
```

```
            Q.decrease_priority(v, alt)

return dist[], prev[]
```

그래프를 표현하기 위해 방향성과 비방향성 그래프 모두를 나타낼 수 있는 다음 데이터 구조를 사용할 것이다. 이 클래스는 새로운 정점^{vertex}과 간선^{edge}을 추가하는 것을 지원하며, 정점의 리스트와 함께 특정한 정점의 이웃(즉, 두 노드와 그 간의 거리)을 반환할 수 있다.

```
template <typename Vertex = int, typename Weight = double>
class graph
{
public:
    typedef Vertex                          vertex_type;
    typedef Weight                          weight_type;
    typedef std::pair<Vertex, Weight>       neighbor_type;
    typedef std::vector<neighbor_type>      neighbor_list_type;
public:
    void add_edge(Vertex const source, Vertex const target,
                  Weight const weight, bool const bidirectional = true)
    {
        adjacency_list[source].push_back(std::make_pair(target, weight));
        adjacency_list[target].push_back(std::make_pair(source, weight));
    }

    size_t vertex_count() const { return adjacency_list.size(); }
    std::vector<Vertex> verteces() const
    {
        std::vector<Vertex> keys;
        for (auto const & kvp : adjacency_list)
            keys.push_back(kvp.first);
        return keys;
    }

    neighbor_list_type const & neighbors(Vertex const & v) const
    {
        auto pos = adjacency_list.find(v);
        if (pos == adjacency_list.end())
```

```
            throw std::runtime_error("vertex not found");
        return pos->second;
    }

    constexpr static Weight Infinity =
            std::numeric_limits<Weight>::infinity();
private:
    std::map<vertex_type, neighbor_list_type> adjacency_list;
};
```

앞서 의사코드로 설명한 최단 거리 알고리즘의 구현은 다음과 같다. 우선순위 큐 대신 std::set(자가 균형 이진 탐색 트리 self-balancing binary search tree로 구현돼 있음)을 사용한다. std::set은 꼭대기에 있는 원소를 추가하거나 제거할 때 이진 힙(우선순위 큐에 사용되는)과 같은 $O(\log n)$의 복잡도를 가진다. 한편, std::set은 $O(\log n)$ 시간 안에 트리 안의 원소를 탐색하고 제거하는 작업을 수행할 수 있다. 따라서 원소를 제거하고 다시 삽입하는 것으로 로그 시간 안에 동작하는 키 감소 decrease-key 연산을 구현할 수 있다.

```
template <typename Vertex, typename Weight>
void shortest_path(
    graph<Vertex, Weight> const & g,
    Vertex const source,
    std::map<Vertex, Weight> & min_distance,
    std::map<Vertex, Vertex> & previous)
{
    auto const n = g.vertex_count();
    auto const verteces = g.verteces();

    min_distance.clear();
    for (auto const & v : verteces)
        min_distance[v] = graph<Vertex, Weight>::Infinity;
    min_distance[source] = 0;

    previous.clear();

    std::set<std::pair<Weight, Vertex>> vertex_queue;
    vertex_queue.insert(std::make_pair(min_distance[source], source));
```

```
    while (!vertex_queue.empty())
    {
        auto dist = vertex_queue.begin()->first;
        auto u = vertex_queue.begin()->second;

        vertex_queue.erase(std::begin(vertex_queue));

        auto const & neighbors = g.neighbors(u);
        for (auto const & neighbor : neighbors)
        {
          auto v = neighbor.first;
          auto w = neighbor.second;
          auto dist_via_u = dist + w;
          if (dist_via_u < min_distance[v])
          {
              vertex_queue.erase(std::make_pair(min_distance[v], v));

              min_distance[v] = dist_via_u;
              previous[v] = u;
              vertex_queue.insert(std::make_pair(min_distance[v], v));
          }
        }
    }
}
```

다음 헬퍼 함수들은 결과를 특정한 형식으로 출력하는 데 쓰인다.

```
template <typename Vertex>
void build_path(
    std::map<Vertex, Vertex> const & prev, Vertex const v,
    std::vector<Vertex> & result)
{
    result.push_back(v);

    auto pos = prev.find(v);
    if (pos == std::end(prev)) return;

    build_path(prev, pos->second, result);
```

```
}

template <typename Vertex>
std::vector<Vertex> build_path(std::map<Vertex, Vertex> const & prev,
                               Vertex const v)
{
    std::vector<Vertex> result;
    build_path(prev, v, result);
    std::reverse(std::begin(result), std::end(result));
    return result;
}

template <typename Vertex>
void print_path(std::vector<Vertex> const &path)
{
    for (size_t i = 0; i < path.size(); ++i)
    {
        std::cout << path[i];
        if (i < path.size() - 1) std::cout << " -> ";
    }
}
```

주어진 과제를 풀이한 것이다.

```
int main()
{
    graph<char, double> g;
    g.add_edge('A', 'B', 7);
    g.add_edge('A', 'C', 9);
    g.add_edge('A', 'F', 14);
    g.add_edge('B', 'C', 10);
    g.add_edge('B', 'D', 15);
    g.add_edge('C', 'D', 11);
    g.add_edge('C', 'F', 2);
    g.add_edge('D', 'E', 6);
    g.add_edge('E', 'F', 9);

    char source = 'A';
    std::map<char, double> min_distance;
```

```
    std::map<char, char> previous;
    shortest_path(g, source, min_distance, previous);

    for (auto const & kvp : min_distance)
    {
        std::cout << source << " -> " << kvp.first << " : "
                  << kvp.second << '\t';

        print_path(build_path(previous, kvp.first));

        std::cout << std::endl;
    }
}
```

59. 족제비 프로그램 구현하기

족제비 프로그램은 리처드 도킨스가 수행한 실험thought experiment으로, 진화라는 과정이 커다란 도약을 통해 이뤄진다는 대중의 오해에 반해, 작은 개선 사항(개별 개체가 자연 선택을 받는 데 도움이 되는 형태의 돌연변이)들을 쌓아 나가는 것이 목표에 도달하는 더 빠른 길이라는 사실을 보인다.

위키피디아(https://en.wikipedia.org/wiki/Weasel_program 참조)에서는 족제비 시뮬레이션의 과정을 다음과 같이 설명한다.

1. 28개의 글자로 이뤄진 무작위 문자열로 시작한다.
2. 문자열의 100개의 사본을 생성한다. 각 문자는 5%의 확률로 임의의 다른 문자로 변한다.
3. 새로운 문자열을 목표 문자열인 "METHINKS IT IS LIKE A WEASEL"과 비교하고 점수(올바른 위치의 문자 수)를 매긴다.
4. 완벽한 점수(28)를 기록한 문자열이 있다면 과정을 중단한다.
5. 그렇지 않으면 가장 높은 점수를 가진 문자열을 골라 두 번째 단계를 반복한다.

앞의 과정을 구현하면 다음과 같다. make_random() 함수는 목표 문자열과 같은 길이의 임의의 문자열을 생성해 낸다. fitness() 함수는 각 변이한 문자열의 점수(목표 문자열과 얼마나 닮았는지에 대한)를 계산한다. mutate() 함수는 부모 문자열로부터 주어진 확률에 따라 돌연변이를 일으키는 새로운 문자열을 만들어 낸다.

```cpp
class weasel
{
    std::string target;
    std::uniform_int_distribution<> chardist;
    std::uniform_real_distribution<> ratedist;
    std::mt19937 mt;
    std::string const allowed_chars = "ABCDEFGHIJKLMNOPQRSTUVWXYZ ";
public:
    weasel(std::string_view t) :
        target(t), chardist(0, 26), ratedist(0, 100)
    {
        std::random_device rd;
        auto seed_data = std::array<int, std::mt19937::state_size>{};
        std::generate(std::begin(seed_data), std::end(seed_data),
            std::ref(rd));
        std::seed_seq seq(std::begin(seed_data), std::end(seed_data));
        mt.seed(seq);
    }

    void run(int const copies)
    {
        auto parent = make_random();
        int step = 1;
        std::cout << std::left << std::setw(5) << std::setfill(' ')
                << step << parent << std::endl;

        do
        {
            std::vector<std::string> children;
            std::generate_n(std::back_inserter(children), copies,
                [parent, this]() { return mutate(parent, 5); });

            parent = *std::max_element(
                std::begin(children), std::end(children),
```

```cpp
                [this](std::string_view c1, std::string_view c2) { return fitness(c1) <
fitness(c2); });

            std::cout << std::setw(5) << std::setfill(' ') << step
                  << parent << std::endl;
            step++;
        } while (parent != target);
    }
private:
    weasel() = delete;

    double fitness(std::string_view candidate)
    {
        int score = 0;
        for (size_t i = 0; i < candidate.size(); ++i)
        {
            if (candidate[i] == target[i])
                score++;
        }
        return score;
    }

    std::string mutate(std::string_view parent, double const rate)
    {
        std::stringstream sstr;
        for (auto const c : parent)
        {
            auto nc = ratedist(mt) > rate ? c : allowed_chars[chardist(mt)];
            sstr << nc;
        }
        return sstr.str();
    }

    std::string make_random()
    {
        std::stringstream sstr;
        for (size_t i = 0; i < target.size(); ++i)
        {
            sstr << allowed_chars[chardist(mt)];
        }
        return sstr.str();
    }
};
```

이 클래스는 다음과 같이 사용할 수 있다.

```
int main()
{
    weasel w("METHINKS IT IS LIKE A WEASEL");
    w.run(100);
}
```

60. 생명 게임 구현하기

universe 클래스에서는 주어진 설명과 같은 규칙이 있는 게임을 나타낸다. 몇 가지 주요한 함수들이 있다.

- initialize( ): 초기 레이아웃을 생성한다. 책에 실린 코드는 더 많은 옵션이 있지만, 여기서는 임의의 레이아웃을 생성하는 random과 격자의 중간에 10개의 세포 한 줄을 생성하는 ten_cell_row, 두 가지만 나타내도록 한다.
- reset( ): 모든 세포를 사망 상태로 만든다.
- count_neighbors( ): 생존한 이웃 세포의 수를 반환한다. 이 함수는 헬퍼 가변 인자 함수 템플릿인 count_alive( )를 사용한다. 폴드 표현식으로도 이를 구현할 수 있지만, Visual C++에서는 아직 지원되지 않는 기능이어서 여기서는 사용하지 않는다.
- next_generation( ): 이행 규칙에 기반해 새로운 상태를 생성한다.
- display( ): 게임 상태를 콘솔에 나타낸다. 이는 콘솔의 내용을 지우는 시스템 콜system call을 사용한다. 특정한 운영체제 API와 같은 다른 방법을 사용할 수도 있다.
- run( ): 초기 레이아웃을 생성하고, 사용자가 지정한 간격마다 새로운 세대를 생성한다. 이는 사용자가 지정한 횟수만큼 시행할 수도, 아니면 무한히(반복 횟수가 0으로 주어질 때) 반복될 수도 있다.

```cpp
class universe
{
private:
    universe() = delete;
public:
    enum class seed
    {
        random, ten_cell_row
    };
public:
    universe(size_t const width, size_t const height) :
        rows(height), columns(width), grid(width * height), dist(0, 4)
    {
        std::random_device rd;
        auto seed_data = std::array<int, std::mt19937::state_size>{};
        std::generate(std::begin(seed_data), std::end(seed_data),
            std::ref(rd));
        std::seed_seq seq(std::begin(seed_data), std::end(seed_data));
        mt.seed(seq);
    }

    void run(seed const s, int const generations,
             std::chrono::milliseconds const ms =
             std::chrono::milliseconds(100))
    {
        reset();
        initialize(s);
        display();

        int i = 0;
        do
        {
            next_generation();
            display();

            using namespace std::chrono_literals;
            std::this_thread::sleep_for(ms);
        } while (i++ < generations || generations == 0);
    }

private:
    void next_generation()
```

```cpp
    {
        std::vector<unsigned char> newgrid(grid.size());

        for (size_t r = 0; r < rows; ++r)
        {
            for (size_t c = 0; c < columns; ++c)
            {
                auto count = count_neighbors(r, c);

                if (cell(c, r) == alive)
                {
                    newgrid[r * columns + c] =
                        (count == 2 || count == 3) ? alive : dead;
                }
                else
                {
                    newgrid[r * columns + c] = (count == 3) ? alive : dead;
                }
            }
        }

        grid.swap(newgrid);
    }

    void reset_display()
    {
#ifdef _WIN32
        system("cls");
#endif
    }

    void display()
    {
        reset_display();

        for (size_t r = 0; r < rows; ++r)
        {
            for (size_t c = 0; c < columns; ++c)
            {
                std::cout << (cell(c, r) ? '*' : ' ');
            }
            std::cout << std::endl;
```

```cpp
        }
    }

    void initialize(seed const s)
    {
        if (s == seed::ten_cell_row)
        {
            for (size_t c = columns / 2 - 5; c < columns / 2 + 5; c++)
                cell(c, rows / 2) = alive;
        }
        else
        {
            for (size_t r = 0; r < rows; ++r)
            {
                for (size_t c = 0; c < columns; ++c)
                {
                    cell(c, r) = dist(mt) == 0 ? alive : dead;
                }
            }
        }
    }

    void reset()
    {
        for (size_t r = 0; r < rows; ++r)
        {
          for (size_t c = 0; c < columns; ++c)
          {
              cell(c, r) = dead;
          }
        }
    }

    int count_alive() { return 0; }

    template <typename T1, typename... T>
    auto count_alive(T1 s, T... ts) { return s + count_alive(ts...); }

    int count_neighbors(size_t const row, size_t const col)
    {
        if (row == 0 && col == 0)
            return count_alive(cell(1, 0), cell(1, 1), cell(0, 1));
```

```cpp
        if (row == 0 && col == columns - 1)
            return count_alive(cell(columns - 2, 0), cell(columns - 2, 1),
                               cell(columns - 1, 1));
        if (row == rows - 1 && col == 0)
            return count_alive(cell(0, rows - 2), cell(1, rows - 2),
                               cell(1, rows - 1));
        if (row == rows - 1 && col == columns - 1)
            return count_alive(cell(columns - 1, rows - 2),
                               cell(columns - 2, rows - 2),
                               cell(columns - 2, rows - 1));
        if (row == 0 && col > 0 && col < columns - 1)
            return count_alive(cell(col - 1, 0), cell(col - 1, 1),
                               cell(col, 1), cell(col + 1, 1),
                               cell(col + 1, 0));
        if (row == rows - 1 && col > 0 && col < columns - 1)
            return count_alive(cell(col - 1, row), cell(col - 1, row - 1),
                               cell(col, row - 1), cell(col + 1, row - 1),
                               cell(col + 1, row));
        if (col == 0 && row > 0 && row < rows - 1)
            return count_alive(cell(0, row - 1), cell(1, row - 1),
                               cell(1, row), cell(1, row + 1),
                               cell(0, row + 1));
        if (col == columns - 1 && row > 0 && row < rows - 1)
            return count_alive(cell(col, row - 1), cell(col - 1, row - 1),
                               cell(col - 1, row), cell(col - 1, row + 1),
                               cell(col, row + 1));

        return count_alive(cell(col - 1, row - 1), cell(col, row - 1),
                           cell(col + 1, row - 1), cell(col + 1, row),
                           cell(col + 1, row + 1), cell(col, row + 1),
                           cell(col - 1, row + 1), cell(col - 1, row));
    }

    unsigned char& cell(size_t const col, size_t const row)
    {
        return grid[row * columns + col];
    }

private:
    size_t rows;
    size_t columns;
```

```
    std::vector<unsigned char> grid;
    const unsigned char alive = 1;
    const unsigned char dead = 0;

    std::uniform_int_distribution<> dist;
    std::mt19937 mt;
};
```

다음은 임의의 초기 상태로 시작한 게임이 100번의 시행을 반복하는 프로그램이다.

```
int main()
{
    using namespace std::chrono_literals;
    universe u(50, 20);
    u.run(universe::seed::random, 100, 100ms);
}
```

프로그램이 출력하는 결과의 예시를 그림으로 확인해보자(이 그림은 진행 중인 생명 게임의 한 단계를 나타낸다).

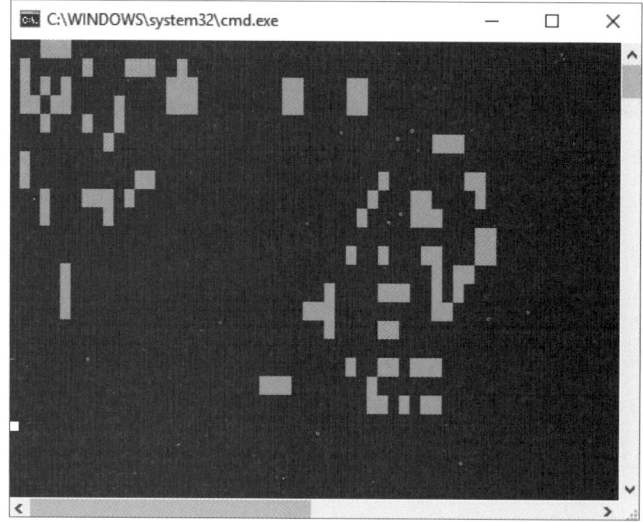

07

동시성

l 문제

61. 병렬 변환 알고리즘 작성하기

어떤 범위의 원소 각각에 주어진 단항^{unary} 함수를 병렬적으로 적용해 변환하는 범용 알고리즘을 작성하라.

- 변환에 사용되는 단항 연산은 범위의 반복자를 무효화하거나 범위 안에 있는 원소를 변경해서는 안 된다.
- 병렬화 수준에 대한 구현 세부 사항, 즉 실행 스레드의 수와 달성 방법은 독자가 정의한다.

62. 스레드 기반 병렬 최솟값, 최댓값 탐색 알고리즘 작성하기

스레드를 사용해 주어진 범위에서 최솟값과 최댓값 원소를 찾는 범용 병렬 알고리즘을 작성하라.

- 동시에 동작하는 스레드의 수는 독자가 정의할 구현 세부 사항이다.

63. 비동기 함수 기반 병렬 최솟값, 최댓값 탐색 알고리즘 작성하기

비동기 함수$^{\text{asynchronous function}}$를 사용해 주어진 범위에서 최솟값과 최댓값 원소를 찾는 범용 병렬 알고리즘을 작성하라.

- 동시에 동작하는 함수의 수는 독자가 정의할 구현 세부 사항이다.

64. 병렬 정렬 알고리즘 작성하기

〈6장. 알고리즘과 데이터 구조〉의 [문제 53] 정렬 알고리즘에서 범위의 하한과 상한을 의미하는 랜덤 액세스 반복자 한 쌍이 주어졌을 때, 퀵 정렬 알고리즘으로 주어진 범위의 원소를 정렬하는 방법에 대한 문제를 풀었다. 이때 구현했던 정렬 알고리즘의 병렬 처리 버전을 작성하라.

- 이 함수에서 범위 안의 원소를 비교하기 위해 비교 연산자를 사용해야 한다.
- 병렬화 수준과 달성 방법은 독자가 정의할 구현 세부 사항이다.

65. 스레드 안전하게 콘솔에 로그 메시지를 출력하는 함수 작성하기

표준 출력 스트림에 대한 접근을 동기화해 출력 무결성^{integrity}을 보장함으로써 여러 스레드에서 도착하는 컴포넌트가 안전하게 콘솔에 로그 메시지를 출력할 수 있게 하는 클래스를 작성하라.

- 이 로깅 컴포넌트는 콘솔에 출력될 메시지 문자열을 전달 인자로 받는 log( )라는 이름의 메소드를 가져야 한다.

66. 고객 서비스 시스템 구현하기

고객 서비스가 이루어지는 사무실을 시뮬레이션하는 프로그램을 작성하라.

- 사무실에는 세 개의 데스크가 있어 동시에 여러 명의 고객을 응대할 수 있다.
- 고객은 사무실에 언제든지 들어올 수 있다. 고객은 발권기에서 대기 번호표를 발급하고 데스크 중 한 곳이 자신의 순서를 부를 때까지 기다린다. 고객은 사무실에 들어온 순서대로, 좀더 정확하게는 번호표를 뽑은 순서대로 서비스를 받게 된다.
- 서비스 데스크에서는 한 고객의 서비스가 끝날 때마다 순서대로 다음 고객을 응대한다.
- 시뮬레이션은 특정한 수의 고객이 번호표를 발급하고 서비스를 받을 때까지 지속된다.

▌풀이

61. 병렬 변환 알고리즘 작성하기

범용 함수 std::transform( )는 주어진 함수를 특정한 범위의 원소에 적용하고 그 결과를 다른(또는 같은) 범위에 저장한다. 문제의 요구사항에 따라 이 함수의 병렬 처리 버전을 구현해야 한다.

범용 함수 버전은 전달인자로 받은 반복자를 통해 범위의 처음과 끝을 정의한다. 단항 함수가 범위의 모든 원소에 같은 방식으로 적용되기 때문에 이를 병렬화하는 것은 어렵지 않을 것이다. 이 작업을 위해 여러 개의 스레드를 사용한다. 문제에서는 동시에 동작해야 하는 스레드의 수가 명시되지 않았기 때문에 std::thread::hardware_concurrency( )를 쓸 수 있다. 이 함수는 작성하는 코드에서 동시에 지원할 수 있는 스레드의 수에 대한 힌트를 반환한다.

함수가 다루는 범위의 크기가 컴파일 옵션이나 플랫폼, 하드웨어로 인해 결정되는 특정한 임계치를 넘어설 때 병렬 버전의 알고리즘이 순차적으로 구현한 것보다 나은 성능을 보이게 된다.

다음 소개할 코드는 임계치를 10,000으로 설정했을 때의 예다. 범위의 크기에 대한 여러 임계치를 설정하고 실행 시간이 어떻게 변하는지 확인해보는 것은 추가 과제로 남겨두겠다.

함수 ptransform( )은 요구사항에 따라 병렬 변환 알고리즘을 구현한다. 만약 범위의 크기가 우리가 정의한 임계치 이하라면 이 함수는 단순히 std::transform( )을 호출할 것이다. 그렇지 않다면 범위를 균등하게 나눠 여러 스레드에 할당한다. 각 스레드는 스레드 각자가 맡은 부분의 범위에 대해 std::transform( )을 호출한다. 이때 함수는 모든 작업자 스레드가 실행 작업을 마무리할 때까지 호출 스레드를 중단한다.

```cpp
template <typename RandomAccessIterator, typename F>
void ptransform(RandomAccessIterator begin, RandomAccessIterator end,
                F&& f)
{
    auto size = std::distance(begin, end);
    if (size <= 10000)
    {
        std::transform(begin, end, begin, std::forward<F>(f));
    }
    else
    {
        std::vector<std::thread> threads;
        int thread_count = 10;
        auto first = begin;
        auto last = first;
        size /= thread_count;
        for (int i = 0; i < thread_count; ++i)
        {
            first = last;
            if (i == thread_count - 1) last = end;
            else std::advance(last, size);
```

```
            threads.emplace_back([first, last, &f]() {
                std::transform(first, last, first, std::forward<F>(f));
            });
        }

        for (auto & t : threads) t.join();
    }
}
```

다음 코드에서 palter( )는 std::vector에 ptransform( )을 적용해 결과로 std::vector를 만들어 내기 위한 헬퍼 함수다.

```
template <typename T, typename F>
std::vector<T> palter(std::vector<T> data, F&& f)
{
    ptransform(std::begin(data), std::end(data),
               std::forward<F>(f));
    return data;
}
```

palter( ) 함수는 다음처럼 사용할 수 있다(완전한 예제는 부록으로 제공되는 소스코드에 담았다).

```
int main()
{
    std::vector<int> data(10000000);
    //데이터 초기화
    auto result = palter(data, [](int const e) { return e * e; });
}
```

C++17에서는 std::transform()을 포함한 몇 가지 표준 범용 알고리즘에 병렬 동작에 대한 실행 정책을 지정할 수 있는 오버로드를 제공한다.

62. 스레드 기반 병렬 최솟값, 최댓값 탐색 알고리즘 작성하기

이 문제에서 요구하는 사항과 그 풀이 방법은 [문제 61]과 거의 비슷하다. 각 스레드에서 동시에 실행되는 함수들이 부분 범위의 최솟값이나 최댓값을 반환해야 한다는 점이 약간 다른 부분이다.

다음에 보이는 pprocess( ) 함수 템플릿은 요구 기능을 범용적으로 구현하는 고계 함수 higher-level function[1]다.

- 이 함수는 범위의 첫 번째 원소와 마지막 바로 전 원소를 가리키는 반복자 둘과 함께 범위를 처리하는 함수 객체 하나를 인자로 받는다. 이 함수 객체를 f라고 하자.
- 만약 범위의 크기가 특정한 임계치(여기서는 10,000으로 설정된)보다 작으면 단순히 인자로 받은 함수 객체 f를 실행한다.
- 범위의 크기가 특정 임계치보다 크면, 입력 범위를 균등한 크기의 작은 부분 범위 여럿으로 나누어 동시에 실행될 스레드 각각에 할당한다. 각 스레드는 선택된 부분 범위에 대해 f를 실행한다.
- 병렬적으로 실행된 f의 결과는 std::vector에 모인다. 모든 스레드의 동작이 완료된다면 f가 다시 한 번 실행돼 중간 결과로부터 최종 결과를 얻어낸다.

```
template <typename Iterator, typename F>
auto pprocess(Iterator begin, Iterator end, F&& f)
{
    auto size = std::distance(begin, end);
    if (size <= 10000)
    {
        return std::forward<F>(f)(begin, end);
    }
    else
    {
```

---

[1] 함수를 전달 인자로 받거나 반환하는 함수 – 옮긴이

```
        int thread_count = std::thread::hardware_concurrency();
        std::vector<std::thread> threads;
        std::vector<typename std::
            iterator_traits<Iterator>::value_type>
        mins(thread_count);

        auto first = begin;
        auto last = first;
        size /= thread_count;
        for (int i = 0; i < thread_count; ++i)
    {
        first = last;
        if (i == thread_count - 1) last = end;
        else std::advance(last, size);

        threads.emplace_back([first, last, &f, &r=mins[i]]() {
        r = std::forward<F>(f)(first, last);
        });
    }

        for (auto & t : threads) t.join();

        return std::forward<F>(f)(std::begin(mins), std::end(mins));
    }
}
```

pmin( )과 pmax( )는 문제에서 요구한 범용 병렬 최솟값 및 최댓값 탐색 알고리즘을 구현하는 함수다. 이 두 함수는 결국 표준 알고리즘의 std::min_element( )또는 std::max_element( )를 사용하는 람다^{lambda} 함수를 세 번째 인자로 사용해 pprocess( )를 호출한다.

```
template <typename Iterator>
auto pmin(Iterator begin, Iterator end)
{
    return pprocess(begin, end,
                    [](auto b, auto e) { return *std::min_element(b, e); });
}
```

```
template <typename Iterator>
auto pmax(Iterator begin, Iterator end)
{
    return pprocess(begin, end,
                    [](auto b, auto e) { return *std::max_element(b, e); });
}
```

pmin( )과 pmax( )는 다음과 같이 사용할 수 있다.

```
int main()
{
    std::vector<int> data(count);
    //데이터 초기화
    auto rmin = pmin(std::begin(data), std::end(data));
    auto rmax = pmax(std::begin(data), std::end(data));
}
```

스레드를 사용해 범위 안의 모든 원소의 합을 구하는 병렬 범용 알고리즘을 구현해보자.

63. 비동기 함수 기반 병렬 최솟값, 최댓값 탐색 알고리즘 작성하기

이 문제와 [문제 62]의 유일한 차이점은 병렬성을 달성하는 방법에 있다. [문제 62]에서는 스레드를 사용하는 것을 조건으로 달았다. 이 문제에서는 비동기 함수를 사용해야 한다. 함수는 std::async( )로 비동기적으로 실행될 수 있다. 이 함수는 비동기적으로 실행된 함수의 결과에 대한 비동기 공급자$^{asynchronous\ provider}$인 프로미스^{promise}를 만들어 낸다. 프로미스는 함수의 반환 값이나 함수에서 발생하는 예외를 저장하는 공유 상태$^{shared\ state}$와 함께 다른 스레드에서의 이 공유 상태에 대해 접근할 수 있도록 하는 연관 퓨처^{future} 객체를 가진다. 프로미스-퓨처 쌍은 스레드 간 값을 주고받을 수 있는 채널을 정의한다. std::async( )는 이 함수가 만들어 내는 프로미스와 연관된 퓨처 객체를 반환한다.

다음 코드에서 pprocess( )를 구현한 부분을 보면 [문제 62]에서 스레드를 사용했던 부분이 std::async( )를 호출하는 것으로 바뀌었다. 지연 평가$^{\text{lazy evaluation}}$ 대신 비동기 실행을 보장하기 위해 std::async( )의 첫 번째 인자로 std::launch::async를 지정해야 한다는 것을 주의해야 한다. [문제 62]에서 바뀐 사항은 그다지 많지 않으며, 이전에 구현했을 때 봤던 알고리즘의 설명에 기반해 코드를 따라간다면 어렵지 않을 것이다.

```cpp
template <typename Iterator, typename F>
auto pprocess(Iterator begin, Iterator end, F&& f)
{
    auto size = std::distance(begin, end);
    if (size <= 10000)
    {
         return std::forward<F>(f)(begin, end);
    }
    else
    {
        int task_count = std::thread::hardware_concurrency();
        std::vector<std::future<
            typename std::iterator_traits<Iterator>::value_type>> tasks;

        auto first = begin;
        auto last = first;
        size /= task_count;
        for (int i = 0; i < task_count; ++i)
        {
            first = last;
            if (i == task_count - 1) last = end;
            else std::advance(last, size);

            tasks.emplace_back(std::async(
                std::launch::async,
                [first, last, &f]() {
                    return std::forward<F>(f)(first, last);
            }));
        }

        std::vector<typename std::iterator_traits<Iterator>::value_type>
```

```
            mins;

        for (auto & t : tasks)
            mins.push_back(t.get());

        return std::forward<F>(f)(std::begin(mins), std::end(mins));
    }
}

template <typename Iterator>
auto pmin(Iterator begin, Iterator end)
{
    return pprocess(begin, end,
                    [](auto b, auto e) { return *std::min_element(b, e); });
}

template <typename Iterator>
auto pmax(Iterator begin, Iterator end)
{
    return pprocess(begin, end,
                    [](auto b, auto e) { return *std::max_element(b, e); });
}
```

이 함수를 어떻게 사용하는지 다음 코드를 살펴보자.

```
int main()
{
    std::vector<int> data(count);
    //데이터 초기화
    auto rmin = pmin(std::begin(data), std::end(data));
    auto rmax = pmax(std::begin(data), std::end(data));
}
```

 비동기 함수를 이용해 범위에 있는 원소의 합을 병렬적으로 구하는 알고리즘을 구현해보자.

64. 병렬 정렬 알고리즘 작성하기

6장에서 순차적 퀵 정렬 알고리즘을 구현해봤다. 분할 정복 알고리즘인 퀵 정렬에서는 정렬할 범위의 원소들을 임의로 선택한 원소인 피봇보다 작은 원소들이 모인 구획과 그보다 큰 원소들의 구획, 둘로 분할하는 것이 가장 중요하다. 이후 같은 알고리즘을 둘로 나눠진 구획에 각각 재귀적으로 적용한다. 이 과정은 구획에 담긴 원소가 하나가 될 때까지 계속된다. 알고리즘의 특성에 따라 쉽게 동시에 두 파티션에 재귀적으로 알고리즘을 적용하는 과정을 병렬화할 수 있다.

pquicksort() 함수는 병렬화를 위해 비동기 함수를 사용한다. 그러나 병렬화가 효과가 있는 경우는 범위의 크기가 충분히 클 때다. 병렬 실행을 위한 문맥 교환^{context switch}의 오버헤드가 너무 커서 어떤 임계치 이하로는 병렬 실행 시간이 순차 실행 시간보다 길어진다. 다음 코드에서 이 임계치는 100,000개의 원소로 설정돼 있다. 다른 임계치를 설정하고 병렬 버전이 순차 버전과 비교해 실행 시간이 어떻게 달라지는지를 확인해보는 작업은 여러분의 몫으로 남겨두겠다.

```cpp
template <class RandomIt>
RandomIt partition(RandomIt first, RandomIt last)
{
    auto pivot = *first;
    auto i = first + 1;
    auto j = last - 1;
    while (i <= j)
    {
        while (i <= j && *i <= pivot) i++;
        while (i <= j && *j > pivot) j--;
        if (i < j) std::iter_swap(i, j);
    }

    std::iter_swap(i - 1, first);

    return i - 1;
}
```

```
template <class RandomIt>
void pquicksort(RandomIt first, RandomIt last)
{
    if (first < last)
    {
        auto p = partition(first, last);

        if (last - first <= 100000)
        {
            pquicksort(first, p);
            pquicksort(p + 1, last);
        }
        else
        {
            auto f1 = std::async(std::launch::async,
                [first, p]() { pquicksort(first, p); });
            auto f2 = std::async(std::launch::async,
                [last, p]() { pquicksort(p + 1, last); });
            f1.wait();
            f2.wait();
        }
    }
}
```

pquicksort( ) 함수를 사용해 임의의 정수(1부터 1000 사이의 값)로 구성된 큰 크기의 벡터를 정렬하는 다음 코드를 살펴보자.

```
int main()
{
    std::random_device rd;
    std::mt19937 mt;
    auto seed_data = std::array<int, std::mt19937::state_size>{};
    std::generate(std::begin(seed_data), std::end(seed_data),
                  std::ref(rd));
    std::seed_seq seq(std::begin(seed_data), std::end(seed_data));
    mt.seed(seq);
    std::uniform_int_distribution<> ud(1, 1000);
```

```
    const size_t count = 1000000;
    std::vector<int> data(count);
    std::generate_n(std::begin(data), count,
    [&mt, &ud]() { return ud(mt); });

    pquicksort(std::begin(d2), std::end(d2));
}
```

65. 스레드 안전하게 콘솔에 로그 메시지를 출력하는 함수 작성하기

C++에는 본디 콘솔에 대한 개념이 없고, 스트림stream을 사용해 파일과 같은 순차 매체sequential media에서 입력과 출력 연산을 수행한다. 그러나 std::cout 및 std::wcout 전역 객체는 C의 출력 스트림인 stdout과 연결된 스트림 버퍼를 통한 출력을 제어할 수 있다. 이 전역 스트림 객체는 다른 스레드에서 안전하게 접근할 수 없으므로 때로는 액세스 권한을 동기화해야 할 필요가 있다. 이것이 바로 이 문제에서 요구하는 컴포넌트의 목적이다.

다음 코드에서 클래스 logger는 log( ) 메소드 안에서 std::mutex로 std::cout 객체에 대한 접근을 제어한다. 이 클래스는 스레드 안전한 싱글톤singleton으로 구현됐다. 정적static 메소드인 instance( )는 지역 정적 객체(지속성이 있는)에 대한 참조를 반환한다. C++11에서는 여러 개의 스레드가 같은 정적 객체를 동시에 초기화하려고 하더라도 실제 정적 객체의 초기화는 단 한 번만 일어난다. 이러한 경우, 처음으로 초기화를 실행한 스레드의 작업이 끝날 때까지 동시 스레드의 동작은 중지되므로 추가적인 사용자 정의 동기화 메커니즘이 필요하지는 않다.

```
class logger
{
protected:
   logger() {}
public:
   static logger& instance()
```

```
   {
      static logger lg;
      return lg;
   }

   logger(logger const &) = delete;
   logger& operator=(logger const &) = delete;

   void log(std::string_view message)
   {
      std::lock_guard<std::mutex> lock(mt);
      std::cout << "LOG: " << message << std::endl;
   }

private:
   std::mutex mt;
};
```

앞에서 본 logger 클래스는 여러 개의 스레드에서 콘솔 메시지를 출력하는 데 쓰일 수 있다.

```
int main()
{
   std::vector<std::thread> modules;

   for (int id = 2; id <= 5; ++id)
   {
      modules.emplace_back([id]() {
         std::random_device rd;
         std::mt19937 mt(rd());
         std::uniform_int_distribution<> ud(100, 1000);

         logger::instance().log(
            "module " + std::to_string(id) + " started");

         std::this_thread::sleep_for(std::chrono::milliseconds(ud(mt)));

         logger::instance().log(
```

```
                "module " + std::to_string(id) + " finished");
        });
    }

    for (auto & m : modules) m.join();
}
```

66. 고객 서비스 시스템 구현하기

문제를 풀려면 고객 서비스 사무실을 시뮬레이션하기 위한 여러 헬퍼 클래스가 필요하다. 클래스 ticketing_machine은 사용자가 지정한 초깃값으로부터 시작해, 하나씩 번호가 증가하는 티켓 발급기를 모델링하는 간단한 클래스다. 클래스 customer는 가게에 들어와 티켓 발급기에서 티켓을 받는 고객을 모델링한다. 이 클래스를 위해 < 연산자를 오버로드 했는데, 이는 티켓 번호에 따라 고객 정보에 우선순위를 지정해 우선순위 큐에 저장하기 위해서다. 또한 이전 문제에서 사용한 클래스 logger가 콘솔에 메시지를 출력하기 위해 사용됐다.

```
class ticketing_machine
{
public:
    ticketing_machine(int const start) :
        last_ticket(start), first_ticket(start)
    {}
    int next() { return last_ticket++; }
    int last() const { return last_ticket - 1; }
    void reset() { last_ticket = first_ticket; }
private:
    int first_ticket;
    int last_ticket;
};

class customer
{
```

```
public:
    customer(int const no) : number(no) { }

    int ticket_number() const noexcept { return number; }
private:
    int number;
    friend bool operator<(customer const & l, customer const & r);
};
bool operator<(customer const & l, customer const & r)
{
    return l.number > r.number;
}
```

사무실에 있는 각 데스크는 서로 다른 스레드로 모델링된다. 가게에 들어와 티켓을 발급 받고 대기열에 선 고객들 또한 별도의 스레드로 모델링 될 것이다. 다음 시뮬레이션에서는 200밀리초에서 500밀리초마다 새로운 고객이 입장하고 티켓을 받아 우선순위 큐에 배치된다. 가게 스레드는 25명의 고객이 입장하고 대기열에 배치될 때까지 실행된다. 새 고객이 대기열에 도착했거나 기존 고객이 대기열에서 사라지는 순간(고객이 빈 데스크에 배치됐을 때), 이를 각 스레드에서 공유하기 위해 std::condition_variable이 사용된다. 사무실 데스크를 나타내는 스레드는 사무실이 열려있는지를 나타내는 플래그가 리셋될 때까지 실행되지만, 이미 대기열에 있는 고객에게는 전부 서비스를 제공해야 한다. 이 시뮬레이션에서 각 고객은 데스크에서 2,000밀리초에서 3,000밀리초 사이의 시간을 사용한다.

```
int main()
{
    std::priority_queue<customer> customers;
    bool office_open = true;
    std::mutex mt;
    std::condition_variable cv;

    std::vector<std::thread> desks;
```

```cpp
for (int i = 1; i <= 3; ++i)
{
   desks.emplace_back([i, &office_open, &mt, &cv, &customers]() {
      std::random_device rd;
      auto seed_data = std::array<int, std::mt19937::state_size>{};
      std::generate(std::begin(seed_data), std::end(seed_data),
                    std::ref(rd));
      std::seed_seq seq(std::begin(seed_data), std::end(seed_data));
      std::mt19937 eng(seq);
      std::uniform_int_distribution<> ud(2000, 3000);

      logger::instance().log("desk " + std::to_string(i) + " open");

      while (office_open || !customers.empty())
      {
         std::unique_lock<std::mutex> locker(mt);

         cv.wait_for(locker, std::chrono::seconds(1),
            [&customers]() { return !customers.empty(); });

         if (!customers.empty())
         {
            auto const c = customers.top();
            customers.pop();

            logger::instance().log(
               "[-] desk " + std::to_string(i) + " handling customer "
               + std::to_string(c.ticket_number()));

            logger::instance().log(
               "[=] queue size: " + std::to_string(customers.size()));

            locker.unlock();
            cv.notify_one();

            std::this_thread::sleep_for(
            std::chrono::milliseconds(ud(eng)));

            logger::instance().log(
               "[ ] desk " + std::to_string(i) + " done with customer "
```

```cpp
                        + std::to_string(c.ticket_number()));
            }
        }

        logger::instance().log("desk " + std::to_string(i) + " closed");
    });
}

std::thread store([&office_open, &customers, &mt, &cv]() {
    ticketing_machine tm(100);
    std::random_device rd;
    auto seed_data = std::array<int, std::mt19937::state_size>{};
    std::generate(std::begin(seed_data), std::end(seed_data),
                  std::ref(rd));
    std::seed_seq seq(std::begin(seed_data), std::end(seed_data));
    std::mt19937 eng(seq);
    std::uniform_int_distribution<> ud(200, 500);

    for (int i = 1; i <= 25; ++i)
    {
        customer c(tm.next());
        customers.push(c);

        logger::instance().log("[+] new customer with ticket " +
            std::to_string(c.ticket_number()));
        logger::instance().log("[=] queue size: " +
            std::to_string(customers.size()));

        cv.notify_one();

        std::this_thread::sleep_for(std::chrono::milliseconds(ud(eng)));
    }

    office_open = false;
});

store.join();
for (auto & desk : desks) desk.join();
}
```

다음은 이 문제를 실행했을 때 출력되는 결과의 일부분이다.

```
LOG: desk 1 open
LOG: desk 2 open
LOG: desk 3 open
LOG: [+] new customer with ticket 100
LOG: [-] desk 2 handling customer 100
LOG: [=] queue size: 0
LOG: [=] queue size: 0
LOG: [+] new customer with ticket 101
LOG: [=] queue size: 1
LOG: [-] desk 3 handling customer 101
LOG: [=] queue size: 0
LOG: [+] new customer with ticket 102
LOG: [=] queue size: 1
LOG: [-] desk 1 handling customer 102
LOG: [=] queue size: 0
LOG: [+] new customer with ticket 103
LOG: [=] queue size: 1
...
LOG: [+] new customer with ticket 112
LOG: [=] queue size: 7
LOG: [+] new customer with ticket 113
LOG: [=] queue size: 8
LOG: [ ] desk 2 done with customer 103
LOG: [-] desk 2 handling customer 106
LOG: [=] queue size: 7
...
LOG: [ ] desk 1 done with customer 120
LOG: [-] desk 1 handling customer 123
LOG: [=] queue size: 1
LOG: [ ] desk 2 done with customer 121
LOG: [-] desk 2 handling customer 124
LOG: [=] queue size: 0
LOG: [ ] desk 3 done with customer 122
LOG: desk 3 closed
LOG: [ ] desk 1 done with customer 123
LOG: desk 1 closed
LOG: [ ] desk 2 done with customer 124
LOG: desk 2 closed
```

더 해볼 수 있는 과제로, 고객이 가게에 입장하는 간격, 가게가 문을 닫을 때까지 티켓을 발급받을 수 있는 고객의 수, 데스크에서의 서비스 시간, 사무실의 데스크 수 등 여러 가지 변수를 조절한 결과를 확인해보자.

08

디자인 패턴

▌문제

67. 패스워드 검증 프로그램 구현하기

다양한 조합으로 선택할 수 있는 사전 정의 규칙을 기반으로 패스워드의 강도를 검증하는 프로그램을 작성하라.

- 모든 비밀번호는 최소 길이에 대한 요구사항을 충족해야 한다.
- 패스워드는 하나 이상의 기호나 숫자, 대문자, 소문자 등을 포함해야 하는 것처럼 여러 다른 규칙이 적용될 수 있다.

68. 임의의 패스워드를 생성하는 프로그램 구현하기

사전 정의된 규칙에 따라 임의의 패스워드를 생성하는 프로그램을 작성하라.

- 각 패스워드는 설정한 최소 길이 이상이어야 한다.
- 패스워드는 하나 이상의 숫자나 기호, 대문자, 소문자 등을 포함해야 하는 것처럼 여러 다른 생성 규칙을 포함할 수도 있어야 한다. 추가된 규칙들은 사용자가 설정하고 조합할 수 있어야 한다.

69. 사회보장번호 생성 프로그램 구현하기

북쪽 나라와 남쪽 나라, 두 국가의 사회보장번호를 생성하는 프로그램을 작성하라.

- 두 국가의 번호 형식은 서로 유사하지만 약간의 차이가 있다.
    - 북쪽 나라의 사회보장번호의 형식은 SYYYYMMDDNNNNNC다. S는 성별을 의미하는 숫자이며 9는 여성, 7은 남성을 나타낸다. YYYYMMDD는 생년월일이며, NNNNN은 그 날짜에서 유일한 다섯 자리 난수다(즉, 같은 번호는 같은 날짜에서 다시 나타나지 않는다). C는 뒤에 설명할 방식으로 계산될 체크섬^{checksum}을 11의 배수로 만들기 위한 숫자다.
    - 남쪽 나라의 형식은 SYYYYMMDDNNNNC다. S는 성별을 나타내는 숫자이며 1은 여성, 2는 남성을 나타낸다. YYYYMMDD는 생년월일이며 NNNN은 그 날짜에서 유일한 네 자리 난수다. C는 다음 설명될 방식으로 계산될 체크섬을 10의 배수로 만들기 위해 쓰이는 숫자다.

두 경우 모두 체크섬은 각 자리 수에 가중치(최하위 자릿수부터 세었을 때의 위치)를 곱한 것의 합이다.

예 남쪽 나라의 번호 12017120134895의 체크섬은 다음과 같이 계산된다.

```
crc = 14*1 + 13*2 + 12*0 + 11*1 + 10*7 + 9*1 + 8*2 + 7*0 + 6*1 + 5*3
      + 4*4 + 3*8 + 2*9 + 1*5
    = 230 = 23 * 10
```

70. 승인 시스템 구현하기

회사의 구매 부서에서 직원의 구매(또는 경비)지출을 승인하는 데 사용하는 프로그램을 작성하라.

- 구매 부서의 직원의 직급에 따라 미리 정의된 한도까지만 비용을 승인할 수 있다.

예) 일반 직원은 최대 1,000, 팀장은 10,000, 부서장은 100,000 화폐 단위까지를 승인할 수 있다. 그 이상의 지출은 사장의 승인을 얻어야 한다.

71. 관측 가능한 벡터 컨테이너 작성하기

벡터처럼 동작하지만 등록된 대상에게 내부 상태 변경을 알릴 수 있는 클래스 템플릿을 작성하라.

- 클래스는 다음 연산을 제공해야 한다.
    - 클래스의 새로운 인스턴스를 생성하기 위한 다양한 생성자
    - 컨테이너에 값을 할당하기 위한 연산자 =
    - 새로운 원소를 컨테이너의 끝에 추가하는 push_back( )
    - 컨테이너의 마지막 원소를 제거하는 pop_back( )
    - 컨테이너의 모든 원소를 제거하는 clear( )
    - 컨테이너 내부의 원소 수를 반환하는 size( )
    - 컨테이너가 비어 있는지 여부를 나타내는 empty( )
- = 연산자, push_back( ), pop_back( ), clear( )는 반드시 대상에게 상태 변화를 알려야 한다.
- 알림에는 상태 변화 유형과 함께 경우에 따라서는 원소의 바뀐 인덱스(추가 또는 제거의 경우)정보를 포함해야 한다.

72. 할인가 적용해 최종 가격 계산하는 프로그램 구현하기

다양한 제품을 취급하는 어떤 소매점은 특정한 고객이나 물품, 주문에 따라 여러 가지 방식으로 할인을 제공한다. 할인 유형은 다음과 같다.

- 구매하는 상품이나 수량에 관계없이 제공하는 5% 정도의 고정 할인
- 각 상품을 일정 수량 이상 구매했을 때 제공하는 10% 정도의 대량 구매 할인
- 고객이 특정한 상품을 여러 개 구매해 총 가격이 일정 금액을 넘어섰을 때 제공하는 주문량에 따른 가격 할인
    - 예 어떤 상품을 $100 이상 구매했을 때 15%의 할인이 제공된다고 가정하자. 만약 상품의 가격이 $5이고, 고객이 30개를 구매한다면 총 가격은 $150이 된다. 이때, 이 주문에 대해 15%의 할인이 적용될 것이다.
- (어떤 상품을 얼마만큼 구매했는지와는 관계없이)전체 주문 가격 할인

특정한 주문에 대해 최종 가격을 산출하는 프로그램을 작성하라. 최종 가격을 계산하는 과정에 다양한 규칙을 적용할 수도 있다.

예 모든 할인이 중복해서 적용되도록 할 수도 있고, 어떤 상품에 할인이 적용되면 전체 주문에 대한 가격 할인이 적용되지 않도록 만들 수도 있다.

풀이

67. 패스워드 검증 프로그램 구현하기

이 문제는 전형적인 데코레이터^{decorator} 패턴을 나타낸다. 데코레이터 디자인 패턴을 이용해 같은 타입의 다른 객체에 영향을 주지 않은 채 객체에 행동을 추가할 수 있다. 이는 객체를 다른 객체로 감싸 달성할 수 있다. 새로운 기능이 더 추가되면 데코레이터를 더 쌓으면 된다. 이 문제에서 주어진 패스워드가 특정한 요구사항을 만족하는지 확인하는 것이다.

다음 클래스 다이어그램은 패스워드 유효성을 검증하는 패턴을 나타낸다.

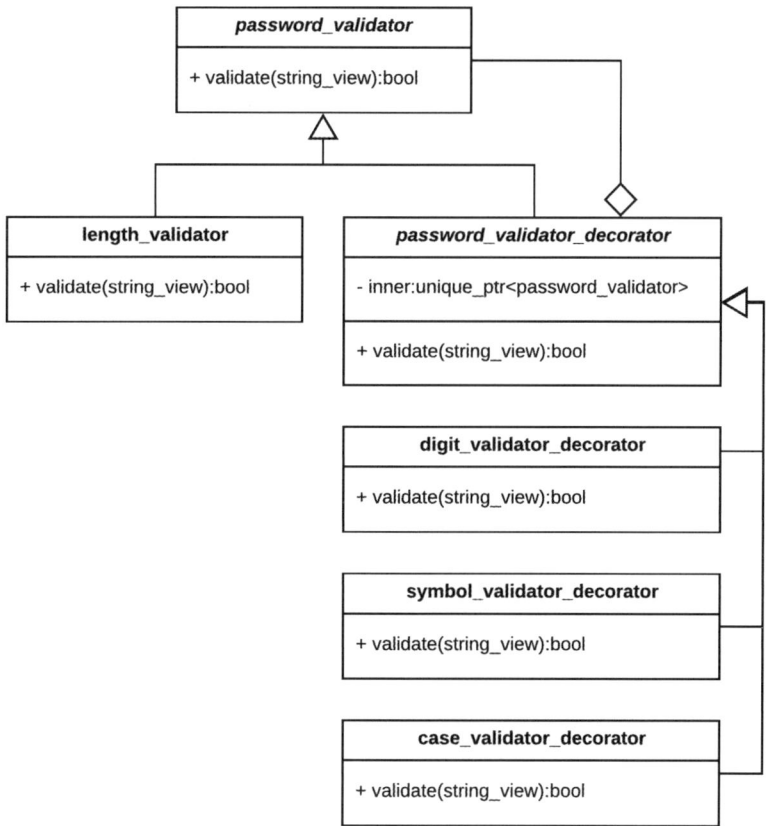

다이어그램에서 설명한 패턴의 구현은 다음과 같다.

```cpp
class password_validator
{
public:
    virtual bool validate(std::string_view password) = 0;
    virtual ~password_validator() {}
};

class length_validator final : public password_validator
{
public:
    length_validator(unsigned int min_length) : length(min_length)
    {}

    virtual bool validate(std::string_view password) override
    {
        return password.length() >= length;
    }

private:
    unsigned int length;
};

class password_validator_decorator : public password_validator
{
public:
    explicit password_validator_decorator(
        std::unique_ptr<password_validator> validator) :
            inner(std::move(validator))
    {
    }

    virtual bool validate(std::string_view password) override
    {
        return inner->validate(password);
    }
```

```cpp
private:
    std::unique_ptr<password_validator> inner;
};

class digit_password_validator final : public password_validator_decorator
{
public:
    explicit digit_password_validator(
        std::unique_ptr<password_validator> validator) :
            password_validator_decorator(std::move(validator))
    {
    }

    virtual bool validate(std::string_view password) override
    {
        if (!password_validator_decorator::validate(password))
            return false;

        return password.find_first_of("0123456789") != std::string::npos;
    }
};

class case_password_validator final : public password_validator_decorator
{
public:
    explicit case_password_validator(
        std::unique_ptr<password_validator> validator) :
            password_validator_decorator(std::move(validator))
    {
    }

    virtual bool validate(std::string_view password) override
    {
        if (!password_validator_decorator::validate(password))
            return false;

        bool haslower = false;
        bool hasupper = false;
```

```cpp
        for(size_t i = 0; i < password.length() && !(hasupper && haslower);
            ++i)
        {
            if (islower(password[i])) haslower = true;
            else if (isupper(password[i])) hasupper = true;
        }

        return haslower && hasupper;
    }
};

class symbol_password_validator final : public password_validator_decorator
{
public:
    explicit symbol_password_validator(
        std::unique_ptr<password_validator> validator) :
            password_validator_decorator(std::move(validator))
    {
    }

    virtual bool validate(std::string_view password) override
    {
        if (!password_validator_decorator::validate(password))
            return false;

        return password.find_first_of("!@#$%^&*(){}[]?<>") !=
            std::string::npos;
    }
};
```

기본 클래스인 password_validator는 validate( )라는 가상 메소드 하나를 가진다. 이 메소드는 패스워드를 의미하는 문자열을 전달 인자로 받는다. 이 클래스에서 파생된 클래스, length_validator는 필수 요구사항인 최소 길이를 검사하는 기능을 구현한다.

역시 password_validator에서부터 파생된 클래스 password_validator_decorator는 내부에 password_validator 컴포넌트를 지닌다. 이 클래스의 validate( ) 구현은 단순히

inner->validate()를 호출하는 것이다. 다른 클래스들인 digit_password_validator, symbol_password_validator, case_password_validator 역시 이 클래스로부터 파생된 것으로 각각의 패스워드 요구사항을 구현한다.

아래는 이 클래스들을 조합해 어떻게 다양한 패스워드 검증기를 만들어 낼 수 있는지를 보인다.

```cpp
int main()
{
    auto validator1 = std::make_unique<digit_password_validator>(
        std::make_unique<length_validator>(8));

    assert(validator1->validate("abc123!@#"));
    assert(!validator1->validate("abcde!@#"));

    auto validator2 =
        std::make_unique<symbol_password_validator>(
            std::make_unique<case_password_validator>(
                std::make_unique<digit_password_validator>(
                    std::make_unique<length_validator>(8))));

    assert(validator2->validate("Abc123!@#"));
    assert(!validator2->validate("Abc123567"));
}
```

68. 임의의 패스워드 생성하는 프로그램 만들기

이 문제는 컴포지트^{composite} 패턴 또는 이를 변형한 패턴을 통해 풀 수 있다. 이 디자인 패턴은 객체를 트리 계층으로 구성하고 객체의 집단(트리)을 개별 객체와 같은 방법으로 처리할 수 있도록 한다. 패스워드를 생성할 때 사용되는 클래스 간의 계층을 클래스 다이어그램으로 표현했다.

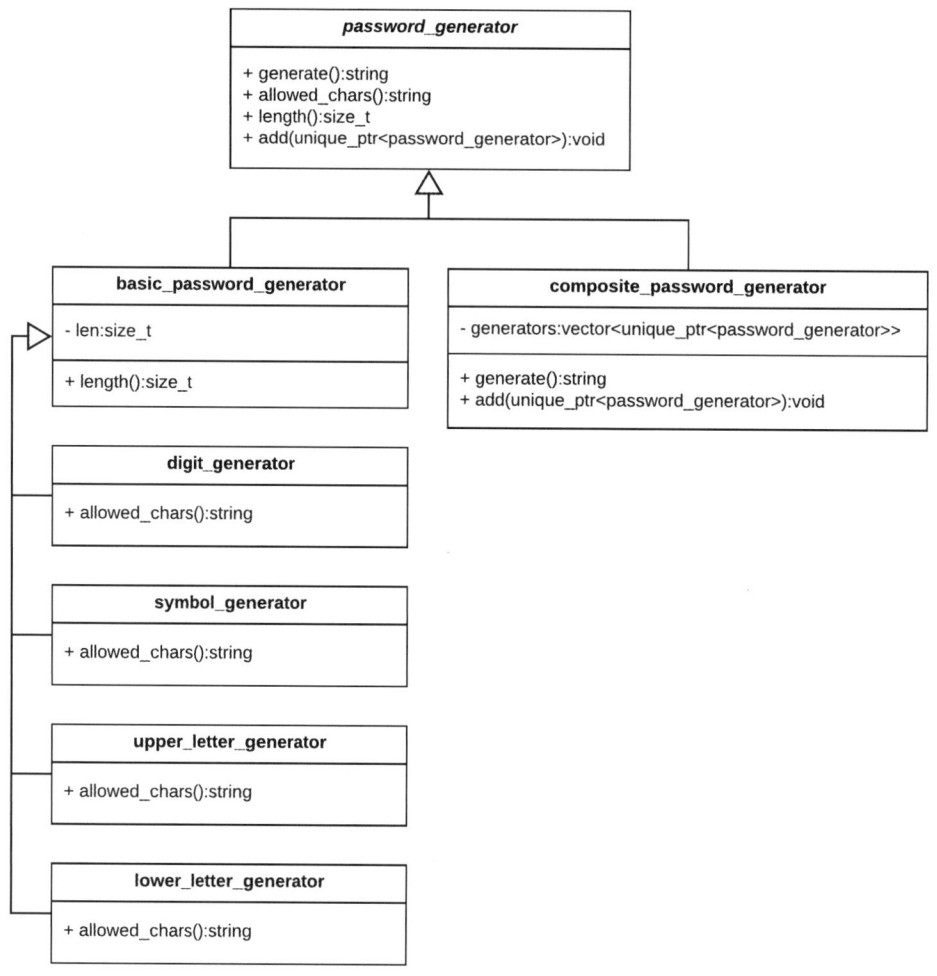

기본 클래스 password_generator는 여러 가상 메소드를 포함한다. generate( )는 임의의 새로운 문자열을 반환하며, length( )는 생성하는 문자열의 길이를 나타낸다. allowed_chars( )는 패스워드 생성에 사용되는 모든 문자가 포함된 문자열을 반환하며, add( )는 컴포지트에 새로운 하위 컴포넌트를 추가한다.

기본 클래스에서 파생된 클래스, basic_password_generator는 최소 길이 조건에 대한 정보를 가진 생성기를 정의한다. basic_password_generator에서 파생된 클래스들인

digit_generator, symbol_generator, upper_letter_generator와 lower_letter_generator는 allowed_chars( )를 오버라이드해 임의의 텍스트를 생성할 때 쓰이는 문자 서브셋을 정의한다.

composite_password_generator 또한 password_generator에서 파생된 클래스이며, 임의의 텍스트를 구성하는데 사용되는 password_generator 객체의 집합을 가진다. 오버라이드된 generate( ) 메소드에서는 하위 컴포넌트에서 생성된 모든 문자열을 연결한 뒤 순서를 무작위로 섞어 최종 문자열로 패스워드를 생성한다.

```
class password_generator
{
public:
    virtual std::string generate() = 0;

    virtual std::string allowed_chars() const = 0;
    virtual size_t length() const = 0;
    virtual void add(std::unique_ptr<password_generator> generator) = 0;

    virtual ~password_generator() {}
};

class basic_password_generator : public password_generator
{
    size_t len;
public:
    explicit basic_password_generator(size_t const len) noexcept : len(len)
    {}

    virtual std::string generate() override
    { throw std::runtime_error("not implemented"); }

    virtual void add(std::unique_ptr<password_generator>) override
    { throw std::runtime_error("not implemented"); }

    virtual size_t length() const noexcept override final
    {return len; }
```

```cpp
};

class digit_generator : public basic_password_generator
{
public:
    explicit digit_generator(size_t const len) noexcept
    : basic_password_generator(len) {}

    virtual std::string allowed_chars() const override
    {return "0123456789"; }
};

class symbol_generator : public basic_password_generator
{
public:
    explicit symbol_generator(size_t const len) noexcept
    : basic_password_generator(len) {}

    virtual std::string allowed_chars() const override
    {return "!@#$%^&*(){}[]?<>"; }
};

class upper_letter_generator : public basic_password_generator
{
public:
    explicit upper_letter_generator(size_t const len) noexcept
    : basic_password_generator(len) {}

    virtual std::string allowed_chars() const override
    {return "ABCDEFGHIJKLMNOPQRSTUVXYWZ"; }
};

class lower_letter_generator : public basic_password_generator
{
public:
    explicit lower_letter_generator(size_t const len) noexcept
    : basic_password_generator(len) {}

    virtual std::string allowed_chars() const override
    {return "abcdefghijklmnopqrstuvxywz"; }
```

```cpp
};

class composite_password_generator : public password_generator
{
    virtual std::string allowed_chars() const override
    { throw std::runtime_error("not implemented"); };
    virtual size_t length() const override
    { throw std::runtime_error("not implemented"); };
public:
    composite_password_generator()
    {
       auto seed_data = std::array<int, std::mt19937::state_size>{};
       std::generate(std::begin(seed_data), std::end(seed_data),
                  std::ref(rd));
       std::seed_seq seq(std::begin(seed_data), std::end(seed_data));
       eng.seed(seq);
    }

   virtual std::string generate() override
   {
       std::string password;
       for (auto & generator : generators)
       {
           std::string chars = generator->allowed_chars();
           std::uniform_int_distribution<> ud(
              0, static_cast<int>(chars.length() - 1));

           for (size_t i = 0; i < generator->length(); ++i)
              password += chars[ud(eng)];
       }

       std::shuffle(std::begin(password), std::end(password), eng);

       return password;
   }

   virtual void add(std::unique_ptr<password_generator> generator) override
   {
       generators.push_back(std::move(generator));
   }
```

```
private:
    std::random_device rd;
    std::mt19937 eng;
    std::vector<std::unique_ptr<password_generator>> generators;
};
```

위 코드를 이용해 다음 방법으로 패스워드를 생성할 수 있다.

```
int main()
{
    composite_password_generator generator;
    generator.add(std::make_unique<symbol_generator>(2));
    generator.add(std::make_unique<digit_generator>(2));
    generator.add(std::make_unique<upper_letter_generator>(2));
    generator.add(std::make_unique<lower_letter_generator>(4));

    auto password = generator.generate();
}
```

[문제 67]에서 작성한 패스워드 검증기를 통해 생성된 패스워드가 요구사항을 만족하는지를 검사할 수 있을 것이다.

69. 사회보장번호 생성 프로그램 구현하기

두 나라의 번호 형식은 유사하지만 몇 가지 세부사항에서 차이가 있다.

- 성별을 나타내는 자릿수의 값
- 난수 부분의 길이와 이에 따른 전체 길이 차이
- 체크섬의 배수 조건

이 문제는 템플릿 메소드$^{template\ method}$ 디자인 패턴을 이용해 풀 수 있다. 이는 알고리즘의 뼈대를 정의한 뒤 하위 클래스에서 관련된 몇 가지 메소드를 다시 정의하게 하는 것이다.

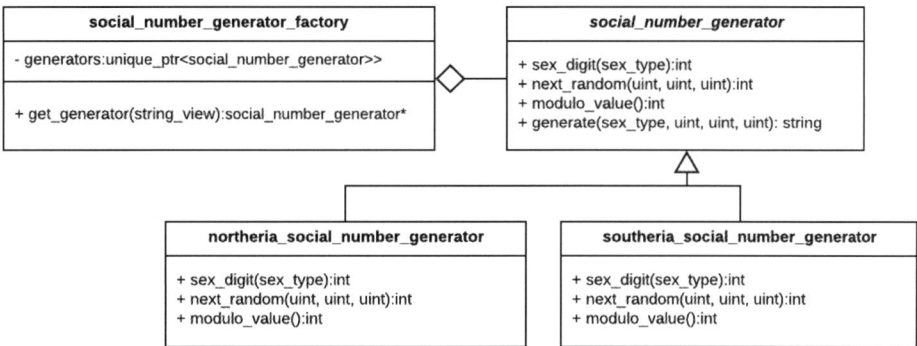

social_number_generator는 주어진 성별과 생년월일에 대해 새로운 사회보장번호를 생성하는 generate() 퍼블릭 메소드를 갖는 기본 클래스다. 이 메소드는 내부적으로 sex_digit(), next_random(), modulo_value()와 같은 여러 가상 메소드들을 호출한다. 이 가상 메소드들은 두 개의 파생 클래스, northeria_social_number_generator와 southeria_social_number_generator에서 오버라이드된다. 팩토리 클래스는 이러한 사회보장번호 생성기 인스턴스를 미리 갖고 있다가 클라이언트가 호출할 때 반환한다.

```cpp
enum class sex_type {female, male};

class social_number_generator
{
protected:
    virtual int sex_digit(sex_type const sex) const noexcept = 0;
    virtual int next_random(unsigned const year, unsigned const month,
                            unsigned const day) = 0;
    virtual int modulo_value() const noexcept = 0;

    social_number_generator(int const min, int const max):ud(min, max)
    {
        std::random_device rd;
        auto seed_data = std::array<int, std::mt19937::state_size>{};
        std::generate(std::begin(seed_data), std::end(seed_data),
                      std::ref(rd));
        std::seed_seq seq(std::begin(seed_data), std::end(seed_data));
```

```cpp
        eng.seed(seq);
    }

public:
    std::string generate(
        sex_type const sex,
        unsigned const year, unsigned const month, unsigned const day)
    {
        std::stringstream snumber;

        snumber << sex_digit(sex);

        snumber << year << month << day;

        snumber << next_random(year, month, day);

        auto number = snumber.str();

        auto index = number.length();
        auto sum = std::accumulate(std::begin(number), std::end(number), 0,
            [&index](unsigned int const s, char const c) {
                return s + index-- * (c-'0');});

        auto rest = sum % modulo_value();
        snumber << modulo_value() - rest;

        return snumber.str();
    }

    virtual ~social_number_generator() {}

protected:
    std::map<unsigned, int> cache;
    std::mt19937 eng;
    std::uniform_int_distribution<> ud;
};

class southeria_social_number_generator final :
    public social_number_generator
{
```

```cpp
public:
    southeria_social_number_generator() :
        social_number_generator(1000, 9999)
    {
    }

protected:
    virtual int sex_digit(sex_type const sex) const noexcept override
    {
        if (sex == sex_type::female) return 1;
        else return 2;
    }

    virtual int next_random(unsigned const year, unsigned const month,
                            unsigned const day) override
    {
        auto key = year * 10000 + month * 100 + day;
        while (true)
        {
            auto number = ud(eng);
            auto pos = cache.find(number);
            if (pos == std::end(cache))
            {
                cache[key] = number;
                return number;
            }
        }
    }

    virtual int modulo_value() const noexcept override
    {
        return 11;
    }
};

class northeria_social_number_generator final :
    public social_number_generator
{
public:
    northeria_social_number_generator() :
```

```cpp
        social_number_generator(10000, 99999)
    {
    }

protected:
    virtual int sex_digit(sex_type const sex) const noexcept override
    {
        if (sex == sex_type::female) return 9;
        else return 7;
    }

    virtual int next_random(unsigned const year, unsigned const month,
                            unsigned const day) override
    {
        auto key = year * 10000 + month * 100 + day;
        while(true)
        {
            auto number = ud(eng);
            auto pos = cache.find(number);
            if (pos == std::end(cache))
            {
                cache[key] = number;
                return number;
            }
        }
    }

    virtual int modulo_value() const noexcept override
    {
        return 11;
    }
};

class social_number_generator_factory
{
public:
    social_number_generator_factory()
    {
        generators["northeria"] =
        std::make_unique<northeria_social_number_generator>();
```

```
        generators["southeria"] =
            std::make_unique<southeria_social_number_generator>();
    }

    social_number_generator* get_generator(std::string_view country) const
    {
        auto it = generators.find(country.data());
        if (it != std::end(generators))
        return it->second.get();

        throw std::runtime_error("invalid country");
    }

private:
    std::map<std::string,
    std::unique_ptr<social_number_generator>> generators;
};
```

다음의 코드로 사회보장번호를 생성할 수 있다.

```
int main()
{
    social_number_generator_factory factory;

    auto sn1 = factory.get_generator("northeria")->generate(
                sex_type::female, 2017, 12, 25);
    auto sn2 = factory.get_generator("northeria")->generate(
                sex_type::female, 2017, 12, 25);
    auto sn3 = factory.get_generator("northeria")->generate(
                sex_type::male, 2017, 12, 25);

    auto ss1 = factory.get_generator("southeria")->generate(
                sex_type::female, 2017, 12, 25);
    auto ss2 = factory.get_generator("southeria")->generate(
                sex_type::female, 2017, 12, 25);
    auto ss3 = factory.get_generator("southeria")->generate(
                sex_type::male, 2017, 12, 25);
}
```

70. 승인 시스템 구현하기

여러 조건에 대해 `if … else if … else … endif` 구문을 적용하는 문제로 생각할 수 있다. 이 구문의 객체 지향적인 버전이 바로 책임 연쇄chain of responsibility 디자인 패턴이다. 이 패턴은 요청을 직접 처리하거나 다음 수신자로 요청을 전달하는 수신자 객체의 연쇄적 구조를 정의한다. 이 문제의 패턴을 구현하는 방법 하나를 다음의 클래스 다이어그램으로 소개한다.

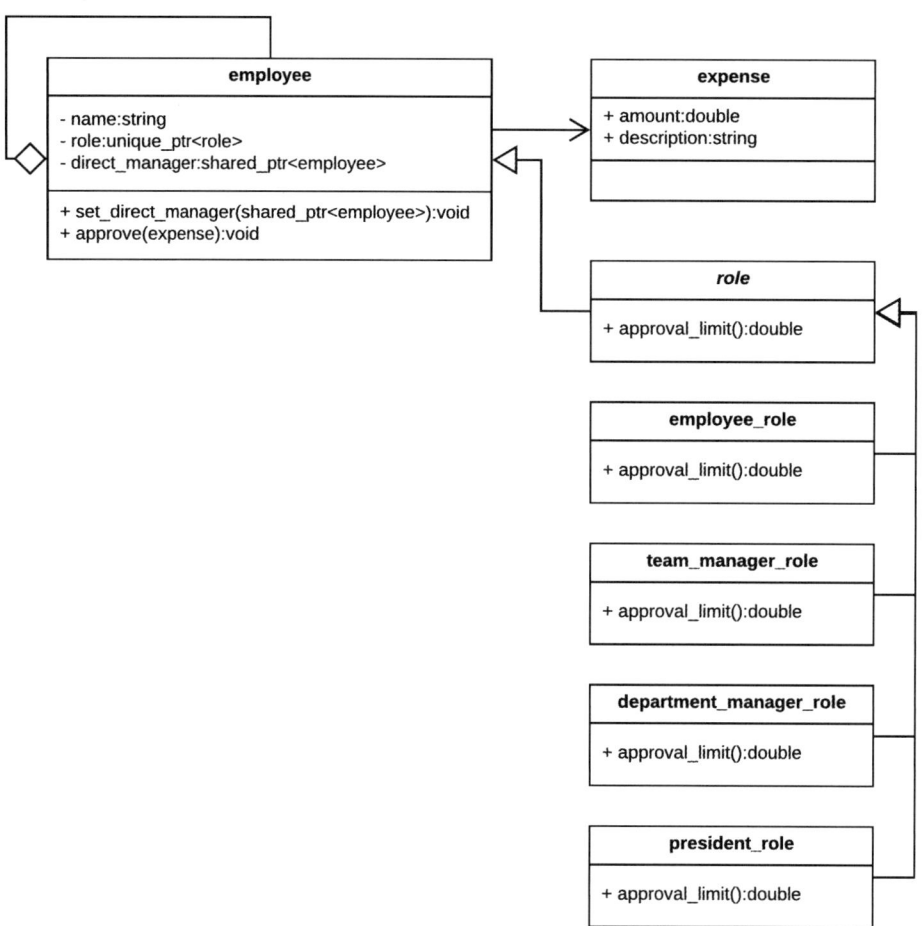

클래스 employee는 회사의 직원을 나타낸다. 각 직원은 set_direct_manager() 메소드를 통해 지정된 직속 상관을 가질 수 있다. 모든 직원은 이름과 함께 자신의 책임과 권한을 정의하는 직급을 가진다. 직급을 나타내기 위한 추상 기본 클래스[abstract base class]인 role은 순수 가상 메소드인 approval_limit()를 가진다. 이 메소드는 파생 클래스들인 employee_role, team_manager_role, department_manager_role, president_role에서 오버라이드되며, 직원이 승인할 수 있는 최대 지출을 나타낸다. 클래스 employee의 approve() 메소드를 통해 직원이 지출을 승인할 수 있다. 만약 직원의 직급이 지출을 승인할 수 없을 경우 지정된 직속 상관이 있다면 요청을 전달한다.

```cpp
class role
{
public:
    virtual double approval_limit() const noexcept = 0;
    virtual ~role() {}
};

class employee_role : public role
{
public:
    virtual double approval_limit() const noexcept override
    {
        return 1000;
    }
};

class team_manager_role : public role
{
public:
    virtual double approval_limit() const noexcept override
    {
        return 10000;
    }
};

class department_manager_role : public role
{
```

```cpp
public:
    virtual double approval_limit() const noexcept override
    {
        return 100000;
    }
};

class president_role : public role
{
public:
    virtual double approval_limit() const noexcept override
    {
        return std::numeric_limits<double>::max();
    }
};

struct expense
{
    double amount;
    std::string description;

    expense(double const amount, std::string_view desc) :
        amount(amount), description(desc)
    {
    }
};

class employee
{
public:
    explicit employee(std::string_view name, std::unique_ptr<role> ownrole)
        : name(name), own_role(std::move(ownrole))
    {
    }

    void set_direct_manager(std::shared_ptr<employee> manager)
    {
        direct_manager = manager;
    }

    void approve(expense const & e)
    {
```

```
        if (e.amount <= own_role->approval_limit())
            std::cout << name << " approved expense '" << e.description
                      << "', cost=" << e.amount << std::endl;
        else if (direct_manager != nullptr)
            direct_manager->approve(e);
    }

private:
    std::string name;
    std::unique_ptr<role> own_role;
    std::shared_ptr<employee> direct_manager;
};
```

다음 예시는 이 코드를 사용해 어떻게 지출을 승인할 수 있는지 보인다.

```
int main()
{
    auto john = std::make_shared<employee>("john smith",
                    std::make_unique<employee_role>());

    auto robert = std::make_shared<employee>("robert booth",
                     std::make_unique<team_manager_role>());

    auto david = std::make_shared<employee>("david jones",
                    std::make_unique<department_manager_role>());

    auto cecil = std::make_shared<employee>("cecil williamson",
                    std::make_unique<president_role>());

    john->set_direct_manager(robert);
    robert->set_direct_manager(david);
    david->set_direct_manager(cecil);

    john->approve(expense{500, "magazins"});
    john->approve(expense{5000, "hotel accomodation"});
    john->approve(expense{50000, "conference costs"});
    john->approve(expense{200000, "new lorry"});
}
```

71. 관측 가능한 벡터 컨테이너 구현하기

이 문제에서 구현해야 하는 사항은 관찰자[observer] 패턴의 전형적인 예시다. 이 패턴은 의존성을 지닌 객체인 옵저버[observer]와 옵저버의 목록을 관리하고, 상태 변화를 옵저버 객체의 메소드를 호출해 알리는 역할을 하는 서브젝트[subject], 두 가지 객체에 대한 것이다. 다음 클래스 다이어그램으로 문제를 해결할 수 있는 구현 방법 중 하나를 나타냈다.

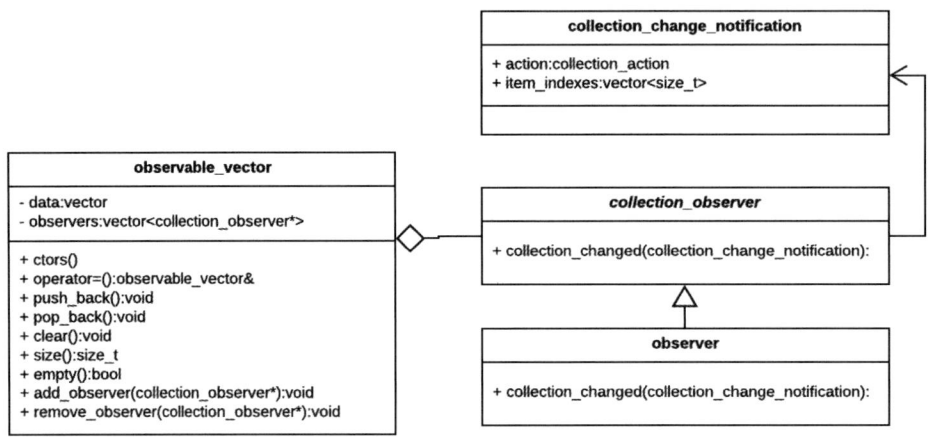

observable_vector는 std::vector를 감싸고 필요한 연산을 제공하며, collection_observer 객체를 가리키는 포인터의 리스트를 관리한다. collection_observer는 observable_vector의 상태 정보 변화를 수신하기 원하는 객체들의 기본 클래스이며, 상태 변화에 대한 정보를 가진 collection_changed_notification 타입의 전달 인자를 취하는 collection_changed( )라는 가상 메소드를 갖고 있다. observable_vector의 내부 상태가 변경될 때 등록된 모든 옵저버의 이 메소드가 호출된다. 옵저버는 add_observer( ) 메소드를 통해 벡터에 추가되거나 remove_observer( ) 메소드를 통해 제거될 수 있다.

```cpp
enum class collection_action
{
    add,
    remove,
    clear,
    assign
};

std::string to_string(collection_action const action)
{
    switch (action)
    {
        case collection_action::add: return "add";
        case collection_action::remove: return "remove";
        case collection_action::clear: return "clear";
        case collection_action::assign: return "assign";
    }
}

struct collection_change_notification
{
    collection_action action;
    std::vector<size_t> item_indexes;
};

class collection_observer
{
public:
    virtual void collection_changed(
        collection_change_notification notification) = 0;
    virtual ~collection_observer() {}
};

template <typename T, class Allocator = std::allocator<T>>
class observable_vector final
{
    typedef typename std::vector<T, Allocator>::size_type size_type;
public:
    observable_vector() noexcept(noexcept(Allocator()))
        : observable_vector(Allocator()) {}
```

```cpp
    explicit observable_vector(const Allocator& alloc) noexcept
        : data(alloc) {}
    observable_vector(size_type count, const T& value,
                      const Allocator& alloc = Allocator())
        : data(count, value, alloc) {}
    explicit observable_vector( size_type count,
                                const Allocator& alloc = Allocator() )
        : data(count, alloc) {}
    observable_vector(observable_vector&& other) noexcept
        : data(other.data) {}
    observable_vector(observable_vector&& other,
                      const Allocator& alloc)
        : data(other.data, alloc) {}
    observable_vector(std::initializer_list<T> init,
                      const Allocator& alloc = Allocator())
        : data(init, alloc) {}
    template <class InputIt>
    observable_vector(InputIt first, InputIt last,
                      const Allocator& alloc = Allocator())
        : data(first, last, alloc) {}

observable_vector& operator=(observable_vector const & other)
{
    if (this != &other)
    {
        data = other.data;

        for (auto o : observers)
        {
           if (o != nullptr)
           {
                o->collection_changed({
                   collection_action::assign,
                   std::vector<size_t>{}
                });
           }
        }
    }

    return *this;
```

```cpp
    }

    observable_vector& operator=(observable_vector&& other)
    {
        if (this != &other)
        {
            data = std::move(other.data);

            for (auto o : observers)
            {
                if (o != nullptr)
                {
                    o->collection_changed({
                        collection_action::assign,
                        std::vector<size_t>{}
                    });
                }
            }
        }

        return *this;
    }

    void push_back(T&& value)
    {
        data.push_back(value);

        for (auto o : observers)
        {
            if (o != nullptr)
            {
                o->collection_changed({
                    collection_action::add,
                    std::vector<size_t>{data.size() - 1}
                });
            }
        }
    }

    void pop_back()
```

```cpp
{
    data.pop_back();

    for (auto o : observers)
    {
        if (o != nullptr)
        {
            o->collection_changed({
                collection_action::remove,
                std::vector<size_t>{data.size() + 1}
            });
        }
    }
}

void clear() noexcept
{
    data.clear();

    for (auto o : observers)
    {
        if (o != nullptr)
        {
            o->collection_changed({
                collection_action::clear,
                std::vector<size_t>{}
            });
        }
    }
}

size_type size() const noexcept
{
    return data.size();
}

[[nodiscard]] bool empty() const noexcept
{
    return data.empty();
}
```

```cpp
    void add_observer(collection_observer *const o)
    {
        observers.push_back(o);
    }

    void remove_observer(collection_observer const *const o)
    {
        observers.erase(std::remove(std::begin(observers),
                                    std::end(observers), o),
                        std::end(observers));
    }

private:
    std::vector<T, Allocator> data;
    std::vector<collection_observer *> observers;
};

class observer : public collection_observer
{
public:
    virtual void collection_changed(
        collection_change_notification notification) override
    {
        std::cout << "action: " << to_string(notification.action);
        if(!notification.item_indexes.empty())
        {
          std::cout << ", indexes: ";
          for(auto i : notification.item_indexes)
              std::cout << i << ' ';
        }
        std::cout << std::endl;
    }
};
```

observable_vector 클래스를 사용해 내부 상태 변화에 대한 알림을 받는 예시를 코드로 나타냈다.

```
int main()
{
    observable_vector<int> v;
    observer o;

    v.add_observer(&o);

    v.push_back(1);
    v.push_back(2);
    v.pop_back();
    v.clear();

    v.remove_observer(&o);

    v.push_back(3);
    v.push_back(4);

    v.add_observer(&o);

    observable_vector<int> v2{1, 2, 3};
    v = v2;
    v = observable_vector<int>{7, 8, 9};
}
```

 observable_vector에 반복자를 사용한 원소 접근 허용 등의 더 많은 기능들을 추가해 볼 수도 있다.

72. 할인가 적용해 최종 가격 계산하는 프로그램 구현하기

이 문제는 전략^{strategy} 패턴을 사용해 풀 수 있다. 이 디자인 패턴은 알고리즘의 일족^{family}을 정의하고, 같은 족에 속하는 알고리즘들을 상호 전환할 수 있도록 만드는 것이다. 이 문제에서는 전략 패턴을 이용해 할인가와 최종가의 계산기를 구현할 수 있다. 할인 유형의 계층 구조와 함께 customer, article, order_line, order와 같은 상호 전환가능한 다른 클래스들을 사용하는 방법을 다이어그램으로 나타냈다.

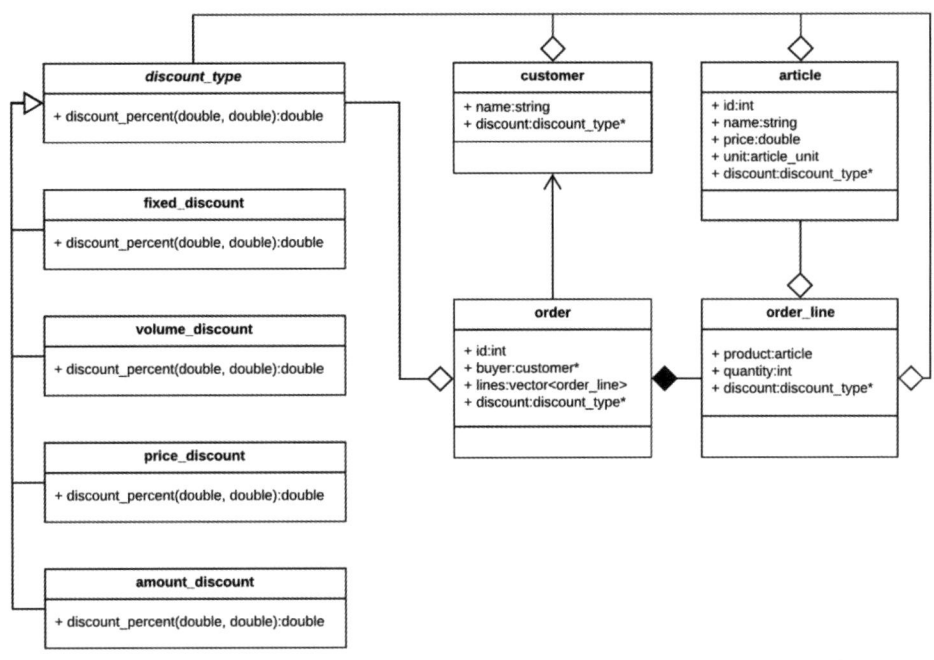

할인 유형을 구현하는 부분은 다음과 같다.

```
struct discount_type
{
    virtual double discount_percent(
        double const price, double const quantity) const noexcept = 0;
    virtual ~discount_type() {}
};

struct fixed_discount final : public discount_type
{
    explicit fixed_discount(double const discount) noexcept
        : discount(discount) {}
    virtual double discount_percent(
        double const, double const) const noexcept
    { return discount; }

private:
```

```cpp
    double discount;
};

struct volume_discount final : public discount_type
{
    explicit volume_discount(double const quantity,
                             double const discount) noexcept
      : discount(discount), min_quantity(quantity) {}
    virtual double discount_percent(
      double const, double const quantity) const noexcept
    { return quantity >= min_quantity ? discount : 0; }

private:
    double discount;
    double min_quantity;
};

struct price_discount : public discount_type
{
    explicit price_discount(double const price,
                            double const discount) noexcept
      : discount(discount), min_total_price(price) {}
    virtual double discount_percent(
      double const price, double const quantity) const noexcept
    { return price * quantity >= min_total_price ? discount : 0; }

private:
    double discount;
    double min_total_price;
};

struct amount_discount : public discount_type
{
    explicit amount_discount( double const price,
                              double const discount) noexcept
        : discount(discount), min_total_price(price) {}
    virtual double discount_percent(
        double const price, double const) const noexcept
    { return price >= min_total_price ? discount : 0; }
```

```
private:
    double discount;
    double min_total_price;
};
```

문제를 단순하게 만들어보자. 고객과 상품, 주문을 모델링하는 클래스가 최소한의 구조를 갖도록 다음과 같이 코드를 구현해본다.

```
struct customer
{
    std::string name;
    discount_type *discount;
};

enum class article_unit
{
    piece, kg, meter, sqmeter, cmeter, liter
};

struct article
{
    int             id;
    std::string     name;
    double          price;
    article_unit    unit;
    discount_type*  discount;
};

struct order_line
{
    article         product;
    int             quantity;
    discount_type*  discount;
};

struct order
{
    int                 id;
```

```
    customer*                buyer;
    std::vector<order_line>  lines;
    discount_type*           discount;
};
```

주문한 최종 가격을 계산하기 위해 다양한 유형의 계산기를 사용할 수 있다. 여기서 또 다른 전략 패턴을 사용한다.

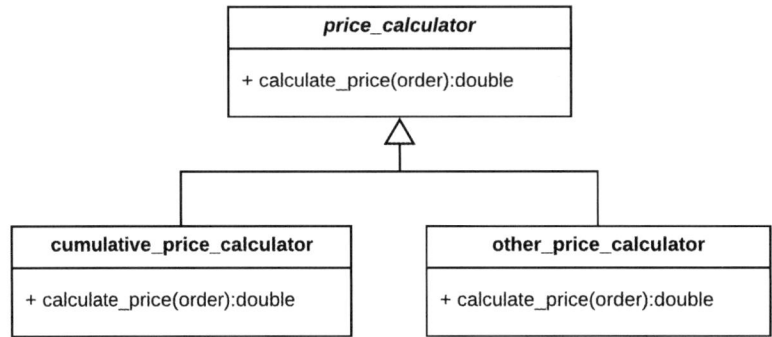

price_calculator는 순수 가상함수 calculate_price( )를 갖는 추상 기본 클래스다. cumulative_price_calculator와 같이 price_calculator에서 파생된 클래스들은 calculate_price( )를 오버라이딩함으로써 실제 알고리즘을 구현한다. 문제를 단순하게 하기 위해 여기서는 하나의 전략만 제공하도록 할 텐데, 다른 전략들도 직접 구현해보길 권한다.

```
struct price_calculator
{
    virtual double calculate_price(order const & o) = 0;
};

struct cumulative_price_calculator : public price_calculator
{
    virtual double calculate_price(order const & o) override
    {
```

```cpp
        double price = 0;

        for (auto ol : o.lines)
        {
            double line_price = ol.product.price * ol.quantity;

            if (ol.product.discount != nullptr)
                line_price *= (1.0 - ol.product.discount->discount_percent(
                    ol.product.price, ol.quantity));

            if (ol.discount != nullptr)
                line_price *= (1.0 - ol.discount->discount_percent(
                    ol.product.price, ol.quantity));

            if (o.buyer != nullptr && o.buyer->discount != nullptr)
                line_price *= (1.0 - o.buyer->discount->discount_percent(
                    ol.product.price, ol.quantity));

            price += line_price;
        }

        if (o.discount != nullptr)
            price *= (1.0 - o.discount->discount_percent(price, 0));

        return price;
    }
};
```

다음은 cumulative_price_calculator를 사용해 최종 가격을 계산하는 과정의 예시다.

```cpp
inline bool are_equal(double const d1, double const d2,
                      double const diff = 0.001)
{
    return std::abs(d1 - d2) <= diff;
}

int()
{
    fixed_discount    d1(0.1);
```

```cpp
    volume_discount d2(10, 0.15);
    price_discount  d3(100, 0.05);
    amount_discount d4(100, 0.05);

    customer c1 {"default", nullptr};
    customer c2 {"john", &d1};
    customer c3 {"joane", &d3};

    article a1 {1, "pen", 5, article_unit::piece, nullptr};
    article a2 {2, "expensive pen", 15, article_unit::piece, &d1};
    article a3 {3, "scissors", 10, article_unit::piece, &d2};

    cumulative_price_calculator calc;

    order o1{101, &c1, {{a1, 1, nullptr}}, nullptr};
    assert(are_equal(calc.calculate_price(o1), 5));

    order o3{103, &c1, {{a2, 1, nullptr}}, nullptr};
    assert(are_equal(calc.calculate_price(o3), 13.5));

    order o6{106, &c1, {{a3, 15, nullptr}}, nullptr};
    assert(are_equal(calc.calculate_price(o6), 127.5));

    order o9{109, &c3, {{a2, 20, &d1}}, &d4};
    assert(are_equal(calc.calculate_price(o9), 219.3075));
}
```

데이터 직렬화

09

문제

73. XML 직렬화 및 역직렬화하기

영화 목록을 XML 파일로 직렬화하고, XML 파일의 내용을 영화 목록으로 역직렬화하는 프로그램을 작성하라.

- 각 영화는 번호 식별자, 제목, 출시 연도, 분 단위로 표기되는 길이, 감독 목록, 작가 목록 및 배우 이름과 캐릭터 이름이 담긴 캐스팅 목록에 대한 정보를 갖고 있다.
- XML은 다음과 같이 구성돼 있다.

```xml
<?xml version = "1.0"?>
<movies>
    <movie id="9871" title="Forrest Gump" year="1994" length="202">
        <cast>
            <role star="Tom Hanks" name="Forrest Gump" />
            <role star="Sally Field" name="Mrs. Gump" />
            <role star="Robin Wright" name="Jenny Curran" />
            <role star="Mykelti Williamson" name="Bubba Blue" />
        </cast>
        <directors>
            <director name="Robert Zemeckis" />
        </directors>
        <writers>
            <writer name="Winston Groom" />
            <writer name="Eric Roth" />
        </writers>
    </movie>
    <!-- 더 많은 영화들 -->
</movies>
```

74. XPath를 이용해 XML 데이터 선택하기

[문제 73]에서 설명한 영화 목록을 담은 XML 파일에서 다음을 선택하고 출력하는 프로그램을 작성하라.

- 주어진 해에 출시하는 모든 영화의 제목
- 파일에 있는 각 영화의 캐스팅 목록에 등장하는 마지막 배우의 이름

75. 데이터를 JSON으로 직렬화하기

[문제 73]에서 정의된 유형의 영화 목록을 JSON 파일로 직렬화하라.

- 각 영화는 번호 식별자, 제목, 출시 연도, 분 단위로 표기되는 길이, 감독 목록, 작가 목록 및 배우 이름과 캐릭터 이름이 담긴 캐스팅 목록에 대한 정보를 갖고 있다.

> 예 JSON 형식의 예시다.

```
{
    "movies": [{
      "id": 9871,
      "title": "Forrest Gump",
      "year": 1994,
      "length": 202,
      "cast": [{
          "star": "Tom Hanks",
          "name": "Forrest Gump"
        },
        {
          "star": "Sally Field",
          "name": "Mrs. Gump"
        },
        {
          "star": "Robin Wright",
          "name": "Jenny Curran"
        },
        {
          "star": "Mykelti Williamson",
          "name": "Bubba Blue"
        }
      ],
      "directors": ["Robert Zemeckis"],
      "writers": ["Winston Groom", "Eric Roth"]
    }]
}
```

76. JSON으로부터 데이터 역직렬화하기

[문제 75]에서 보인 영화 목록의 JSON 파일을 역직렬화하는 프로그램을 작성하라.

77. 영화 목록을 PDF로 출력하기

영화 목록을 표로 구성해 PDF 파일로 출력하는 프로그램을 작성하라. 이 프로그램은 다음 요구사항을 만족해야 한다.

- 목록의 제목은 List of movies가 돼야 하며, 문서의 첫 페이지에 나오도록 한다.
- 각 영화의 제목과 출시 연도, 길이를 표시해야 한다.
- 제목과 괄호로 씌워진 출시 연도는 왼쪽으로 정렬한다.
- 영화의 길이는 시간과 분(예 2:12)의 형식으로 나타내며, 오른쪽으로 정렬한다.
- 각 페이지의 영화 목록의 위아래에는 구분선을 둔다.

예 출력되는 PDF 파일의 형태는 다음과 같아야 한다.

List of movies	
The Matrix (1999)	2:16
Forrest Gump (1994)	2:22
The Truman Show (1998)	1:43
The Pursuit of Happyness (2006)	1:57
Fight Club (1999)	2:19

78. 이미지 집합에서 PDF 생성하기

사용자가 지정한 디렉토리에 있는 이미지를 담은 PDF 문서를 생성하는 프로그램을 작성하라.

- 이미지는 순서대로 담겨야 하며, 페이지의 여백이 부족한 경우는 다음 페이지에 배치시킨다.

예 알버트 아인슈타인^Albert Einstein^의 여러 이미지로 구성한 PDF 파일의 예시다(이 이미지들은 부록 소스코드에 포함돼 있다).

풀이

73. XML 직렬화 및 역직렬화하기

C++ 표준 라이브러리는 XML에 대한 지원이 없지만, 대신 여러 오픈소스 크로스 플랫폼 라이브러리들을 사용할 수 있다. XML에 대한 기본적인 기능만을 제공하는 가벼운 라이브러리가 있는 반면, 복잡하지만 풍부한 기능을 가진 라이브러리도 있다. 독자가 작업하는 프로젝트에 어떤 라이브러리가 적합할지 지혜롭게 결정해야 한다.

일단 Xerces-C++, libxml++, tinyxml이나 tinyxml2, pugixml, gSOAP, RapidXml 등의 라이브러리의 사용을 고려해볼만 하다.

이 문제에서는 pugixml을 사용해본다. pugixml은 크로스 플랫폼을 지원하는 경량 라이브러리로, 검증 기능이 없긴 하지만 속도가 빠른 XML 분석기^parser^다.

pugixml 라이브러리는 풍부한 탐색/수정 기능이 있는 유사 문서-객체 모델^Document Object Model, DOM^과 인터페이스를 갖고, 유니코드^Unicode^와 XPath 1.0을 지원하는 장점이 있다.

다만, 문서의 스키마^{schema} 유효성을 검증하는 부분의 지원이 미흡하다는 점은 한계다. https://pugixml.org/에서 pugixml 라이브러리를 찾을 수 있다.

문제에서 제시한 대로 영화를 표시하려면 다음과 같은 구조를 사용해야 한다.

```cpp
struct casting_role
{
    std::string actor;
    std::string role;
};
struct movie
{
    unsigned int            id;
    std::string             title;
    int                     year;
    unsigned int            length;
    std::vector<casting_role> cast;
    std::vector<std::string>  directors;
    std::vector<std::string>  writers;
};

using movie_list = std::vector<movie>;
```

XML 문서를 생성하려면 pugi::xml_document 클래스를 사용해야 한다. DOM 트리를 만들고 save_file( )을 호출해 이를 저장할 수 있다. 트리에 노드를 추가할 때는 append_child( )를, 속성^{attribute}을 추가할 때는 append_attribute( )를 호출한다.

다음 메소드는 요구된 형식에 맞춰 영화 목록을 직렬화한다.

```cpp
void serialize(movie_list const & movies, std::string_view filepath)
{
    pugi::xml_document doc;
    auto root = doc.append_child("movies");

    for (auto const & m : movies)
```

```cpp
{
    auto movie_node = root.append_child("movie");

    movie_node.append_attribute("id").set_value(m.id);
    movie_node.append_attribute("title").set_value(m.title.c_str());
    movie_node.append_attribute("year").set_value(m.year);
    movie_node.append_attribute("length").set_value(m.length);

    auto cast_node = movie_node.append_child("cast");
    for (auto const & c : m.cast)
    {
        auto node = cast_node.append_child("role");
        node.append_attribute("star").set_value(c.actor.c_str());
        node.append_attribute("name").set_value(c.role.c_str());
    }

    auto directors_node = movie_node.append_child("directors");
    for (auto const & director : m.directors)
    {
        directors_node.append_child("director")
                  .append_attribute("name")
                  .set_value(director.c_str());
    }

    auto writers_node = movie_node.append_child("writers");
    for (auto const & writer : m.writers)
    {
        writers_node.append_child("writer")
                  .append_attribute("name")
                  .set_value(writer.c_str());
    }
}

doc.save_file(filepath.data());
}
```

load_file( ) 메소드를 호출해 XML 파일의 내용을 pugi::xml_document 클래스로 불러들일 수 있다. child( )나 next_sibling( ) 메소드를 호출해 노드에 접근 가능하며, attribute( )를 통해 속성에 접근한다.

다음 코드의 deserialize( ) 메소드는 DOM 트리를 읽어 영화 목록을 구성한다.

```cpp
movie_list deserialize(std::string_view filepath)
{
    pugi::xml_document doc;
    movie_list movies;

    auto result = doc.load_file(filepath.data());
    if (result)
    {
        auto root = doc.child("movies");
        for (auto movie_node = root.child("movie");
            movie_node;
            movie_node = movie_node.next_sibling("movie"))
        {
            movie m;
            m.id = movie_node.attribute("id").as_uint();
            m.title = movie_node.attribute("title").as_string();
            m.year = movie_node.attribute("year").as_uint();
            m.length = movie_node.attribute("length").as_uint();

            for (auto role_node :
                movie_node.child("cast").children("role"))
            {
                m.cast.push_back(casting_role{
                    role_node.attribute("star").as_string(),
                    role_node.attribute("name").as_string()});
            }

            for (auto director_node :
                movie_node.child("directors").children("director"))
            {
                m.directors.push_back(
                    director_node.attribute("name").as_string());
            }

            for (auto writer_node :
                movie_node.child("writers").children("writer"))
            {
```

```
            m.writers.push_back(
                writer_node.attribute("name").as_string());
        }

        movies.push_back(m);
    }
}

return movies;
}
```

위에서 작성한 두 함수를 사용한 코드를 살펴보자.

```
int main()
{
    movie_list movies
    {
        {
            11001, "The Matrix", 1999, 196,
            { {"Keanu Reeves", "Neo"},
              {"Laurence Fishburne", "Morpheus"},
              {"Carrie-Anne Moss", "Trinity"},
              {"Hugo Weaving", "Agent Smith"} },
            {"Lana Wachowski", "Lilly Wachowski"},
            {"Lana Wachowski", "Lilly Wachowski"},
        },
        {
            9871, "Forrest Gump", 1994, 202,
            { {"Tom Hanks", "Forrest Gump"},
              {"Sally Field", "Mrs. Gump"},
              {"Robin Wright", "Jenny Curran"},
              {"Mykelti Williamson", "Bubba Blue"} },
            {"Robert Zemeckis"},
            {"Winston Groom", "Eric Roth"},
        }
    };

    serialize(movies, "movies.xml");
```

```
    auto result = deserialize("movies.xml");

    assert(result.size() == 2);
    assert(result[0].title == "The Matrix");
    assert(result[1].title == "Forrest Gump");
}
```

74. XPath를 이용해 XML 데이터 선택하기

XPath를 통해 XML 파일의 원소와 속성을 탐색할 수 있다. XPath는 이러한 탐색 작업을 위해 XPath 표현식을 사용하는데, 여기에 대한 내장 기능이 상당히 많다.

pugixml은 xml_document 클래스의 select_nodes() 메소드로 XPath 표현식을 사용할 수 있도록 지원한다. 만약 XPath로 원소와 속성을 선택하는 과정에서 에러가 발생하면 xpath_exception 예외가 일어난다는 점을 참고하자.

문제의 요구사항에 따라 노드를 선택하기 위해 다음 XPath 표현식을 사용할 수 있다.

- 주어진 연도에 출시된 모든 영화(이 예시에서는 1995년): /movies/movie[@year>1995]
- 각 영화의 캐스팅 목록에 등장하는 마지막 배우의 이름: /movies/movie/cast/role[last()]

다음 프로그램은 XML 문서를 문자열 버퍼로 불러들이고, 위에 나열한 XPath 표현식을 이용해 노드를 선택한다. XML 문서는 다음처럼 정의된다.

```
std::string text = R"(
<?xml version="1.0"?>
<movies>
    <movie id="11001" title="The Matrix" year="1999" length="196">
        <cast>
            <role star="Keanu Reeves" name="Neo" />
            <role star="Laurence Fishburne" name="Morpheus" />
```

```
            <role star="Carrie-Anne Moss" name="Trinity" />
            <role star="Hugo Weaving" name=" Agent Smith" />
        </cast>
        <directors>
           <director name="Lana Wachowski" />
           <director name="Lilly Wachowski" />
         </directors>
          <writers>
            <writer name="Lana Wachowski" />
            <writer name="Lilly Wachowski" />
          </writers>
      </movie>
      <movie id="9871" title="Forrest Gump" year="1994" length="202">
          <cast>
            <role star="Tom Hanks" name="Forrest Gump" />
            <role star="Sally Field" name="Mrs. Gump" />
            <role star="Robin Wright" name="Jenny Curran" />
            <role star="Mykelti Williamson" name="Bubba Blue" />
          </cast>
          <directors>
              <director name="Robert Zemeckis" />
          </directors>
          <writers>
            <writer name="Winston Groom" />
            <writer name="Eric Roth" />
          </writers>
      </movie>
 </movies>
)";
```

다음과 같이 요청된 데이터를 선택하는 작업을 수행할 수 있다.

```
pugi::xml_document doc;
if (doc.load_string(text.c_str()))
{
    try
    {
```

```
    auto titles = doc.select_nodes("/movies/movie[@year>1995]");

    for (auto it : titles)
    {
        std::cout << it.node().attribute("title").as_string()
                  << std::endl;
    }
}
catch (pugi::xpath_exception const & e)
{
    std::cout << e.result().description() << std::endl;
}

try
{
    auto titles = doc.select_nodes("/movies/movie/cast/role[last()]");

    for (auto it : titles)
    {
        std::cout << it.node().attribute("star").as_string()
                  << std::endl;
    }
}
catch (pugi::xpath_exception const & e)
{
    std::cout << e.result().description() << std::endl;
}
}
```

75. 데이터를 JSON으로 직렬화하기

JSON 또한 XML과 마찬가지로 표준 라이브러리에서 지원되지 않지만, JSON을 다루기 위해 사용할 수 있는 크로스 플랫폼 라이브러리들이 많다. 이 글을 쓴 시점에 https://github.com/miloyip/nativejson-benchmark에 nativejson-benchmark 프로젝트에서는 40개 이상의 라이브러리 목록이 올라왔다.

이 프로젝트에서는 JSON을 분석하고 생성하는 기능이 있는 여러 오픈소스 C/C++ 라이브러리들의 규격 적합성과, 성능(속도, 메모리, 코드 사이즈)을 평가하는 벤치마크를 제공한다. 올바른 라이브러리를 선택하는 것이 쉽지는 않겠지만, 가장 널리 사용되는 라이브러리를 꼽자면 RapidJSON, NLohmann, taocpp/json, Configuru, json_spirit, jsoncpp 등이 있다.

이 문제는 C++11용 헤더 온리$^{header\ only}$ 크로스 플랫폼 라이브러리이며, 구문이 직관적이고 문서화가 잘 되어 있는 nlohmann/json로 풀어보겠다. 이 라이브러리는 https://github.com/nlohmann/json에서 찾을 수 있다.

먼저, 영화의 정보를 나타내야 한다. 이때 [문제 73]에서 사용한 데이터 구조를 사용할 것이다. nlohmann 라이브러리에서는 `nlohmann::json`을 JSON 객체로 표현하기 위한 주 데이터 타입으로 사용한다. 이 라이브러리는 좀더 명시적인 구문으로 JSON 값을 만들어낼 수 있으며, 스칼라 타입과 표준 컨테이너를 암시적으로 상호 변환하는 방법 역시 제공한다. 또한 같은 네임스페이스에 `to_json()`과 `from_json()` 메소드를 작성함으로써 사용자 정의 타입을 암시적으로 변환할 수도 있다. 이 함수들에 대한 요구사항은 문서를 통해 확인할 수 있다.

다음 코드에서는 이 암시적 변환 과정을 사용했다. `movie`와 `casting_role` 타입은 전역 네임스페이스에 정의돼 있기 때문에, 이 타입을 직렬화하는 `to_json()` 오버로드 역시 전역 네임스페이스에 정의됐다. 한편 `movie_list` 타입은 사실 `std::vector<movie>`의 타입 별칭^{alias}이기 때문에, 앞서 언급한 것과 같이 표준 컨테이너와의 암시적 변환 과정을 통해 직접 직렬화와 역직렬화를 할 수 있다.

```
using json = nlohmann::json;

void to_json(json& j, casting_role const & c)
{
    j = json{ {"star", c.actor}, {"name", c.role} };
}
```

```cpp
void to_json(json& j, movie const & m)
{
    j = json::object({
        {"id", m.id},
        {"title", m.title},
        {"year", m.year},
        {"length", m.length},
        {"cast", m.cast},
        {"directors", m.directors},
        {"writers", m.writers}
    });
}

void serialize(movie_list const & movies, std::string_view filepath)
{
    json jdata{{"movies", movies}};

    std::ofstream ofile(filepath.data());
    if (ofile.is_open())
    {
        ofile << std::setw(2) << jdata << std::endl;
    }
}
```

serialize( ) 함수를 사용하는 예시를 함께 살펴보자.

```cpp
int main()
{
    movie_list movies
    {
        {
            11001, "The Matrix", 1999, 196,
            { {"Keanu Reeves", "Neo"},
              {"Laurence Fishburne", "Morpheus"},
              {"Carrie-Anne Moss", "Trinity"},
              {"Hugo Weaving", "Agent Smith"} },
            {"Lana Wachowski", "Lilly Wachowski"},
            {"Lana Wachowski", "Lilly Wachowski"},
```

```
        },
        {
            9871, "Forrest Gump", 1994, 202,
            { {"Tom Hanks", "Forrest Gump"},
              {"Sally Field", "Mrs. Gump"},
              {"Robin Wright", "Jenny Curran"},
              {"Mykelti Williamson", "Bubba Blue"} },
            {"Robert Zemeckis"},
            {"Winston Groom", "Eric Roth"},
        }
    };

    serialize(movies, "movies.json");
}
```

76. JSON으로부터 데이터 역직렬화하기

이 문제를 풀기 위해 다시 nlohmann/json 라이브러리를 사용한다. 여기서는 [문제 75]에서 언급한 것처럼 `from_json()` 함수를 작성하는 대신, 보다 명시적인 접근 방법을 취하려고 한다. JSON 파일의 내용은 오버로드된 >> 연산자를 통해 `nlohmann::json` 객체로 불러들여진다. 객체 값에 접근하려면 [ ] 연산자보다는 `at()` 메소드를 사용하는 편이 낫다. 존재하지 않는 키에 접근하게 될 때, 메소드를 통한다면 예외(사용자가 다룰 수 있는)를 던지는 반면, 연산자를 이용할 경우 정의되지 않은 행동을 보이기 때문이다. 특정한 T객체에 대한 객체 값을 구하려면 `get<T>()` 메소드를 사용한다. 그러나 이를 위해서는 타입 T에 기본 생성자가 있어야 한다.

여기 보이는 `deserialize()` 함수는 특정한 JSON 파일로부터 `std::vector<movie>`를 생성해 반환한다.

```cpp
using json = nlohmann::json;

movie_list deserialize(std::string_view filepath)
{
    movie_list movies;

    std::ifstream ifile(filepath.data());
    if (ifile.is_open())
    {
        json jdata;

        try
        {
            ifile >> jdata;

            if (jdata.is_object())
            {
                for (auto & element : jdata.at("movies"))
                {
                    movie m;

                    m.id = element.at("id").get<unsigned int>();
                    m.title = element.at("title").get<std::string>();
                    m.year = element.at("year").get<unsigned int>();
                    m.length = element.at("length").get<unsigned int>();

                    for (auto & role : element.at("cast"))
                    {
                        m.cast.push_back(casting_role{
                           role.at("star").get<std::string>(),
                           role.at("name").get<std::string>()});
                    }

                    for (auto & director : element.at("directors"))
                    {
                        m.directors.push_back(director);
                    }

                    for (auto & writer : element.at("writers"))
                    {
                        m.writers.push_back(writer);
                    }
```

```
                movies.push_back(std::move(m));
            }
        }
    }
    catch (std::exception const & ex)
    {
        std::cout << ex.what() << std::endl;
    }
}

    return movies;
}
```

이 역직렬화 함수는 다음처럼 사용할 수 있다.

```
int main()
{
    auto movies = deserialize("movies.json");

    assert(movies.size() == 2);
    assert(movies[0].title == "The Matrix");
    assert(movies[1].title == "Forrest Gump");
}
```

77. 영화 목록을 PDF로 출력하기

PDF 파일을 다루는 C++ 라이브러리들이 다양하다. 가령, HaHu, PoDoFo, JagPDF와 PDF-Writer(Hummus로도 알려진)는 PDF 파일을 사용하기 위한 오픈소스 크로스 플랫폼 라이브러리들이다. 여기서는 빠르고 확장 가능한 무료 라이브러리인 PDF-Writer를 사용할 텐데, https://github.com/galkahana/PDF-Writer에서 다운로드할 수 있다. PDF-Writer는 PDF 연산자 또는 이 문제에서 사용할 고차원 함수를 통해 텍스트와 이미지, 도형을 다루는 기능을 지원한다.

print_pdf( ) 함수는 다음 알고리즘을 구현한다.

- PDFWriter::StartPDF( )를 이용해 새로운 PDF 문서를 생성한다.
- 각 페이지에 최대 25개의 영화를 출력한다. 각 페이지는 PDFPage( ) 객체로 표현되며, PageContentContext 객체를 가진다. 이 객체는 PDFPage::StartPageContentContext( )를 통해 생성되며 항목들을 페이지에 그릴 때 사용된다.
- 첫 페이지에 영화 리스트의 제목과 내용을 넣는다. PageContentContext::WriteText( )를 이용해 페이지에 텍스트를 쓸 수 있다.
- 영화에 대한 정보는 다른 폰트로 쓰여진다.
- 각 페이지의 영화 목록 위 아래의 구분선은 PageContentContext::DrawPath( )를 통해 삽입할 수 있다.
- 한 페이지의 내용을 다 작성한 뒤에는 PDFWriter::EndPageContentContext( )와 PDFWriter::WritePageAndRelease( ) 함수가 호출돼야 한다.
- 문서가 모두 작성되면 PDFWriter::EndPDF( )가 호출돼야 한다.

다음 코드에서 사용한 타입과 메소드에 대한 정보, 그리고 PDF 문서를 생성하고 텍스트와 도형, 이미지를 이용해 작업하는 것에 대한 정보는 https://github.com/galkahana/PDF-Writer/wiki에 있는 프로젝트 문서를 참조하자.

```
#ifdef _WIN32
static const std::string fonts_dir = R"(c:\windows\fonts\)";
#elif defined(__APPLE__)
static const std::string fonts_dir = R"(/Library/Fonts/)";
#else
static const std::string fonts_dir = R"(/usr/share/fonts)";
#endif

void print_pdf(movie_list const & movies,
               std::string_view path)
{
```

```cpp
const int height = 842;
const int width = 595;
const int left = 60;
const int top = 770;
const int right = 535;
const int bottom = 60;
const int line_height = 28;

PDFWriter pdf;
pdf.StartPDF(path.data(), ePDFVersion13);
auto font = pdf.GetFontForFile(fonts_dir + "arial.ttf");

AbstractContentContext::GraphicOptions pathStrokeOptions(
    AbstractContentContext::eStroke,
    AbstractContentContext::eRGB,
    0xff000000,
    1);

PDFPage *page = nullptr;
PageContentContext *context = nullptr;
int index = 0;
for (size_t i = 0; i < movies.size(); ++i)
{
    index = i % 25;
    if (index == 0)
    {
        if (page != nullptr)
        {
            DoubleAndDoublePairList pathPoints;
            pathPoints.push_back(DoubleAndDoublePair(left, bottom));
            pathPoints.push_back(DoubleAndDoublePair(right, bottom));
            context->DrawPath(pathPoints, pathStrokeOptions);

            pdf.EndPageContentContext(context);
            pdf.WritePageAndRelease(page);
        }

        page = new PDFPage();
        page->SetMediaBox(PDFRectangle(0, 0, width, height));
        context = pdf.StartPageContentContext(page);
```

```cpp
    {
        DoubleAndDoublePairList pathPoints;
        pathPoints.push_back(DoubleAndDoublePair(left, top));
        pathPoints.push_back(DoubleAndDoublePair(right, top));
        context->DrawPath(pathPoints, pathStrokeOptions);
    }
}

if (i == 0)
{
    AbstractContentContext::TextOptions const textOptions(
        font, 26, AbstractContentContext::eGray, 0);
    context->WriteText(left, top + 15, "List of movies", textOptions);
}

auto textw = 0;
{
    AbstractContentContext::TextOptions const textOptions(
        font, 20, AbstractContentContext::eGray, 0);

    context->WriteText(left, top - 20 - line_height * index,
                       movies[i].title, textOptions);
    auto textDimensions = font->CalculateTextDimensions(
                            movies[i].title, 20);
    textw = textDimensions.width;
}

{
    AbstractContentContext::TextOptions const textOptions(
        font, 16, AbstractContentContext::eGray, 0);

    context->WriteText(left + textw + 5,
                       top - 20 - line_height * index,
                       " (" + std::to_string(movies[i].year) + ")",
                       textOptions);

    std::stringstream s;
    s << movies[i].length / 60 << ':' << std::setw(2)
      << std::setfill('0') << movies[i].length % 60;
```

```
            context->WriteText(right - 30, top - 20 - line_height * index,
                        s.str(),
                        textOptions);
        }
    }

    DoubleAndDoublePairList pathPoints;
    pathPoints.push_back(
        DoubleAndDoublePair(left, top - line_height * (index + 1)));
    pathPoints.push_back(
        DoubleAndDoublePair(right, top - line_height * (index + 1)));
    context->DrawPath(pathPoints, pathStrokeOptions);

    if (page != nullptr)
    {
        pdf.EndPageContentContext(context);
        pdf.WritePageAndRelease(page);
    }

    pdf.EndPDF();
}
```

다음처럼 print_pdf( ) 함수를 사용할 수 있다.

```
int main()
{
    movie_list movies
    {
        {1, "The Matrix", 1999, 136},
        {2, "Forrest Gump", 1994, 142},
        // .. 다른 영화들
        {28, "L.A. Confidential", 1997, 138},
        {29, "Shutter Island", 2010, 138},
    };

     print_pdf(movies, "movies.pdf");
}
```

78. 이미지 집합에서 PDF 생성하기

이 문제는 [문제 77]에서 사용한 PDF-Writer 라이브러리를 다시 사용해 풀어볼 것이다. [문제 77]을 아직 풀어보지 않았다면 이 문제에 들어가기 전에 해결하고 이 문제에 임해 보자.

다음 get_images( ) 함수는 특정한 디렉토리의 모든 JPG 이미지의 경로를 의미하는 문자 열 벡터를 반환한다.

```
namespace fs = std::experimental::filesystem;

std::vector<std::string> get_images(fs::path const & dirpath)
{
    std::vector<std::string> paths;

    for (auto const & p : fs::directory_iterator(dirpath))
    {
        if (p.path().extension() == ".jpg")
            paths.push_back(p.path().string());
    }

    return paths;
}
```

print_pdf( ) 함수는 특정한 디렉토리에 있는 모든 JPG 이미지가 담긴 PDF 문서를 생성 한다. 다음은 이를 구현하는 알고리즘이다.

- PDFWriter::StartPDF( )를 이용해 새로운 PDF 문서를 생성한다.
- 페이지와 내용물을 만들고, 페이지 크기에 들어가는 이미지를 수직으로 하나씩, 최대한 많이 배열한다.
- 작업 중인 페이지에 더 이상 새로운 이미지를 넣을 공간이 없다면 PDFWriter::EndPageContentContext( )와 PDFWriter::SavePageAndRelease( )를 호출해 페이지를 닫고 새로운 페이지를 시작한다.

- PageContentContext::DrawImage( )로 페이지에 이미지를 채워 넣는다.
- 최종 문서가 완성됐다면 PDFWriter::EndPDF( )를 호출한다.

```
void print_pdf(fs::path const & pdfpath,
               fs::path const & dirpath)
{
    const int height = 842;
    const int width = 595;
    const int margin = 20;

    auto image_paths = get_images(dirpath);

    PDFWriter pdf;
    pdf.StartPDF(pdfpath.string(), ePDFVersion13);

    PDFPage* page = nullptr;
    PageContentContext* context = nullptr;

    auto top = height - margin;
    for (size_t i = 0; i < image_paths.size(); ++i)
    {
        auto dims = pdf.GetImageDimensions(image_paths[i]);

        if (i == 0 || top - dims.second < margin)
        {
            if (page != nullptr)
            {
                pdf.EndPageContentContext(context);
                pdf.WritePageAndRelease(page);
            }

            page = new PDFPage();
            page->SetMediaBox(PDFRectangle(0, 0, width, height));
            context = pdf.StartPageContentContext(page);

            top = height - margin;
        }
```

```
            context->DrawImage(margin, top - dims.second, image_paths[i]);

            top -= dims.second + margin;
        }

        if (page != nullptr)
        {
            pdf.EndPageContentContext(context);
            pdf.WritePageAndRelease(page);
        }

        pdf.EndPDF();
}
```

파일 이름이 sample.pdf라면 print_pdf( )는 다음 예제처럼 사용할 수 있다. 여기서 res는 이미지가 들어있는 폴더의 이름이다.

```
int main()
{
    print_pdf("sample.pdf", "res");
}
```

10 압축, 이미지, 데이터베이스

❙ 문제

79. ZIP 아카이브 파일 안의 파일 찾기

ZIP 아카이브에서 주어진 정규 표현식과 일치하는 모든 파일을 검색하고 출력하는 프로그램을 작성하라.

> 예 ^.*\.jpg$를 사용해 확장자가 .jpg인 모든 파일을 찾을 수 있다.

80. ZIP 아카이브 압축하고 해제하기

다음을 수행하는 프로그램을 작성하라.

- 사용자가 지정한 디렉토리의 파일이나 콘텐츠를 ZIP 아카이브에 재귀적으로 압축한다.
- ZIP 아카이브에 담긴 내용을 사용자가 지정한 목표 디렉토리에 압축 해제한다.

81. 패스워드가 있는 ZIP 아카이브 압축하고 해제하기

다음을 수행하는 프로그램을 작성하라.

- 사용자가 지정한 디렉토리의 파일이나 콘텐츠를 패스워드로 보호된 ZIP 아카이브에 재귀적으로 압축한다.
- 패스워드로 보호된 ZIP 아카이브에 담긴 내용을 사용자가 지정한 목표 디렉토리에 압축 해제한다.

82. 국기 PNG 파일 만들기

다음 루마니아 국기의 PNG 파일을 생성하라.

- 이미지의 픽셀 크기와 결과 파일의 경로는 사용자가 지정한 값을 따른다.

83. 텍스트 검증 PNG 생성하기

사용자가 인간임을 검증하기 위해 쓰이는 캡챠^Captcha와 유사한 PNG 이미지를 생성하는 프로그램을 작성하라.

- 이 이미지는 다음 조건을 만족해야 한다.
    - 그라데이션 색상 배경
    - 임의의 각도로 왼쪽 또는 오른쪽으로 기울어진 문자열
    - 이미지를 가로질러 텍스트 위에 출력되는 다른 색상의 임의의 선 여럿

예 이미지 예시

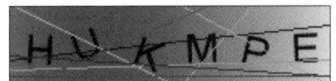

84. EAN-13 바코드 생성기 구현하기

13번째 국제상품번호^International article number 표준을 만족하는 EAN-13 바코드의 PNG 이미지를 생성하는 프로그램을 작성하라.

- 문제를 간단하게 하기 위해, 바코드 아래에 출력되는 EAN-13 번호는 생략한다.

예 번호 5901234123457에 대한 결과

85. SQLite 데이터베이스에서 영화 정보 읽어들이기

SQLite 데이터베이스에서 영화 정보를 읽어들이고 콘솔에 출력하는 프로그램을 작성하라.

- 각 영화는 번호 식별자, 제목, 출시 연도, 분 단위 길이, 감독 목록, 작가 목록 및 배우 이름과 캐릭터 이름이 담긴 캐스팅 목록에 대한 정보를 가진다.
- 다음은 여기서 사용되는 데이터베이스의 다이어그램이다.

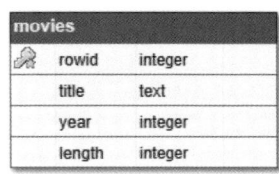
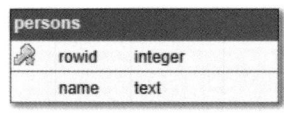
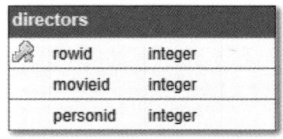
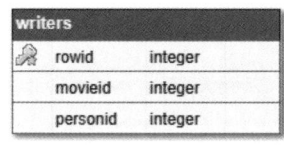
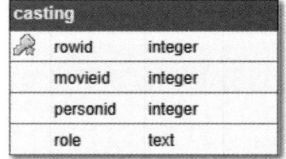

86. SQLite 데이터베이스에 영화 정보 삽입하기

[문제 85]에서 작성한 프로그램을 확장해 데이터베이스에 새로운 영화에 대한 정보를 넣을 수 있게 구현하라.

- 영화 정보는 콘솔이나 텍스트 파일을 통해 읽어들일 수 있다.
- 데이터베이스의 여러 테이블에 영화 데이터를 삽입하는 것은 각각의 별도의 트랜잭션transaction으로 이뤄져야 한다.

87. SQLite 데이터베이스에서 영화 이미지 다루기

[문제 86]에서 작성한 프로그램을 수정해 이미지나 비디오 같은 미디어 파일을 추가할 수 있도록 구현하라.

- 미디어 파일은 데이터베이스의 별도의 테이블에 저장돼야 하며, 고유의 번호 식별자, 영화 식별자, 이름(일반적으로는 파일 이름), 설명(선택 사항) 등의 정보와 함께 블랍(blob, binary large object) 형태의 실제 미디어 콘텐츠를 포함해야 한다. 이 문제를 위해 기존의 데이터베이스에 추가돼야 할 테이블의 구조를 다음처럼 다이어그램으로 표시할 수 있다.

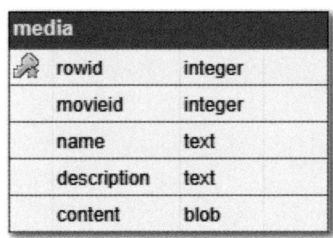

- 이 문제에서 작성해야 하는 프로그램은 다음 명령어들을 지원해야 한다.
    - 특정한 조건(제목 등)과 일치하는 모든 영화 목록 표시
    - 특정한 영화의 모든 미디어 파일 정보 표시
    - 특정한 영화에 미디어 파일 추가
    - 기존의 미디어 파일 삭제

풀이

79. ZIP 아카이브 파일 안의 파일 찾기

ZIP 아카이브와 관련된 작업을 지원하는 여러 라이브러리들이 있다.

무료로 사용할 수 있는 라이브러리들 중에서는 ZipLib, Info-Zip, MiniZip 등과 함께 7z의 LZMA SDK가 널리 쓰인다. 영리 목적으로 판매되는 라이브러리들도 있다.

이 책에서는 ZipLib을 이용해 ZIP 아카이브에 관한 문제들을 풀이할 것이다. ZipLib은 다른 의존성 없이 표준 라이브러리 스트림에 기반해 만들어진 경량의 오픈소스 크로스 플랫폼 C++11 라이브러리다. 이 라이브러리와 관련 문서는 https://bitbucket.org/wbenny/ziplib에서 찾을 수 있다.

다음을 수행해 문제의 요구사항을 구현해야 한다.

- `ZipFile::Open( )`을 이용해 ZIP 아카이브 열기
- `ZipArchive::GetEntry( )`와 `ZipArchive::GetEntryCount( )`를 이용해 아카이브 안의 모든 엔트리 순회
- `ZipArchiveEntry::GetName( )`을 이용해 모든 파일 엔트리에 대해 이름이 주어진 정규 표현식과 일치하는지 확인
- `ZipArchiveEntry::GetFullName( )`을 이용해 정규 표현식과 일치하는 모든 엔트리의 전체 이름을 얻고 결과 리스트에 추가

다음에 보이는 `find_in_archive( )` 함수는 여기에서 설명한 알고리즘을 구현한 것이다.

```
namespace fs = std::experimental::filesystem;

std::vector<std::string> find_in_archive(
    fs::path const & archivepath,
    std::string_view pattern)
```

```cpp
{
    std::vector<std::string> results;

    if (fs::exists(archivepath))
    {
        try
        {
            auto archive = ZipFile::Open(archivepath.string());

            for (size_t i = 0; i < archive->GetEntriesCount(); ++i)
            {
                auto entry = archive->GetEntry(i);
                if (entry)
                {
                    if (!entry->IsDirectory())
                    {
                        auto name = entry->GetName();
                        if (std::regex_match(name,
                            std::regex{pattern.data()}))
                        {
                            results.push_back(entry->GetFullName());
                        }
                    }
                }
            }
        }
        catch (std::exception const & ex)
        {
            std::cout << ex.what() << std::endl;
        }
    }

    return results;
}
```

sample79.zip라는 이름의 ZIP 아카이브 안에서 .jpg 확장자를 갖는 모든 파일을 찾아내는 예시다. 이 파일은 부록으로 제공되는 소스코드에서 찾을 수 있다.

```
int main()
{
   auto results = find_in_archive("sample79.zip", R"(^.*\.jpg$)"));
   for (auto const & name : result)
   {
       std::cout << name << std::endl;
   }
}
```

80. ZIP 아카이브 압축하고 해제하기

[문제 79]의 풀이와 마찬가지로 ZipLib 라이브러리를 사용할 것이다. 이 문제는 파일을 ZIP 아카이브로 압축하는 함수와 ZIP 아카이브의 압축을 푸는 함수, 두 종류의 함수로 구성된다.

압축 작업을 수행하기 위해 다음을 따라야 한다.

- 원본 경로가 일반 파일을 나타내는 경우, `ZipFile::AddFile( )`을 사용해 해당 파일을 ZIP 아카이브에 추가
- 원본 경로가 디렉토리를 나타내는 경우
  - 디렉토리의 모든 엔트리에 대해 재귀적으로 순회
  - 엔트리가 디렉토리면 `ZipArchive::CreateEntry( )`를 이용해 ZIP 아카이브 내부에 같은 이름으로 디렉토리를 생성
  - 엔트리가 일반 파일이면 `ZipFile::AddFile( )`을 이용해 ZIP 아카이브에 추가

다음 코드의 `compress( )` 함수는 이 알고리즘을 구현한 것이다. 이 함수에는 세 개의 파라미터가 있다. 첫 번째는 압축할 파일이나 폴더의 경로, 두 번째는 대상 ZIP 아카이브의 경로다. 세 번째 파라미터는 작업 진행 사항을 리포트하기 위해 사용하는 함수 객체다(콘솔에 메시지를 출력하는 함수 등).

```cpp
namespace fs = std::experimental::filesystem;

void compress(fs::path const & source,
              fs::path const & archive,
              std::function<void(std::string_view)> reporter)
{
    if (fs::is_regular_file(source))
    {
        if (reporter) reporter("Compressing " + source.string());
        ZipFile::AddFile(archive.string(), source.string(),
                         LzmaMethod::Create());
    }
    else
    {
        for (auto const & p : fs::recursive_directory_iterator(source))
        {
            if (reporter) reporter("Compressing " + p.path().string());

            if (fs::is_directory(p))
            {
                auto zipArchive = ZipFile::Open(archive.string());
                auto entry = zipArchive->CreateEntry(p.path().string());
                entry->SetAttributes(ZipArchiveEntry::Attributes::Directory);
                ZipFile::SaveAndClose(zipArchive, archive.string());
            }
            else if (fs::is_regular_file(p))
            {
                ZipFile::AddFile(archive.string(), p.path().string(),
                                 LzmaMethod::Create());
            }
        }
    }
}
```

반대로 압축 해제 작업을 위해서는 다음을 따라야 한다.

- ZipFile::Open( )을 이용해 ZIP 아카이브 열기
- ZipArchive::GetEntriesCount( )와 ZipArchive::GetEntry( )를 이용해 모든 엔트리 순회

- 엔트리가 디렉토리면 재귀적으로 대상 경로에 추가
- 엔트리가 파일이면 해당 파일을 대상 경로에 생성하고 `ZipArchiveEntry::GetDecompressionStream( )`을 이용해 압축된 파일의 내용을 복사

`decompress( )` 함수로 앞의 알고리즘을 다음과 같이 구현했다. 이 함수의 파라미터는 `compress( )` 메소드와 유사하다.

첫 번째는 압축을 해제할 대상 디렉토리의 경로, 두 번째는 ZIP 아카이브의 경로이며, 세 번째는 작업 진행 사항을 리포트할 때 사용하는 함수 객체다.

```cpp
void decompress(fs::path const & destination,
                fs::path const & archive,
                std::function<void(std::string_view)> reporter)
{
    ensure_directory_exists(destination);

    auto zipArchive = ZipFile::Open(archive.string());

    for (size_t i = 0; i < zipArchive->GetEntriesCount(); ++i)
    {
       auto entry = zipArchive->GetEntry(i);
       if (entry)
       {
          auto filepath = destination / fs::path{
              entry->GetFullName()}.relative_path();
          if (reporter) reporter("Creating " + filepath.string());

          if (entry->IsDirectory())
          {
              ensure_directory_exists(filepath);
          }
          else
          {
              ensure_directory_exists(filepath.parent_path());

              std::ofstream destFile;
              destFile.open(filepath.string().c_str(),
```

```
                            std::ios::binary | std::ios::trunc);

            if (!destFile.is_open())
            {
                if (reporter)
                    reporter("Cannot create destination file!");
            }

            auto dataStream = entry->GetDecompressionStream();
            if (dataStream)
            {
                utils::stream::copy(*dataStream, destFile);
            }
        }
    }
  }
}
```

이 함수는 ensure_directory_exists( )를 사용해 재귀적으로 존재하지 않는 디렉터리 경로를 생성한다. 함수를 구현하면 다음과 같다.

```
void ensure_directory_exists(fs::path const & dir)
{
    if (!fs::exists(dir))
    {
        std::error_code err;
        fs::create_directories(dir, err);
    }
}
```

사용자는 다음 프로그램을 통해 원본과 대상 경로를 입력하고 압축이나 압축 해제 작업을 수행할 수 있다. 이 프로그램은 진행 정보를 콘솔에 표시할 때 사용되는 람다 함수와 함께 위에서 본 compress( )와 decompress( ) 함수를 사용한다.

```cpp
int main()
{
    char option = 0;
    std::cout << "Select [c]ompress/[d]ecompress?";
    std::cin >> option;

    if (option == 'c')
    {
        std::string archivepath;
        std::string inputpath;
        std::cout << "Enter file or dir to compress:";
        std::cin >> inputpath;
        std::cout << "Enter archive path:";
        std::cin >> archivepath;

        compress(inputpath, archivepath,
                [](std::string_view message) {
                    std::cout << message << std::endl; });
    }
    else if (option == 'd')
    {
        std::string archivepath;
        std::string outputpath;
        std::cout << "Enter dir to decompress:";
        std::cin >> outputpath;
        std::cout << "Enter archive path:";
        std::cin >> archivepath;

        decompress(outputpath, archivepath,
                [](std::string_view message) {
                    std::cout << message << std::endl; });
    }
    else
    {
        std::cout << "invalid option" << std::endl;
    }
}
```

81. 패스워드가 있는 ZIP 아카이브 압축하고 해제하기

이 문제는 [문제 80]과 유사하지만, 암호화에 대한 사항이 추가됐다. ZipLib 라이브러리가 지원하는 암호화 방식은 PKWare뿐이므로, 다른 암호화 방법을 사용하고 싶다면 다른 라이브러리를 사용해야 할 것이다.

다음의 compress( )와 decompress( ) 함수는 [문제 80]에서 적용했던 방법과 비슷하나, 파일의 암호화/복호화에 쓰이는 비밀번호에 대한 파라미터가 추가된 것 외에도 몇 가지 차이점이 있다.

- ZipFile::AddFile( ) 대신 ZipFile::AddEncryptedFile( )을 사용해 아카이브에 암호화된 파일을 추가한다.
- 압축을 해제할 때, 만약 엔트리가 패스워드로 보호돼 있다면 ZipArchiveEntry::SetPassword( )를 이용해 패스워드를 설정해야 한다.

변경사항을 반영한 compress( ) 함수를 구현하면 다음과 같다.

```cpp
namespace fs = std::experimental::filesystem;

void compress(fs::path const & source,
              fs::path const & archive,
              std::string_view password,
              std::function<void(std::string_view)> reporter)
{
    if (fs::is_regular_file(source))
    {
        if (reporter) reporter("Compressing " + source.string());
        ZipFile::AddEncryptedFile(
            archive.string(),
            source.string(),
            source.filename().string(),
            password.data(),
            LzmaMethod::Create());
    }
    else
```

```cpp
    {
        for (auto const & p : fs::recursive_directory_iterator(source))
        {
            if (reporter) reporter("Compressing " + p.path().string());

            if (fs::is_directory(p))
            {
                auto zipArchive = ZipFile::Open(archive.string());
                auto entry = zipArchive->CreateEntry(p.path().string());
                entry->SetAttributes(ZipArchiveEntry::Attributes::Directory);
                ZipFile::SaveAndClose(zipArchive, archive.string());
            }
            else if (fs::is_regular_file(p))
            {
                ZipFile::AddEncryptedFile(
                    archive.string(),
                    p.path().string(),
                    p.path().filename().string(),
                    password.data(),
                    LzmaMethod::Create());
            }
        }
    }
}
```

decompress( ) 함수는 압축 해제 스트림을 통해 파일의 내용을 대상 경로로 복사하기 전에 각각의 아카이브 엔트리에 대한 패스워드를 설정해야 한다. 이 함수는 다음과 같다.

```cpp
void decompress(fs::path const & destination,
                fs::path const & archive,
                std::string_view password,
                std::function<void(std::string_view)> reporter)
{
    ensure_directory_exists(destination);

    auto zipArchive = ZipFile::Open(archive.string());

    for (size_t i = 0; i < zipArchive->GetEntriesCount(); ++i)
```

```
        {
            auto entry = zipArchive->GetEntry(i);
            if (entry)
            {
                auto filepath = destination / fs::path{
                entry->GetFullName()}.relative_path();
                if (reporter) reporter("Creating " + filepath.string());

                if (entry->IsPasswordProtected())
                entry->SetPassword(password.data());

                if (entry->IsDirectory())
                {
                    ensure_directory_exists(filepath);
                }
                else
                {
                    ensure_directory_exists(filepath.parent_path());

                    std::ofstream destFile;
                    destFile.open(filepath.string().c_str(),
                                std::ios::binary | std::ios::trunc);

                if (!destFile.is_open())
                {
                    if (reporter)
                        reporter("Cannot create destination file!");
                }

                auto dataStream = entry->GetDecompressionStream();
                if (dataStream)
                {
                    utils::stream::copy(*dataStream, destFile);
                }
            }
        }
    }
}
```

헬퍼 함수 ensure_directory_exists( )는 [문제 80]에서 다룬 함수이므로 여기에서는 설명하지 않겠다.

작성한 함수들은 패스워드를 함께 넘겨줘야 한다는 점을 제외하고는 [문제 80]과 같은 방법으로 사용할 수 있다.

82. 국기 PNG 파일 만들기

PNG 파일을 다루기 위한 매우 다양한 기능을 포함하는 libpng는 C로 작성된 플랫폼 독립 오픈소스 라이브러리다. C++ 기반의 라이브러리들 중 png++, lodepng, PNGWriter와 같은 일부 라이브러리들은 libpng를 래핑한 것이다. 여기서는 PNGWriter 라이브러리를 사용한다.

PNGWriter는 리눅스[Linux], 유닉스[Unix], 맥OS[macOS], 윈도우를 지원하는 오픈소스 라이브러리이며 PNG 이미지 열기, RGB, HSV, CMYK 색 공간의 픽셀을 읽고 출력하기, 기본 도형, 스케일링, 양선형 보간법[bilinear interpolation], 트루타입[TrueType] 안티에일리어싱[antialising]이 적용되거나 회전된 텍스트, 베지어 곡선[Bezier curve] 등의 기능들을 제공한다. 이 라이브러리는 기본적으로 libpng의 래퍼이며, 텍스트 지원을 위해서는 FreeType2 라이브러리가 더 필요하다.

라이브러리의 소스코드와 문서는 https://github.com/pngwriter/pngwriter에 있다. 문서에서 설명하는 과정대로 라이브러리를 설치한다.

클래스 pngwriter는 PNG 이미지를 나타내며, 사용자는 생성자를 통해 픽셀 단위의 너비와 높이를 설정하고 배경색과 이미지가 저장될 경로를 설정할 수 있다. 이 클래스에는 픽셀이나 도형, 텍스트를 쓰는데 사용할 수 있는 멤버 함수들이 있다.

이 문제는 먼저 서로 다른 색상으로 채워진 세 개의 직사각형을 그려야 하는데, 이때 filledsquare( ) 함수를 사용한다. 메모리에 이미지를 기록하는 작업을 마치면 close( ) 메소드를 호출해 디스크에 파일로 저장해야 한다.

다음 함수는 크기와 함께 파일이 저장될 경로를 전달 인자로 받아 삼색기를 생성한다.

```cpp
void create_flag(int const width, int const height,
                 std::string_view filepath)
{
    pngwriter flag{width, height, 0, filepath.data()};

    int const size = width / 3;
    // 붉은색 직사각형
    flag.filledsquare(0, 0, size, 2 * size, 65535, 0, 0);
    // 노란색 직사각형
    flag.filledsquare(size, 0, 2 * size, 2 * size, 65535, 65535, 0);
    // 파란색 직사각형
    flag.filledsquare(2 * size, 0, 3 * size, 2 * size, 0, 0, 65535);

    flag.close();
}
```

다음은 사용자로부터 이미지의 너비와 높이, 출력 파일의 경로를 입력 받아 create_flag( )를 사용해 PNG 이미지를 생성하는 프로그램이다.

```cpp
int main()
{
    int width = 0, height = 0;
    std::string filepath;

    std::cout << "Width: ";
    std::cin >> width;

    std::cout << "Heigh: ";
    std::cin >> height;

    std::cout << "Output: ";
    std::cin >> filepath;

    create_flag(width, height, filepath);
}
```

83. 텍스트 검증 PNG 생성하기

이 프로그램은 [문제 82]에서 봤던 국기 문제에 적용했던 방법과 비슷하게 해결할 수 있다. 아직 [문제 82]를 살펴보지 않았다면 이 문제보다 먼저 풀어볼 것을 추천한다.

문제에서 설명하는 이미지가 가져야 하는 세 가지 특성은 다음과 같다.

- **그라데이션 색상 배경**: 이는 다른 색상의 선들을 이미지의 한 변에서 다른 변으로 수직이나 수평으로 그려서 만들 수 있다. pngwriter::line() 함수를 이용해 선을 그릴 수 있다. 이 함수에는 몇 가지 오버로드가 있는데, 여기서 사용되는 버전은 시작 지점과 끝점의 위치와 함께 RGB 색공간에서의 빨간색, 초록색, 파란색 채널 값을 인자로 받는 것이다.
- **왼쪽이나 오른쪽으로 임의의 각도로 기울어진 문자로 구성된 임의의 텍스트**: pngwriter::plot_text()를 이용해 이미지에 텍스트를 쓸 수 있다. 이 함수를 쓰기 위해서는 FreeType2에 대한 의존성이 필요하다. 여기서 사용된 이 함수의 오버로드는 폰트 파일과 크기, 텍스트가 쓰일 위치, 라디안 단위 각도, 텍스트, 색상을 지정할 수 있다.
- **이미지를 가로질러 텍스트 위에 출력되는 선 여럿**: 여기서도 pngwritter::line() 함수를 사용할 것이다.

다음 코드에서는 std::mt19937 의사 난수 생성기와 몇 가지 균등 정수 분포를 사용해 임의의 텍스트와 색상, 선의 위치를 생성할 것이다.

```
void create_image(int const width, int const height,
                  std::string_view font, int const font_size,
                  std::string_view filepath)
{
    pngwriter image{width, height, 0, filepath.data()};

    std::random_device rd;
    std::mt19937 mt;
    auto seed_data = std::array<int, std::mt19937::state_size>{};
```

```
std::generate(std::begin(seed_data), std::end(seed_data),
              std::ref(rd));
std::seed_seq seq(std::begin(seed_data), std::end(seed_data));
mt.seed(seq);
std::uniform_int_distribution<> udx(0, width);
std::uniform_int_distribution<> udy(0, height);
std::uniform_int_distribution<> udc(0, 65535);
std::uniform_int_distribution<> udt(0, 25);

// 그라데이션 배경
for (int iter = 0; iter <= width; iter++)
{
    image.line(
        iter, 0, iter, height,
        65535 - int(65535 * ((double)iter) / (width)),
        int(65535 * ((double)iter) / (width)),
        65535);
}

// 임의의 텍스트
std::string font_family = font.data();
for (int i = 0; i < 6; ++i)
{
    image.plot_text(
        // 폰트
        font_family.data(), font_size,
        // 위치
        i * width / 6 + 10, height / 2 - 10,
        // 각도
        (i % 2 == 0 ? -1 : 1) * (udt(mt) * 3.14) / 180,
        // 텍스트
        std::string(1, char('A' + udt(mt))).data(),
        // 색상
        0, 0, 0);
}

// 임의의 선들
for (int i = 0; i < 4; ++i)
{
    image.line(udx(mt), 0, udx(mt), height,
               udc(mt), udc(mt), udc(mt));
```

```
        image.line(0, udy(mt), width, udy(mt),
                   udc(mt), udc(mt), udc(mt));
    }

    image.close();
}
```

이 함수는 다음 예시처럼 사용할 수 있다. 애플^{Apple}이나 윈도우 시스템에 대해서는 폰트 경로에 대한 설정이 하드 코딩돼 있지만(이 경우 Arial) 다른 플랫폼을 사용한다면 사용자가 직접 폰트 경로를 설정해줘야 한다.

```
int main()
{
    std::string font_path;

#ifdef _WIN32
        font_path = R"(c:\windows\fonts\arial.ttf)";
#elif defined(__APPLE__)
        font_path = R"(/Library/Fonts/Arial.ttf)";
#else
    std::cout << "Font path: ";
    std::cin >> font_path;
#endif

    create_image(200, 50,
                 font_path, 18,
                 "validation.png");
}
```

 배경색의 구성을 결정하는 create_image() 함수는 같은 너비의 이미지에 대해서는 언제나 같은 그라디언트를 생성한다. 그라디언트 색상과 텍스트 색상이 임의로 결정되도록 함수를 수정하는 작업은 독자의 과제로 남겨두겠다.

84. EAN-13 바코드 생성기 구현하기

위키피디아에서도 설명됐듯, 국제상품번호(또는 유럽상품번호, EAN)는 생산자와 포장 형태에 따른 특정한 소매 제품을 식별하기 위해 사용되는 바코드 기호와 번호 시스템의 국제 상거래 표준이다. 가장 널리 쓰이는 EAN 표준은 13자리로 구성된 EAN-13이다(바코드를 생성하는 법을 포함해 표준에 대한 설명은 위키피디아 페이지 https://en.wikipedia.org/wiki/International_Article_Number를 참고하자. 상세한 설명은 생략한다.)

다음은 이 문제의 예시로 주어진 번호 5901234123457에 대한 EAN-13 바코드(출처: 위키피디아)의 모습이다.

다음 코드에 등장하는 클래스 ean13은 EAN-13 표준 번호를 나타낸다.

이 클래스는 문자열이나 unsigned long long 타입의 값으로부터 생성할 수 있으며, 다시 문자열이나 숫자 배열의 형태로 변환 가능하다. 또한 이 클래스는 생성자의 전달 인자로 12자리 숫자만 주어질 경우 체크섬을 의미하는 13번째 자리를 계산할 수 있으며, 13자리의 숫자가 주어지면 마지막 13번째 자릿수가 올바른 체크섬인지 확인할 수 있는 기능도 있다. 여기서 체크섬은 번호의 각 자릿수에 가중치를 곱한 수의 합이 10의 배수가 되도록 만드는 역할을 하는 수다.

```
struct ean13
{
public:
    ean13(std::string_view code)
    {
        if (code.length() == 13)
        {
```

```cpp
            if (code[12] != '0' + get_crc(code.substr(0, 12)))
                throw std::runtime_error("Not an EAN-13 format.");
            number = code;
        }
        else if (code.length() == 12)
        {
            number = code.data() + std::string(1, '0' + get_crc(code));
        }
    }

    ean13(unsigned long long code) : ean13(std::to_string(code))
    { }

    std::array<unsigned char, 13> to_array() const
    {
        std::array<unsigned char, 13> result;
        for (int i = 0; i < 13; ++i)
            result[i] = static_cast<unsigned char>(number[i] - '0');
        return result;
    }

    std::string to_string() const noexcept { return number; }

private:
    unsigned char get_crc(std::string_view code)
    {
        unsigned char weights[12] = {1, 3, 1, 3, 1, 3, 1, 3, 1, 3, 1, 3};
        size_t index = 0;
        auto sum = std::accumulate(
            std::begin(code), std::end(code), 0,
            [&weights, &index](int const total, char const c) {
                return total + weights[index++] * (c - '0'); });
        return 10 - sum % 10;
    }

    std::string number;
};
```

위키피디아의 설명처럼, 바코드는 균등하게 나뉜 95개의 영역으로 구성돼 있다. 바코드의 왼쪽부터 오른쪽 방향으로 보면서 각 영역이 의미하는 정보에 대해 알아보자.

- 시작 마커를 의미하는 세 영역
- 왼쪽 그룹 여섯 자리 수를 의미하는 42개의 영역. 이 42개의 영역은 각각 일곱 개의 작은 영역으로 이뤄진 여섯 개의 그룹으로 구성돼 있으며, 각 그룹은 두 번째부터 일곱 번째 자릿수까지의 수 하나씩을 의미한다. 이 부호화는 짝수 또는 홀수 패리티 parity를 가질 수 있으며, 이 패리티들은 EAN-13의 첫 번째 자릿수에 따라 결정된다.
- 중간 마커를 의미하는 5개의 영역
- 오른쪽 그룹 여섯 자리 수를 의미하는 42개의 영역. 이 42개의 영역은 각각 일곱 개의 작은 영역으로 이뤄진 여섯 개의 그룹으로 구성돼 있으며, 각 그룹은 여덟 번째부터 열세 번째 자릿수까지의 수 하나씩을 의미한다. 이 자릿수들은 모두 짝수 패리티와 함께 부호화돼 있다. 13번째 자릿수는 확인용이다.
- 종료 마커를 의미하는 3개의 영역

다음 표들은 위키피디아에서 발췌한 것으로, 각각 여섯 자리 수를 나타내는 두 그룹의 부호화 방법(첫 번째 표)과 이를 바탕으로 한 수의 부호화 결과(두 번째 표)를 나타낸다.

첫 자릿수	처음 여섯 자릿수 그룹	마지막 여섯 자릿수 그룹
0	LLLLLL	RRRRRR
1	LLGLGG	RRRRRR
2	LLGGLG	RRRRRR
3	LLGGGL	RRRRRR
4	LGLLGG	RRRRRR
5	LGGLLG	RRRRRR
6	LGGGLL	RRRRRR
7	LGLGLG	RRRRRR
8	LGLGGL	RRRRRR
9	LGGLGL	RRRRRR

수	L코드	G코드	R코드
0	0001101	0100111	1110010
1	0011001	0110011	1100110
2	0010011	0011011	1101100
3	0111101	0100001	1000010
4	0100011	0011101	1011100
5	0110001	0111001	1001110
6	0101111	0000101	1010000
7	0111011	0010001	1000100
8	0110111	0001001	1001000
9	0001011	0010111	1110100

클래스 ean13_barcode_generator는 ean13 클래스가 나타내는 번호를 EAN-13 바코드 PNG로 만들고 디스크에 저장하는 기능을 캡슐화한 것이다. 이 클래스는 다음 멤버 항목을 갖고 있다.

- 클래스의 유일한 퍼블릭public 함수인 create()는 EAN-13 번호, 출력 파일의 경로, 각 비트의 픽셀 단위 너비, 바코드 바의 높이, 바코드 영역의 여백을 전달 인자로 취한다. 이 함수는 시작 마커, 처음 여섯 자리, 중간 마커, 마지막 여섯 자리, 종료 마커를 순서대로 그린 뒤 이미지를 파일에 저장한다.
- draw_digit() 함수는 pngwriter::filledsquare() 메소드를 이용해 일곱 비트의 숫자와 시작, 중간, 종료 마커를 그리는 프라이빗private 헬퍼 함수다.
- 부호화 테이블과 마커 값은 프라이빗 멤버 변수 encodings, eandigits, marker_start, marker_end, marker_center에 각각 정의된다.

이 ean13_barcode_generator 클래스를 살펴보자.

```
struct ean13_barcode_generator
{
```

```cpp
    void create(ean13 const & code,
                std::string_view filename,
                int const digit_width = 3,
                int const height = 50,
                int const margin = 10);
private:
    int draw_digit(unsigned char code, unsigned int size,
                   pngwriter& image,
                   int const x, int const y,
                   int const digit_width, int const height)
    {
        std::bitset<7> bits(code);
        int pos = x;
        for (int i = size - 1; i >= 0; --i)
        {
            if (bits[i])
            {
                image.filledsquare(pos, y, pos + digit_width, y + height,
                                   0, 0, 0);
            }

            pos += digit_width;
        }

        return pos;
    }

    unsigned char encodings[10][3] =
    {
        {0b0001101, 0b0100111, 0b1110010},
        {0b0011001, 0b0110011, 0b1100110},
        {0b0010011, 0b0011011, 0b1101100},
        {0b0111101, 0b0100001, 0b1000010},
        {0b0100011, 0b0011101, 0b1011100},
        {0b0110001, 0b0111001, 0b1001110},
        {0b0101111, 0b0000101, 0b1010000},
        {0b0111011, 0b0010001, 0b1000100},
        {0b0110111, 0b0001001, 0b1001000},
        {0b0001011, 0b0010111, 0b1110100},
    };
```

```
    unsigned char eandigits[10][6] =
    {
        {0, 0, 0, 0, 0, 0},
        {0, 0, 1, 0, 1, 1},
        {0, 0, 1, 1, 0, 1},
        {0, 0, 1, 1, 1, 0},
        {0, 1, 0, 0, 1, 1},
        {0, 1, 1, 0, 0, 1},
        {0, 1, 1, 1, 0, 0},
        {0, 1, 0, 1, 0, 1},
        {0, 1, 0, 1, 1, 0},
        {0, 1, 1, 0, 1, 0},
    };

    unsigned char marker_start  = 0b101;
    unsigned char marker_end    = 0b101;
    unsigned char marker_center = 0b01010;
};
```

create( ) 메소드는 다음처럼 구현한다.

```
void ean13_barcode_generator::create(ean13 const & code,
            std::string_view filename,
            int const digit_width = 3,
            int const height = 50,
            int const margin = 10)
{
    pngwriter image(
        margin * 2 + 95 * digit_width,
        height + margin * 2,
        65535,
        filename.data());

    std::array<unsigned char, 13> digits = code.to_array();

    int x = margin;
    x = draw_digit(marker_start, 3, image, x, margin,
                   digit_width, height);
```

```
    for (int i = 0; i < 6; ++i)
    {
        int code = encodings[digits[1 + i]][eandigits[digits[0]][i]];
        x = draw_digit(code, 7, image, x, margin, digit_width, height);
    }

    x = draw_digit(marker_center, 5, image, x, margin,
                   digit_width, height);

    for (int i = 0; i < 6; ++i)
    {
        int code = encodings[digits[7 + i]][2];
        x = draw_digit(code, 7, image, x, margin, digit_width, height);
    }

    x = draw_digit(marker_end, 3, image, x, margin,
                   digit_width, height);

    image.close();
}
```

다음 예시로 이 클래스 사용 방법을 참고하자.

```
int main()
{
    ean13_barcode_generator generator;

    generator.create(ean13("5901234123457"), "5901234123457.png",
                     5, 150, 30);
}
```

 EAN-13 번호를 생성된 바코드 밑에 출력하는 작업은 독자의 과제로 남겨두겠다.

85. SQLite 데이터베이스에서 영화 정보 읽어들이기

SQLite는 C로 쓰인(많은 프로그래밍 언어로 바인딩이 제공되지만) 인프로세스 관계형 데이터베이스in-process relational database 관리 라이브러리다. SQLite는 클라이언트-서버 방식이 아니라 애플리케이션에 포함될 수 있는 데이터베이스 엔진이다. 테이블, 인덱스, 트리거, 뷰 등의 전체 데이터베이스는 단일 디스크 파일에 저장된다. SQLite는 프로세스 간 통신 없이 로컬 디스크 파일을 이용해 데이터베이스에 접근하는 방식을 사용하기 때문에 다른 관계형 데이터베이스 엔진에 비해 성능이 뛰어난 편이다. 이름에서 추측할 수 있듯이, SQLite는 SQL을 사용하지만 오른쪽 외부 조인RIGHT OUTER JOIN 등과 같이 모든 기능을 지원하지는 않는다. SQLite는 웹 브라우저뿐만 아니라(주요 브라우저들은 웹 SQL 데이터베이스Web SQL Database 기술을 이용해 SQLite 데이터베이스에 데이터를 저장하거나 불러올 수 있는 기능을 지원한다), 웹 프레임워크(Bugzilla, Django, Drupal, Ruby on Rails 등)와 운영체제(Android, Windows 10, FreeBSD, OpenBSD, Symbian OS 등에 기본적으로 포함돼 있다), 모바일 애플리케이션과 게임에서도 사용된다.

반면 SQLite는 사용자 관리 기능이 미흡하다는 단점이 있다. SQLCipher라는 이름의 서드 파티 확장 프로그램을 이용해 SQLite에서 256비트 AES 암호화 기능을 사용할 수 있다. 이 라이브러리는 https://www.sqlite.org/에서 다운로드할 수 있다.

본래의 SQLite 라이브러리에는 많은 소스 파일과 스크립트가 포함되어 있지만, '아말감화amalgamation'된 최소화 라이브러리도 제공한다. 실제로 모든 애플리케이션에 대해 이 버전을 사용할 것이 권장된다. 아말감화된 버전에는 sqlite3.h와 sqlite3.c, 두 파일만 포함돼 있으며, 애플리케이션과 함께 컴파일할 수 있다. 아말감화 패키지를 비롯해 툴과 같은 다른 패키지는 https://www.sqlite.org/download.html에서 다운로드할 수 있다.

앞서 언급했듯, 이 SQLite 라이브러리는 C로 작성돼 있지만 SQLiteCPP, CppSQLite, sqlite3cc, sqlite_modern_cpp 등 다양한 C++ 래퍼 라이브러리가 있다. 이 책에서는 C++17의 기능뿐만 아니라 SQLCipher도 지원하는 모던 C++ 경량 라이브러리, sqlite_modern_cpp를 사용할 것이다.

SQLite 라이브러리는 https://github.com/SqliteModernCpp/sqlite_modern_cpp에서 찾을 수 있다. sqlite_modern_cpp.h 헤더를 소스에 포함해야 라이브러리를 사용할 수 있다.

이 문제를 해결할 코드를 작성하기 전에 먼저 데이터베이스를 생성해야 한다. 데이터베이스의 구조는 문제에 설명돼 있으며, SQLite 커맨드 라인 툴인 sqlite3를 이용해 이 작업을 수행할 것이다. 새 데이터베이스를 작성하거나 기존 데이터베이스를 열기 위해서는 다음 명령을 실행해야 한다.

```
sqlite3 <filename>
```

부록으로 제공되는 소스코드에서 cppchallenger85.db라는 이름의 미리 생성된 데이터베이스 파일을 찾을 수 있다. 이 파일을 사용하는 대신 새로운 데이터베이스 파일을 열고 다음 커맨드를 입력해 직접 데이터베이스를 생성할 수도 있다.

```
create table movies(title text not null,
                    year integer not null,
                    length integer not null);

create table persons(name text not null);

create table directors(movieid integer not null,
                       personid integer not null);

create table writers(movieid integer not null,
                     personid integer not null);

create table casting(movieid integer not null,
                     personid integer not null,
                     role text not null);
```

SQLite는 정의된 열에 더해 암시적으로 rowid라는 열을 추가한다는 사실을 참고하라. 이는 자동 증분^{autoincrement}되는 64비트 부호 있는 정수 타입으로, 행을 고유하게 식별하기 위한 것이다. cppchallenger85.db 데이터베이스 파일에는 여러 영화에 대한 정보가 포함돼 있다. 새로 데이터베이스를 만들었다면 다음 명령어를 통해서 이를 추가할 수 있다.

```sql
insert into movies values ('The Matrix', 1999, 196);
insert into movies values ('Forrest Gump', 1994, 202);

insert into persons values('Keanu Reeves');
insert into persons values('Laurence Fishburne');
insert into persons values('Carrie-Anne Moss');
insert into persons values('Hugo Weaving');
insert into persons values('Lana Wachowski');
insert into persons values('Lilly Wachowski');
insert into persons values('Tom Hanks');
insert into persons values('Sally Field');
insert into persons values('Robin Wright');
insert into persons values('Mykelti Williamson');
insert into persons values('Robert Zemeckis');
insert into persons values('Winston Groom');
insert into persons values('Eric Roth');

insert into directors values(1, 5);
insert into directors values(1, 6);
insert into directors values(2, 11);

insert into writers values(1, 5);
insert into writers values(1, 6);
insert into writers values(2, 12);
insert into writers values(2, 13);

insert into casting values(1, 1, 'Neo');
insert into casting values(1, 2, 'Morpheus');
insert into casting values(1, 3, 'Trinity');
insert into casting values(1, 4, 'Agent Smith');
```

```
insert into casting values(2, 7, 'Forrest Gump');
insert into casting values(2, 8, 'Mrs. Gump');
insert into casting values(2, 9, 'Jenny Curran');
insert into casting values(2, 10, 'Bubba Blue');
```

데이터베이스를 생성하고 필요한 데이터를 채워 넣었다면 문제의 다음 단계로 넘어가자. 다음은 문제에서 사용되는 영화를 나타내는 클래스들이다.

```
struct casting_role
{
    std::string actor;
    std::string role;
};

struct movie
{
    unsigned int             id;
    std::string              title;
    int                      year;
    unsigned int             length;
    std::vector<casting_role> cast;
    std::vector<std::string>  directors;
    std::vector<std::string>  writers;
};

using movie_list = std::vector<movie>;
```

여기 사용되는 sqlite_modern_cpp 라이브러리의 주 클래스는 sqlite::database다. 이 클래스는 데이터베이스에 연결하거나 구문을 준비하고 실행하고, 파라미터와 콜백callback을 바인딩하거나 트랜잭션을 다루는 등의 기능을 제공한다. sqlite::database의 생성자에 파일 경로를 입력함으로써 간단히 데이터베이스를 열 수 있다. 만약 SQLite가 동작하는 도중 예외가 발생한다면 sqlite::sqlite_exception 객체를 던질 것이다.

다음 코드는 이 프로그램의 main( ) 함수를 보여준다. 이는 현재 폴더의 cppchallenger85. db 데이터베이스 파일을 연결하고, 연결에 성공할 경우 데이터베이스의 모든 영화를 가져와 표시한다.

```cpp
int main()
{
   try
   {
      sqlite::database db(R"(cppchallenger85.db)");

      auto movies = get_movies(db);
      for (auto const & m : movies)
         print_movie(m);
   }
   catch (sqlite::sqlite_exception const & e)
   {
      std::cerr << e.get_code() << ": " << e.what() << " during "
              << e.get_sql() << std::endl;
   }
   catch (std::exception const & e)
   {
      std::cerr << e.what() << std::endl;
   }
}
```

다음의 print_movie( ) 함수는 하나의 영화 정보를 콘솔에 출력하는 역할을 한다.

```cpp
void print_movie(movie const & m)
{
   std::cout << "[" << m.id << "] "
           << m.title << " (" << m.year << ") "
           << m.length << "min" << std::endl;
   std::cout << " directed by: ";
   for (auto const & d : m.directors) std::cout << d << ",";
   std::cout << std::endl;
   std::cout << " written by: ";
```

```
    for (auto const & w : m.writers) std::cout << w << ",";
    std::cout << std::endl;
    std::cout << " cast: ";
    for (auto const & r : m.cast)
        std::cout << r.actor << " (" << r.role << "),";
    std::cout << std::endl << std::endl;
}
```

sqlite::database 클래스는 <<와 >> 연산자에 대한 오버로드를 갖고 있다. 전자는 구문을 준비하고 파라미터를 바인딩하며, 데이터베이스에서 다른 입력 연산들을 수행하는 역할을 한다. 후자는 데이터베이스에서 데이터를 가져오는 용도로 쓰인다. SQL 구문에서 파라미터 이름이 들어갈 자리에 ? 연산자로 파라미터를 바인딩 할 수 있다. 구문을 작성한 후 오버로드된 << 연산자로 파라미터를 입력한다. 이때 파라미터는 sqlite::database 객체에 쓰인 순서대로 바인딩된다. SQL 구문을 평가한 결과의 각 행에 대해 콜백 함수가 불린다. sqlite_modern_cpp에서 행의 각 열에 대해 올바른 타입의 파라미터를 갖는 람다 함수를 정의한다. 널^{null}값을 가진 열에 대해 std::unique_ptr<T>, 또는 컴파일러가 C++17을 지원할 경우 std::optional<T>을 사용할 수 있다.

다음 함수 get_directors()에서는 directors와 persons 테이블에서 모든 감독에 대한 정보를 읽는다. 다음에 보이는 SQL 구문에서는 암시적으로 추가된 rowid행을 사용한다는 것을 참고하라.

```
std::vector<std::string> get_directors(sqlite3_int64 const movie_id,
                                       sqlite::database & db)
{
    std::vector<std::string> result;
    db << R"(select p.name from directors as d
             join persons as p on d.personid = p.rowid
             where d.movieid = ?;)"
        << movie_id
        >> [&result](std::string const name)
        {
            result.emplace_back(name);
```

```
        };

    return result;
}
```

비슷한 방식으로 get_writers( )에서는 다음과 같이 writers 테이블에서 영화 작가들의 정보를 읽는다.

```
std::vector<std::string> get_writers(sqlite3_int64 const movie_id,
                                     sqlite::database & db)
{
    std::vector<std::string> result;
    db << R"(select p.name from writers as w
        join persons as p on w.personid = p.rowid
        where w.movieid = ?;)"
       << movie_id
       >> [&result](std::string const name)
        {
            result.emplace_back(name);
        };

    return result;
}
```

다음 코드와 같이 get_cast( ) 함수로 casting 테이블에서 영화 캐스팅 정보를 가져올 수 있다.

```
std::vector<casting_role> get_cast(sqlite3_int64 const movie_id,
                                   sqlite::database & db)
{
    std::vector<casting_role> result;
    db << R"(select p.name, c.role from casting as c
        join persons as p on c.personid = p.rowid
        where c.movieid = ?;)"
       << movie_id
       >> [&result](std::string const name, std::string role)
```

```
            {
                result.emplace_back(casting_role{name, role});
            };

    return result;
}
```

앞에서 작성한 함수들은 데이터베이스의 모든 영화 목록을 반환하는 get_movies( ) 함수에서 사용된다. get_movies( ) 함수는 다음과 같이 구현한다.

```
movie_list get_movies(sqlite::database & db)
{
    movie_list movies;

    db << R"(select rowid, * from movies;)"
       >> [&movies, &db](sqlite3_int64 const rowid,
                         std::string const & title,
                         int const year, int const length)
            {
                movies.emplace_back(movie{
                    static_cast<unsigned int>(rowid),
                    title,
                    year,
                    static_cast<unsigned int>(length),
                    get_cast(rowid, db),
                    get_directors(rowid, db),
                    get_directors(rowid, db)
                    });
            };

    return movies;
}
```

앞에서 구현한 내용들을 기반으로 문제를 해결할 수 있다. 이전 코드에서 추가한 데이터를 바탕으로 동작하는 프로그램 화면을 그림으로 표시했다.

```
C:\WINDOWS\system32\cmd.exe

[1] The Matrix (1999) 136min
 directed by: Lana Wachowski,Lilly Wachowski,
 written by: Lana Wachowski,Lilly Wachowski,
 cast: Keanu Reeves (Neo),Laurence Fishburne (Morpheus),Carrie-Anne Moss (Trinity),
Hugo Weaving (Agent Smith),

[2] Forrest Gump (1994) 142min
 directed by: Robert Zemeckis,
 written by: Winston Groom,Eric Roth,
 cast: Tom Hanks (Forrest Gump),Sally Field (Mrs. Gump),Robin Wright (Jenny Curran)
,Mykelti Williamson (Bubba Blue),

Press any key to continue . . .
```

86. SQLite 데이터베이스에 영화 정보 삽입하기

이 문제는 [문제 85]의 풀이법을 바탕으로 해결 가능하다. [문제 85]는 반드시 먼저 풀어 보자. 또한, 이 문제의 코드에서 사용되는 split( ) 함수는 〈3장. 문자열과 정규 표현식〉의 [문제 27]에서 쓰인 것과 같은 함수이기 때문에 이에 대한 설명은 여기서 생략한다. 부록의 소스코드에서 이 문제를 위한 레코드들이 들어 있는 cppchallenger86.db라는 이름의 데이터베이스 파일을 찾을 수 있을 것이다.

다음의 함수 read_movie( )는 콘솔을 통해 영화의 정보(제목, 출시 연도, 분 단위 길이, 감독, 작가, 출연진)를 읽고 movie 객체를 만들어 반환한다. 출연진의 정보는 배우=역할 형식의 정보를 쉼표로 구분한 comma-separated 목록 형식으로 제공돼야 한다. 영화 〈매트릭스The Matrix〉로 예를 들면, 출연진 정보는 이전 문제들과 마찬가지로 Keanu Reeves=Neo, Laurence Fishburne=Morpheus, Carrie-Anne Moss=Trinity, Hugo Weaving=Agent Smith처럼 한 줄로 입력돼야 한다. 이때 std::cin 객체를 이용한다면 공백을 올바르게 처리하지 못하므로 텍스트 줄 전체를 읽기 위해서 std::getline( ) 함수를 사용해야 한다.

```
movie read_movie()
{
   movie m;
```

```cpp
    std::cout << "Enter movie" << std::endl;
    std::cout << "Title: ";
    std::getline(std::cin, m.title);
    std::cout << "Year: ";
    std::cin >> m.year;
    std::cout << "Length: ";
    std::cin >> m.length;
    std::cin.ignore();
    std::string directors;
    std::cout << "Directors: ";
    std::getline(std::cin, directors);
    m.directors = split(directors, ',');
    std::string writers;
    std::cout << "Writers: ";
    std::getline(std::cin, writers);
    m.writers = split(writers, ',');
    std::string cast;
    std::cout << "Cast: ";
    std::getline(std::cin, cast);
    auto roles = split(cast, ',');
    for (auto const & r : roles)
    {
       auto pos = r.find_first_of('=');
       casting_role cr;
       cr.actor = r.substr(0, pos);
       cr.role = r.substr(pos + 1, r.size() - pos - 1);
       m.cast.push_back(cr);
    }

    return m;
}
```

함수 get_person_id( )는 인물에 대한 숫자 식별자를 반환한다. 식별자는 테이블을 만들 때(별도로 지정하지 않을 경우) SQLite에서 자동으로 추가하는 자동 증분 필드인 rowid의 값을 의미한다. rowid 열의 타입은 64비트 부호 있는 정수를 의미하는 sqlite_int64다.

```cpp
sqlite_int64 get_person_id(std::string const & name, sqlite::database & db)
{
    sqlite_int64 id = 0;

    db << "select rowid from persons where name=?;"
       << name
       >> [&id](sqlite_int64 const rowid) { id = rowid; };

    return id;
}
```

insert_person( ), insert_directors( ), insert_writers( ), insert_cast( ) 함수들은 테이블 persons, directors, writers, casting에 각각 새로운 레코드를 삽입하는 역할을 한다. 이를 위해 main( )에서 sqlite::database 객체를 전달 인자로 넘겨줄 것이다. 자세한 사항은 뒤에서 살펴본다.

감독이나 작가, 배우의 정보를 삽입할 때는 먼저 인물에 대한 정보가 데이터베이스에 존재하는지 확인하고, 만약 그렇지 않다면 인물 정보를 함께 추가해야 한다.

```cpp
sqlite_int64 insert_person(std::string_view name, sqlite::database & db)
{
    db << "insert into persons values(?);"
       << name.data();
    return db.last_insert_rowid();
}

void insert_directors(sqlite_int64 const movie_id,
                      std::vector<std::string> const & directors,
                      sqlite::database & db)
{
    for (auto const & director : directors)
    {
        auto id = get_person_id(director, db);

        if (id == 0)
            id = insert_person(director, db);
```

```
        db << "insert into directors values(?, ?);"
           << movie_id
           << id;
    }
}

void insert_writers(sqlite_int64 const movie_id,
                    std::vector<std::string> const & writers,
                    sqlite::database & db)
{
    for (auto const & writer : writers)
    {
        auto id = get_person_id(writer, db);

        if (id == 0)
            id = insert_person(writer, db);

        db << "insert into writers values(?, ?);"
           << movie_id
           << id;
    }
}

void insert_cast(sqlite_int64 const movie_id,
                 std::vector<casting_role> const & cast,
                 sqlite::database & db)
{
    for (auto const & cr : cast)
    {
        auto id = get_person_id(cr.actor, db);

        if (id == 0)
            id = insert_person(cr.actor, db);

        db << "insert into casting values(?,?,?);"
           << movie_id
           << id
           << cr.role;
    }
}
```

insert_movie( ) 함수는 movies 테이블에 새로운 레코드를 삽입한 뒤, 앞에서 등장한 함수들을 호출해 감독과 작가, 배우의 정보도 삽입한다. 이 모든 작업들은 하나의 트랜잭션으로 이뤄진다. sqlite::database 객체에서 다루는 트랜잭션에서는 begin;과 commit;, rollback; 명령어가 사용된다(세미콜론은 명령어의 끝을 의미한다는 것을 참고하라). 이 명령어들은 sqlite::database에서 오버로딩된 << 연산자를 이용해 실행된다. 트랜잭션은 함수가 시작하는 부분에서 함께 시작해 함수가 끝나는 부분에서 커밋^{commit}되며, SQL 명령어가 실행되는 도중 예외가 발생하면 트랜잭션은 롤백^{roll back}된다.

```
void insert_movie(movie & m, sqlite::database & db)
{
    try
    {
        db << "begin;";

        db << "insert into movies values(?,?,?);"
            << m.title
            << m.year
            << m.length;

        auto movieid = db.last_insert_rowid();

        insert_directors(movieid, m.directors, db);
        insert_writers(movieid, m.writers, db);
        insert_cast(movieid, m.cast, db);

        m.id = static_cast<unsigned int>(movieid);

        db << "commit;";
    }
    catch (std::exception const &)
    {
        db << "rollback;";
    }
}
```

앞에서 정의한 사항들을 통해, cppchallenger86.db라는 이름의 SQLite 데이터베이스를 열어 콘솔에서 영화 정보를 읽고 데이터베이스에 삽입한 뒤 전체 영화 목록을 콘솔에 출력하는 프로그램을 만들 수 있다.

```cpp
int main()
{
    try
    {
        sqlite::database db(R"(cppchallenger86.db)");

        auto movie = read_movie();
        insert_movie(movie, db);

        auto movies = get_movies(db);
        for (auto const & m : movies)
            print_movie(m);
    }
    catch (sqlite::sqlite_exception const & e)
    {
        std::cerr << e.get_code() << ": " << e.what() << " during "
                  << e.get_sql() << std::endl;
    }
    catch (std::exception const & e)
    {
        std::cerr << e.what() << std::endl;
    }
}
```

87. SQLite 데이터베이스에서 영화 이미지 다루기

[문제 85]와 [문제 86]을 아직 살펴보지 않았다면, 계속하기 전에 그 문제들을 풀어보는 편이 좋다.

이 문제에서는 이미지나 비디오 같은 미디어 파일을 저장하기 위해 테이블을 추가하고 데이터베이스를 확장해야 한다. 블랍 필드에 저장돼야 하는 미디어 파일의 실제 콘텐츠

외에도 설명이나 파일 이름 같은 다른 애트리뷰트들도 함께 저장돼야 한다.

 큰 객체를 사용할 때는 두 가지 선택지가 있다. 객체를 데이터베이스에 직접 블랍으로 저장하거나, 객체를 별도의 파일로 보관하고 데이터베이스에는 파일 경로만 저장하는 것이다. SQLite 개발자들이 수행한 테스트에 따르면 객체의 크기가 100KB보다 작을 때 객체를 데이터베이스에 직접 저장하는 것이 읽기 작업에서 더 나은 성능을 보였다. 반면 객체의 크기가 100KB 이상이라면 별도의 파일로 저장하는 편이 더 빠르다. 데이터베이스 모델을 설계할 때는 이런 측면을 고려해야 하지만, 이 책에서는 이러한 성능적 측면은 생략하고 미디어 파일을 데이터베이스에 직접 저장한다.

미디어 파일(간단히, 미디어)을 위한 추가 테이블을 생성하기 위해서 [문제 85]와 마찬가지로 sqlite3 커맨드 라인 툴을 이용해 다음 명령어를 입력한다. 부록으로 제공되는 코드에서 확장된 데이터베이스 모델이 포함된 cppchallenger87.db라는 데이터베이스 파일을 찾을 수 있다는 것을 참고하라.

```
create table media(movieid integer not null,
                   name text not null,
                   description text,
                   content blob not null);
```

description 필드는 널 값을 포함할 수 있다. 컴파일러가 C++17의 기능을 지원한다면 매크로 `MODERN_SQLITE_STD_OPTIONAL_SUPPORT`를 정의하고 `sqlite_modern_cpp`를 통해 `std::optional<T>`을 사용할 수 있다. 그렇지 않은 경우 `std::unique_ptr<T>`를 대신 사용할 수 있다.

media 테이블의 객체를 다루려면 아래에 정의된 타입을 사용해야 한다. rowid 필드의 타입은 sqlite3_int64이지만, 여기서는 [문제 85]와 [문제 86] 그리고 책 전체에 걸쳐 등장하는 타입 movie와 일관성을 유지하기 위해 `unsigned int`를 사용할 것이다.

```
struct media
{
    unsigned int            id;
    unsigned int            movie_id;
    std::string             name;
    optional<std::string>   text;
    std::vector<char>       blob;
};

using media_list = std::vector<media>;
```

함수 add_media( )와, get_media( ), delete_media( )는 각각 영화의 미디어 파일을 추가, 검색, 제거하는 역할을 한다. 이전 문제들에서 sql_modern_cpp API를 사용했던 경험을 통해 이 함수들을 쉽게 구현할 수 있을 것이다. 단, 테이블(이 경우에는 media테이블)에서 모든 필드를 선택할 때 사용하는 * 기호의 결과에 rowid 필드는 포함되지 않으므로 이를 명시적으로 지정해야 한다는 점을 주의하자.

```
bool add_media(sqlite_int64 const movieid,
               std::string_view name,
               std::string_view description,
               std::vector<char> content,
               sqlite::database & db)
{
    try
    {
        db << "insert into media values(?,?,?,?)"
            << movieid
            << name.data()
            << description.data()
            << content;
        return true;
    }
    catch (...) { return false; }
}

media_list get_media(sqlite_int64 const movieid,
                     sqlite::database & db)
```

```cpp
{
   media_list list;
   db << "select rowid, * from media where movieid = ?;"
      << movieid
      >> [&list](sqlite_int64 const rowid,
            sqlite_int64 const movieid,
            std::string const & name,
            std::optional<std::string> const text,
            std::vector<char> const & blob)
      {
         list.emplace_back(media{
            static_cast<unsigned int>(rowid),
            static_cast<unsigned int>(movieid),
            name,
            text,
            blob});
      };

   return list;
}

bool delete_media(sqlite_int64 const mediaid,
               sqlite::database & db)
{
   try
   {
      db << "delete from media where rowid = ?;"
         << mediaid;

      return true;
   }
   catch (...) { return false; }
}
```

영화 식별자를 지정함으로써 미디어 파일을 영화와 연관지을 수 있다. 주어진 제목의 영화의 식별자를 찾기 위해서는 다음처럼 get_movies() 함수를 사용한다. 이는 주어진 제목과 일치하는 영화들의 목록을 가져오는 역할을 한다. 하나 이상의 일치하는 영화가 있을 경우, 어떤 영화에 미디어 파일을 추가할지 선택할 수 있다.

```
movie_list get_movies(std::string_view title, sqlite::database & db)
{
    movie_list movies;

    db << R"(select rowid, * from movies where title=?;)"
       << title.data()
       >> [&movies, &db](sqlite3_int64 const rowid,
                        std::string const & title,
                        int const year, int const length)
        {
          movies.emplace_back(movie{
              static_cast<unsigned int>(rowid),
              title,
              year,
              static_cast<unsigned int>(length),
              {},
              {},
              {}
              });
        };

    return movies;
}
```

주 프로그램은 명령어를 입력 받아 실행 결과를 콘솔에 출력하는 작은 유틸리티의 형태로 구현될 것이다. 명령어는 영화를 탐색하거나, 영화에 대한 미디어 파일을 더하거나 나열, 제거하는 것이 될 수 있다. 아래의 print_commands() 함수는 지원 가능한 명령어들을 출력하는 역할을 한다.

```
void print_commands()
{
    std::cout
        << "find <title>                        finds a movie ID\n"
        << "list <movieid>                      lists the images of a movie\n"
        << "add <movieid>,<path>,<description>  adds a new image\n"
        << "del <imageid>                       delete an image\n"
```

```
            << "help                    shows available commands\n"
            << "exit                    exists the application\n";
}
```

main() 함수를 구현해본다. 먼저 cppchallenger87.db라는 이름의 SQLite 데이터베이스를 여는 것부터 시작한다. 이후 콘솔에서 사용자 입력을 읽고 명령어를 실행하는 작업을 무한정 반복한다. 이 반복 작업은 사용자가 exit 명령어를 입력할 때까지 지속되며, 반복 작업이 종료될 때 암시적으로 프로그램도 함께 종료된다.

```
int main()
{
    try
    {
        sqlite::database db(R"(cppchallenger87.db)");

        while (true)
        {
            std::string line;
            std::getline(std::cin, line);

            if (line == "help") print_commands();
            else if (line == "exit") break;
            else
            {
                if (starts_with(line, "find"))
                    run_find(line, db);
                else if (starts_with(line, "list"))
                    run_list(line, db);
                else if (starts_with(line, "add"))
                    run_add(line, db);
                else if (starts_with(line, "del"))
                    run_del(line, db);
                else
                    std::cout << "unknown command" << std::endl;
            }

            std::cout << std::endl;
```

```
        }
    }
    catch (sqlite::sqlite_exception const &e)
    {
        std::cerr << e.get_code() << ": " << e.what() << " during "
                  << e.get_sql() << std::endl;
    }
    catch (std::exception const &e)
    {
        std::cerr << e.what() << std::endl;
    }
}
```

지원되는 명령어 각각은 별도의 함수로 구현된다. run_find( ), run_list( ), run_add( ), run_del( )은 사용자 입력을 해석하고, 데이터베이스 접근을 위해 앞서 봤던 함수 중 알맞은 것을 호출한 뒤 결과를 콘솔에 출력한다. 이 함수들은 사용자 입력을 철저하게 검증하지는 않는다. 명령어는 대소문자를 구분하며, 반드시 소문자로 입력돼야 한다.

run_find( ) 함수는 사용자 입력에서 영화 제목을 추출하고, get_movie( )를 호출해 해당 제목을 가진 모든 영화를 검색한 결과 목록을 콘솔에 출력한다.

```
void run_find(std::string_view line, sqlite::database & db)
{
    auto title = trim(line.substr(5));

    auto movies = get_movies(title, db);
    if (movies.empty())
        std::cout << "empty" << std::endl;
    else
    {
        for (auto const m : movies)
        {
            std::cout << m.id << " | "
                      << m.title << " | "
                      << m.year << " | "
                      << m.length << "min"
```

```
            << std::endl;
        }
    }
}
```

run_list( ) 함수는 사용자 입력으로부터 영화의 숫자 식별자를 추출하고, get_media( )를 호출해 해당 영화의 미디어 파일을 검색한 결과 목록을 콘솔에 출력한다. 이 함수는 블랍 필드의 전체 내용 대신 길이만을 출력한다.

```
void run_list(std::string_view line, sqlite::database & db)
{
    auto movieid = std::stoi(trim(line.substr(5)));
    if (movieid > 0)
    {
        auto list = get_media(movieid, db);
        if (list.empty())
        {
            std::cout << "empty" << std::endl;
        }
        else
        {
            for (auto const & m : list)
            {
                std::cout
                    << m.id << " | "
                    << m.movie_id << " | "
                    << m.name << " | "
                    << m.text.value_or("(null)") << " | "
                    << m.blob.size() << " bytes"
                    << std::endl;
            }
        }
    }
    else
        std::cout << "input error" << std::endl;
}
```

run_add( )를 통해 영화에 파일을 추가할 수 있다. 이 함수는 사용자 입력 중 쉼표로 구분된 형식(예를 들어, add 〈영화 식별자〉, 〈파일 경로〉, 〈설명〉)에서 영화 식별자와 파일 경로, 설명을 추출하고 헬퍼 함수 load_image( )를 사용해 디스크에서 파일 내용을 불러들인 뒤 이를 media 테이블의 새 레코드로 추가한다.

다음 소개할 코드에서는 파일 형식에 대한 별도의 확인을 하지 않는다. 따라서 이미지나 비디오뿐만 아니라 어떠한 형식의 파일도 영화에 추가할 수 있다. 프로그램에 파일의 유효성을 검증하는 기능을 추가하는 것은 여러분을 위한 과제로 남겨두겠다.

```cpp
std::vector<char> load_image(std::string_view filepath)
{
    std::vector<char> data;

    std::ifstream ifile(filepath.data(), std::ios::binary | std::ios::ate);
    if (ifile.is_open())
    {
        auto size = ifile.tellg();
        ifile.seekg(0, std::ios::beg);

        data.resize(static_cast<size_t>(size));
        ifile.read(reinterpret_cast<char *>(data.data()), size);
    }

    return data;
}

void run_add(std::string_view line, sqlite::database & db)
{
    auto parts = split(trim(line.substr(4)), ',');
    if (parts.size() == 3)
    {
        auto movieid = std::stoi(parts[0]);
        auto path = std::experimental::filesystem::path{parts[1]};
        auto desc = parts[2];

        auto content = load_image(parts[1]);
```

```
        auto name = path.filename().string();

        auto success = add_media(movieid, name, desc, content, db);
        if (success)
            std::cout << "added" << std::endl;
        else
            std::cout << "failed" << std::endl;
    }
    else
        std::cout << "input error" << std::endl;
}
```

마지막 명령어는 미디어 파일을 제거하는 것이다. run_del( ) 함수는 미디어 테이블에서 제거할 미디어 파일의 식별자를 가져온 뒤 delete_media( )를 호출해 이를 테이블에서 제거한다.

```
void run_del(std::string_view line, sqlite::database & db)
{
    auto mediaid = std::stoi(trim(line.substr(4)));
    if (mediaid > 0)
    {
        auto success = delete_media(mediaid, db);
        if (success)
            std::cout << "deleted" << std::endl;
        else
            std::cout << "failed" << std::endl;
    }
    else
        std::cout << "input error" << std::endl;
}
```

위 코드에서는 텍스트를 지정된 구분 문자로 분할하는 함수 split( ), 주어진 문자열이 지정된 부분 문자열로 시작하는지 확인하는 함수 starts_with( ), 문자열의 시작과 끝에서 공백을 모두 제거하는 함수 trim( ) 등의 여러 헬퍼 함수들이 사용됐다. 이 함수들은 다음과 같이 작성한다.

```cpp
std::vector<std::string> split(std::string text, char const delimiter)
{
    auto sstr = std::stringstream{text};
    auto tokens = std::vector<std::string>{};
    auto token = std::string{};
    while (std::getline(sstr, token, delimiter))
    {
        if (!token.empty()) tokens.push_back(token);
    }
    return tokens;
}

inline bool starts_with(std::string_view text, std::string_view part)
{
    return text.find(part) == 0;
}

inline std::string trim(std::string_view text)
{
    auto first{text.find_first_not_of(' ')};
    auto last{text.find_last_not_of(' ')};
    return text.substr(first, (last - first + 1)).data();
}
```

앞서 설명한 여러 명령어를 실행해보자. 'The Matrix'라는 제목의 영화 전부를 출력했는데, 한 편만을 찾을 수 있었다. 다음으로 영화의 미디어 파일 목록을 출력했지만, 이 시점에서는 아무것도 찾지 못했다. 이후 res 폴더의 파일, the_matrix.jpg를 추가하고 미디어 파일 리스트를 다시 출력했다. 마지막으로 최근 추가된 미디어 파일을 제거하고, 미디어 목록이 비어 있는지 확인하기 위해 목록을 다시 출력한다.

```
find The Matrix
1 | The Matrix | 1999 | 196min

list 1
empty
```

```
add 1,.\res\the_matrix.jpg,Main poster
added

list 1
1 | 1 | the_matrix.jpg | Main poster | 193906 bytes

del 1
deleted

list 1
empty
```

11 암호화

문제

88. 카이사르 암호법을 적용한 프로그램 구현하기

임의의 이동shift 값을 지정해 오른쪽으로 회전하는 카이사르 암호법Caesar Cipher을 사용해 메시지를 암호화하고 복호화하는 프로그램을 작성하라.

- 단순화를 위해 알파벳 대문자로 이뤄진 메시지만을 고려하며 숫자나 기호, 다른 유형의 문자들은 무시한다.

89. 비즈네르 암호법을 적용한 프로그램 구현하기

비즈네르 암호법 Vigenère cipher 을 사용해 메시지를 암호화하고 복호화하는 프로그램을 작성하라.

- 단순화를 위해 암호화할 입력 텍스트 메시지는 대문자로만 이뤄져야 한다.

90. 베이스64 인코딩을 적용한 프로그램 구현하기

베이스64 base64 인코딩 방법으로 바이너리 데이터를 인코딩하고 디코딩하는 프로그램을 작성하라.

- 서드 파티 라이브러리를 사용하지 않고 스스로 인코딩 및 디코딩 기능을 구현해야 한다.
- 인코딩에 사용하는 테이블은 MIME 규격을 만족해야 한다.

91. 사용자 자격을 증명하는 인증 프로그램 구현하기

보호된 시스템에 사용자가 접속하고 인증하는 과정을 시뮬레이션하는 프로그램을 작성하라.

- 미리 등록된 사용자만 시스템에 로그인할 수 있다.
- 프로그램은 먼저 사용자가 입력한 사용자 이름과 패스워드가 등록된 사용자 중 하나와 일치하는지 확인한다. 이 과정이 성공한다면 사용자에게 접근 권한을 부여한다. 이외의 경우는 실패다.
- 보안상의 이유로 이 프로그램은 패스워드를 직접 저장하는 대신 SHA 해시를 사용한다.

92. 파일 해시를 계산하는 프로그램 구현하기

파일의 경로가 주어졌을 때, 파일의 내용에 대해 SHA1, SHA256, MD5 해시 값을 계산하고 콘솔에 출력하는 프로그램을 작성하라.

93. 파일 암호화 및 복호화 프로그램 구현하기

고급 암호화 표준^{Advanced Encryption Standard}(AES 또는 레인달^{Rijndael})을 이용해 파일을 암호화하고 복호화하는 프로그램을 작성하라.

- 패스워드와 함께 원본 파일과 결과 파일 경로를 지정할 수 있어야 한다.

94. RSA 암호화로 파일 서명 및 변조 여부 확인 프로그램 구현하기

RSA 암호화를 이용해 파일에 서명을 하고, 서명된 파일의 변조 여부를 확인하는 프로그램을 작성하라.

- 추후 검증과정에서 사용되는 서명은 별도의 파일로 저장돼야 한다.
- 이 프로그램은 두 개의 함수를 제공해야 한다.
  - 원본 파일과 RSA 개인 키의 경로, 서명 파일이 저장될 경로를 전달 인자로 갖는 서명 함수
  - 파일과 RSA 공개 키, 서명 파일의 경로를 전달 인자로 받는 검증 함수

▎풀이

88. 카이사르 암호법을 적용한 프로그램 구현하기

카이사르 암호법^{Caesar's cipher}은 카이사르 코드^{Caesar's code}, 카이사르 이동 암호^{Caesar shift}, 이동 암호법^{shift cipher} 등 다양한 이름으로 알려져 있다. 이 암호법은 단순하면서도 아주 오래 전부터 널리 알려진 암호화 기술로, 평문의 알파벳 문자 각각을 고정된 길이만큼 순서를 옮긴 문자로 치환하는 것이다. 이는 율리우스 카이사르^{Julius Caesar}가 군사 기밀을 보호하기 위해 사용한 방법이다. 카이사르는 A를 D로, B를 E로 치환하는 것처럼 알파벳을 세 개만큼 이동시키는 방법을 사용했다. 'CPPCHALLENGER'라는 텍스트에 이 암호화 방법이 적용된다면 'FSSFKDOOHQJHU'로 변할 것이다. 이 암호법에 관한 세부사항은 위키피디아의 https://en.wikipedia.org/wiki/Caesar_cipher 페이지에서 찾을 수 있다.

> 카이사르 암호법은 간단히 깰 수 있기 때문에 더 이상 암호화 방법으로는 가치가 없지만, 온라인 포럼이나 뉴스 그룹에서 스포일러나 모욕적인 단어, 퍼즐 정답 등을 숨기기 위한 용도로 종종 사용되고 있다. 사실 이 문제는 이러한 용도를 위해 간단한 몸풀기용으로 준비했다. 이 단순한 치환 암호를 실제 암호화의 목적으로 사용하는 일은 없도록 하자.

제시된 문제를 해결하기 위해서는 두 함수를 작성해야 한다. 하나는 평문을 암호화하는 것, 다른 하나는 암호화된 텍스트를 복호화하는 것이다. 코드 내용은 다음과 같다.

- `caesar_encrypt()` 함수는 평문을 의미하는 `string_view`와 암호화 과정에서 알파벳을 얼마나 이동할 것인지를 의미하는 이동 값을 전달 인자로 취한다. 이 함수는 대문자에 대해서만 치환을 수행할 것이며, 다른 문자들은 그대로 남겨둔다. 알파벳은 순환 순서를 따른다고 생각한다. 오른쪽으로 3만큼 이동한다고 할 때, X는 A가 되고, Y는 B, Z는 C가 되는 식이다.

- `caesar_decrypt()` 함수는 카이사르 암호화된 텍스트를 의미하는 `string_view`와 암호화 과정에서 사용된 이동 값을 전달 인자로 가진다. 암호화 함수와 마찬

가지로, 이 함수는 대문자가 아닌 다른 글자들에 대해서는 이 작업을 수행하지 않을 것이다.

```cpp
std::string caesar_encrypt(std::string_view text, int const shift)
{
    std::string str;
    str.reserve(text.length());
    for (auto const c : text)
    {
        if (isalpha(c) && isupper(c))
            str += 'A' + (c - 'A' + shift) % 26;
        else
            str += c;
    }

    return str;
}

std::string caesar_decrypt(std::string_view text, int const shift)
{
    std::string str;
    str.reserve(text.length());
    for (auto const c : text)
    {
        if (isalpha(c) && isupper(c))
            str += 'A' + (26 + c - 'A' - shift) % 26;
        else
            str += c;
    }

    return str;
}
```

이 함수를 어떻게 사용할 수 있는지에 대한 예시를 소개한다. 여기서는 영문 알파벳 전체에 대해 암호화를 적용하며, 가능한 모든 이동 값에 대해 암호화와 복호화를 수행한다.

```
int main()
{
    auto text = "ABCDEFGHIJKLMNOPQRSTUVWXYZ";
    for (int i = 1; i <= 26; ++i)
    {
        auto enc = caesar_encrypt(text, i);
        auto dec = caesar_decrypt(enc, i);
        assert(text == dec);
    }
}
```

89. 비즈네르 암호법을 적용한 프로그램 구현하기

비즈네르 암호는 카이사르 암호를 연속으로 혼합해 사용하는 방식의 암호화 기법이다. 이는 사실 1553년 지오반 바티스타 발라소^{Giovan Battista Ballaso}가 고안한 기법이지만, 19세기 인물인 블레즈 드 비즈네르^{Blaise de Vigenère}가 발명한 것으로 잘못 알려지는 바람에 결국 그의 이름을 본따게 됐다. 비즈네르 암호에 대한 세부 사항은 위키피디아 페이지 https://en.wikipedia.org/wiki/Vigen%C3%A8re_cipher에서 찾을 수 있다. 여기서는 짧게 요약해 설명하겠다.

 비즈네르 암호법은 비록 무너뜨리는 데 300년 가까이 걸리긴 했지만, 카이사르 암호와 마찬가지로 오늘날에는 이 암호를 쉽게 깨뜨릴 수 있다. [문제 88]처럼 비즈네르 암호 역시 재미나 연습을 위한 목적으로만 사용해야 하며 암호화의 용도로는 적절하지 않다.

비즈네르 암호를 적용할 때 타뷸라 렉타^{tabula recta}, 또는 비즈네르 테이블이라고 하는 알파벳 격자 테이블을 사용한다. 영문 알파벳의 경우 이 테이블은 26개의 열과 26개의 행으로 구성하며, 각 행에는 카이사르 암호법을 사용해 순차적으로 이동된 알파벳이 위치한다. 위키피디아에서 가져온 다음 이미지에서 이 테이블을 볼 수 있다.

	A	B	C	D	E	F	G	H	I	J	K	L	M	N	O	P	Q	R	S	T	U	V	W	X	Y	Z
A	A	B	C	D	E	F	G	H	I	J	K	L	M	N	O	P	Q	R	S	T	U	V	W	X	Y	Z
B	B	C	D	E	F	G	H	I	J	K	L	M	N	O	P	Q	R	S	T	U	V	W	X	Y	Z	A
C	C	D	E	F	G	H	I	J	K	L	M	N	O	P	Q	R	S	T	U	V	W	X	Y	Z	A	B
D	D	E	F	G	H	I	J	K	L	M	N	O	P	Q	R	S	T	U	V	W	X	Y	Z	A	B	C
E	E	F	G	H	I	J	K	L	M	N	O	P	Q	R	S	T	U	V	W	X	Y	Z	A	B	C	D
F	F	G	H	I	J	K	L	M	N	O	P	Q	R	S	T	U	V	W	X	Y	Z	A	B	C	D	E
G	G	H	I	J	K	L	M	N	O	P	Q	R	S	T	U	V	W	X	Y	Z	A	B	C	D	E	F
H	H	I	J	K	L	M	N	O	P	Q	R	S	T	U	V	W	X	Y	Z	A	B	C	D	E	F	G
I	I	J	K	L	M	N	O	P	Q	R	S	T	U	V	W	X	Y	Z	A	B	C	D	E	F	G	H
J	J	K	L	M	N	O	P	Q	R	S	T	U	V	W	X	Y	Z	A	B	C	D	E	F	G	H	I
K	K	L	M	N	O	P	Q	R	S	T	U	V	W	X	Y	Z	A	B	C	D	E	F	G	H	I	J
L	L	M	N	O	P	Q	R	S	T	U	V	W	X	Y	Z	A	B	C	D	E	F	G	H	I	J	K
M	M	N	O	P	Q	R	S	T	U	V	W	X	Y	Z	A	B	C	D	E	F	G	H	I	J	K	L
N	N	O	P	Q	R	S	T	U	V	W	X	Y	Z	A	B	C	D	E	F	G	H	I	J	K	L	M
O	O	P	Q	R	S	T	U	V	W	X	Y	Z	A	B	C	D	E	F	G	H	I	J	K	L	M	N
P	P	Q	R	S	T	U	V	W	X	Y	Z	A	B	C	D	E	F	G	H	I	J	K	L	M	N	O
Q	Q	R	S	T	U	V	W	X	Y	Z	A	B	C	D	E	F	G	H	I	J	K	L	M	N	O	P
R	R	S	T	U	V	W	X	Y	Z	A	B	C	D	E	F	G	H	I	J	K	L	M	N	O	P	Q
S	S	T	U	V	W	X	Y	Z	A	B	C	D	E	F	G	H	I	J	K	L	M	N	O	P	Q	R
T	T	U	V	W	X	Y	Z	A	B	C	D	E	F	G	H	I	J	K	L	M	N	O	P	Q	R	S
U	U	V	W	X	Y	Z	A	B	C	D	E	F	G	H	I	J	K	L	M	N	O	P	Q	R	S	T
V	V	W	X	Y	Z	A	B	C	D	E	F	G	H	I	J	K	L	M	N	O	P	Q	R	S	T	U
W	W	X	Y	Z	A	B	C	D	E	F	G	H	I	J	K	L	M	N	O	P	Q	R	S	T	U	V
X	X	Y	Z	A	B	C	D	E	F	G	H	I	J	K	L	M	N	O	P	Q	R	S	T	U	V	W
Y	Y	Z	A	B	C	D	E	F	G	H	I	J	K	L	M	N	O	P	Q	R	S	T	U	V	W	X
Z	Z	A	B	C	D	E	F	G	H	I	J	K	L	M	N	O	P	Q	R	S	T	U	V	W	X	Y

암호화와 복호화에는 반드시 키가 필요하다. 키는 암호화 및 복호화될 텍스트의 길이(암호화된 텍스트의 길이는 원본과 같다)만큼 반복해 쓰여진다. 암호화는 평문의 알파벳 문자에 대해 대응하는 키의 문자를 찾고, 테이블에서 키 문자에 해당하는 행과 평문 문자에 해당하는 열이 교차하는 지점에 위치한 문자로 해당 문자를 치환하는 것이다. 복호화할 때는 해당하는 키 문자의 행에서 암호화된 문자를 찾아야 한다. 찾은 문자가 위치한 열 이름이 바로 평문이 된다.

vigenere_encrypt( )는 이 방식의 암호화를 수행하는 함수다. 이 함수는 평문과 키를 받고, 평문을 설명한 방식대로 암호화한 결과를 반환한다.

```
std::string vigenere_encrypt(std::string_view text, std::string_view key)
{
    std::string result;
    result.reserve(text.length());
    static auto table = build_vigenere_table();

    for (size_t i = 0; i < text.length(); ++i)
```

```
    {
        auto row = key[i%key.length()] - 'A';
        auto col = text[i] - 'A';

        result += table[row * 26 + col];
    }

    return result;
}
```

반대의 역할을 하는 함수는 vigenere_decrypt( )다. 이 함수는 암호문과 암호화 과정에서 사용된 키를 받고, 위에서 설명한 방식대로 복호화를 수행한 결과 평문을 반환한다.

```
std::string vigenere_decrypt(std::string_view text, std::string_view key)
{
    std::string result;
    result.reserve(text.length());
    static auto table = build_vigenere_table();

    for (size_t i = 0; i < text.length(); ++i)
    {
      auto row = key[i%key.length()] - 'A';

      for (size_t col = 0; col < 26; col++)
      {
         if (table[row * 26 + col] == text[i])
         {
             result += 'A' + col;
             break;
         }
      }
    }

    return result;
}
```

두 함수 모두 build_vigenere_table( )이라는 이름의 함수를 사용한다. 이 함수는 알파벳 전체를 나열하고 다른 이동 값을 적용한 카이사르 암호화를 26번 수행해 비즈네르 테이블을 생성한다. 이 테이블은 하나의 긴 문자열로 나타낼 수 있다.

```
std::string build_vigenere_table()
{
    std::string table;
    table.reserve(26 * 26);
    for (int i = 0; i < 26; ++i)
        table += caesar_encrypt("ABCDEFGHIJKLMNOPQRSTUVWXYZ", i);

    return table;
}
```

이 함수들을 이용해 다음처럼 암호화와 복호화를 수행할 수 있다.

```
int main()
{
    auto text = "THECPPCHALLENGER";
    auto enc = vigenere_encrypt(text, "SAMPLE");
    auto dec = vigenere_decrypt(enc, "SAMPLE");
    assert(text == dec);
}
```

90. 베이스64 인코딩을 적용한 프로그램 구현하기

베이스64는 64개의 문자를 이용해 바이너리 데이터를 ASCII형식으로 표현하는 인코딩 기법이다. 62개의 문자(A-Z, a-z, 0-9)는 항상 똑같이 사용하지만, 나머지 두 문자는 구현에 따라서 차이가 있다. MIME 규격에서는 +와 /기호를 사용한다. 베이스64 한 자리는 6비트의 데이터를 나타내며, 네 자리는 세 바이트(한 바이트당 8비트)의 데이터를 나타낸다. 데이터의 바이트 수가 3으로 나누어 떨어지지 않으면, 베이스64로 변환하기 전 0으로 채워진 데이터가 필요한 만큼 덧붙여진다. 인코딩된 결과에 == 또는 = 기호를 덧붙임(패딩padding)으로써 마지막 세 바이트가 온전히 데이터로 채워졌는지, 실제로는 한 바이트나 두 바이트만 있는지를 나타낼 수 있다.

텍스트 cpp를 인코딩하는 예를 표로 살펴보자. 이때의 결과는 Y3Bw가 된다.

원본 ASCII	cpp
원본 8진수 표기	0x63 0x70 0x70
원본 이진수 표기	01100011 01110000 01110000
베이스64 이진 표기	011000 110111 000001 110000
베이스64 10진수 표기	24 55 1 48
베이스64 인코딩 결과	Y3Bw

이 알고리즘의 세부사항은 위키피디아 페이지 https://en.wikipedia.org/wiki/Base64에서 찾을 수 있다. 독자가 구현한 베이스64 인코딩과 디코딩 기능이 올바르게 완성됐는지를 확인하기 위해 https://www.base64encode.org/에서 볼 수 있는 것과 같은 온라인 인코더를 사용할 수 있을 것이다.

옆에 보이는 클래스 encoder에는 두 개의 퍼블릭 메소드가 있다. 하나는 바이트가 담긴 벡터를 베이스64로 인코딩한 결과 문자열을 만들어 반환하는 to_base64( ), 또 하나는 인코딩된 문자열을 디코딩해 바이트 벡터로 만들어 반환하는 from_base64( )다. 인코딩과 디코딩 작업을 위해 별개의 테이블이 사용된다. table_enc라는 이름의 인코딩용 테이블은 실제로는 베이스64 알파벳을 담고 있는 하나의 문자열이다. 디코딩 작업에 사용되는 테이블 table_dec는 256개의 정수 데이터를 담은 배열이며, 암호화 테이블 table_enc에서 6비트 베이스64 문자의 인덱스를 나타낸다.

```cpp
class encoder
{
    std::string const table_enc =
"ABCDEFGHIJKLMNOPQRSTUVWXYZabcdefghijklmnopqrstuvwxyz0123456789+/";
    char const padding_symbol = '=';

    char const table_dec[256] =
    {
       -1, -1, -1, -1, -1, -1, -1, -1, -1, -1, 64, -1, -1, -1, -1, -1,
       -1, -1, -1, -1, -1, -1, -1, -1, -1, -1, -1, -1, -1, -1, -1, -1,
       -1, -1, -1, -1, -1, -1, -1, -1, -1, -1, -1, 62, -1, -1, -1, 63,
       52, 53, 54, 55, 56, 57, 58, 59, 60, 61, -1, -1, -1, 65, -1, -1,
       -1,  0,  1,  2,  3,  4,  5,  6,  7,  8,  9, 10, 11, 12, 13, 14,
       15, 16, 17, 18, 19, 20, 21, 22, 23, 24, 25, -1, -1, -1, -1, -1,
       -1, 26, 27, 28, 29, 30, 31, 32, 33, 34, 35, 36, 37, 38, 39, 40,
       41, 42, 43, 44, 45, 46, 47, 48, 49, 50, 51, -1, -1, -1, -1, -1,
       -1, -1, -1, -1, -1, -1, -1, -1, -1, -1, -1, -1, -1, -1, -1, -1,
       -1, -1, -1, -1, -1, -1, -1, -1, -1, -1, -1, -1, -1, -1, -1, -1,
       -1, -1, -1, -1, -1, -1, -1, -1, -1, -1, -1, -1, -1, -1, -1, -1,
       -1, -1, -1, -1, -1, -1, -1, -1, -1, -1, -1, -1, -1, -1, -1, -1,
       -1, -1, -1, -1, -1, -1, -1, -1, -1, -1, -1, -1, -1, -1, -1, -1,
       -1, -1, -1, -1, -1, -1, -1, -1, -1, -1, -1, -1, -1, -1, -1, -1,
       -1, -1, -1, -1, -1, -1, -1, -1, -1, -1, -1, -1, -1, -1, -1, -1,
       -1, -1, -1, -1, -1, -1, -1, -1, -1, -1, -1, -1, -1, -1, -1, -1
    };
    char const invalid_char = -1;
    char const padding_char = 65;
public:
    std::string to_base64(std::vector<unsigned char> const & data);
    std::vector<unsigned char> from_base64(std::string data);
};
```

to_base64( ) 메소드는 다음처럼 작성한다. 이 함수는 원본 데이터의 길이에 따라 인코딩된 문자열의 끝에 =또는 ==를 덧붙인다.

```cpp
std::string encoder::to_base64(std::vector<unsigned char> const & data)
{
    std::string result;
```

```cpp
    result.resize((data.size() / 3 + ((data.size() % 3 > 0) ? 1 : 0)) * 4);
    auto result_ptr = &result[0];
    size_t i = 0;
    size_t j = 0;
    while (j++ < data.size() / 3)
    {
        unsigned int value = (data[i] << 16) | (data[i + 1] << 8) | data[i + 2];
        i += 3;

        *result_ptr++ = table_enc[(value & 0x00fc0000) >> 18];
        *result_ptr++ = table_enc[(value & 0x0003f000) >> 12];
        *result_ptr++ = table_enc[(value & 0x00000fc0) >> 6];
        *result_ptr++ = table_enc[(value & 0x0000003f)];
    };

    auto rest = data.size() - i;
    if (rest == 1)
    {
        *result_ptr++ = table_enc[(data[i] & 0x000000fc) >> 2];
        *result_ptr++ = table_enc[(data[i] & 0x00000003) << 4];
        *result_ptr++ = padding_symbol;
        *result_ptr++ = padding_symbol;
    }
    else if (rest == 2)
    {
        unsigned int value = (data[i] << 8) | data[i + 1];

        *result_ptr++ = table_enc[(value & 0x0000fc00) >> 10];
        *result_ptr++ = table_enc[(value & 0x000003f0) >> 4];
        *result_ptr++ = table_enc[(value & 0x0000000f) << 2];
        *result_ptr++ = padding_symbol;
    }

    return result;
}
```

from_base64( ) 메소드 역시 다음과 같다. 이 함수는 패딩의 존재 여부와는 관계없이 문자열을 디코딩할 수 있다.

```cpp
std::vector<unsigned char> encoder::from_base64(std::string data)
{
    size_t padding = data.size() % 4;
    if (padding == 0)
    {
        if (data[data.size() - 1] == padding_symbol) padding++;
        if (data[data.size() - 2] == padding_symbol) padding++;
    }
    else
    {
        data.append(2, padding_symbol);
    }

    std::vector<unsigned char> result;
    result.resize((data.length() / 4) * 3 - padding);
    auto result_ptr = &result[0];

    size_t i = 0;
    size_t j = 0;
    while (j++ < data.size() / 4)
    {
        unsigned char c1 = table_dec[static_cast<int>(data[i++])];
        unsigned char c2 = table_dec[static_cast<int>(data[i++])];
        unsigned char c3 = table_dec[static_cast<int>(data[i++])];
        unsigned char c4 = table_dec[static_cast<int>(data[i++])];

        if (c1 == invalid_char || c2 == invalid_char ||
            c3 == invalid_char || c4 == invalid_char)
            throw std::runtime_error("invalid base64 encoding");

        if (c4 == padding_char && c3 == padding_char)
        {
            unsigned int value = (c1 << 6) | c2;
            *result_ptr++ = (value >> 4) & 0x000000ff;
        }
        else if (c4 == padding_char)
        {
            unsigned int value = (c1 << 12) | (c2 << 6) | c3;
            *result_ptr++ = (value >> 10) & 0x000000ff;
            *result_ptr++ = (value >> 2) & 0x000000ff;
        }
```

11장 암호화 | 317

```
        else
        {
            unsigned int value = (c1 << 18) | (c2 << 12) | (c3 << 6) | c4;

            *result_ptr++ = (value >> 16) & 0x000000ff;
            *result_ptr++ = (value >> 8) & 0x000000ff;
            *result_ptr++ = value & 0x000000ff;
        }
    }

    return result;
}
```

클래스 encoder는 바이너리 데이터와 베이스64를 서로 인코딩하거나 디코딩한다. 이때 문자열을 바이너리 데이터로 바꾸는 역할을 하는 별도의 헬퍼 클래스가 필요한데, converter라는 이름의 헬퍼 클래스는 두 개의 정적 메소드를 갖고 있다. 하나는 string_view를 받아 문자열의 내용으로 바이트 벡터를 만들어 반환하는 from_string(), 다른 하나는 바이트 벡터에서 문자열을 만들어 내는 from_range( )다.

```
struct converter
{
    static std::vector<unsigned char> from_string(std::string_view data)
    {
        std::vector<unsigned char> result;

        std::copy(
            std::begin(data), std::end(data),
            std::back_inserter(result));

        return result;
    }

    static std::string from_range(std::vector<unsigned char> const &data)
    {
        std::string result;

        std::copy(
            std::begin(data), std::end(data),
```

```
            std::back_inserter(result));

        return result;
    }
};
```

클래스 encoder와 converter를 사용해 다양한 길이의 베이스64 데이터를 인코딩하고 디코딩하는 예시를 살펴보자. 인코딩된 텍스트를 디코딩한 결과가 원본과 같음을 알 수 있다.

```
int main()
{
    std::vector<std::vector<unsigned char>> data
    {
                {'s'},
              {'s', 'a'},
           {'s', 'a', 'm'},
         {'s', 'a', 'm', 'p'},
       {'s', 'a', 'm', 'p', 'l'},
     {'s', 'a', 'm', 'p', 'l', 'e'},
    };

    encoder enc;

    for (auto const &v : data)
    {
        auto encv = enc.to_base64(v);

        auto decv = enc.from_base64(encv);

        assert(v == decv);
    }

    auto text = "cppchallenge";
    auto textenc = enc.to_base64(converter::from_string(text));
    auto textdec = converter::from_range(enc.from_base64(textenc));
    assert(text == textdec);
}
```

> 여기서 제공한 베이스64 인코딩과 디코딩 방법은 온전히 동작하지만 성능이 월등하지는 않다. 내가 수행한 테스트에 따르면 이 함수들은 Boost.Beast에서 구현한 것과 성능이 비슷하다. 이를 제품 코드에 사용하는 것은 권장하지 않고, 대신 Boost.Beast나 Crypto++ 등의 라이브러리에 수록된 것처럼 더 철저한 테스트를 거쳐 널리 사용되는 방법을 사용하는 것이 좋다.

91. 사용자 자격을 증명하는 인증 프로그램 구현하기

암호화 방법에 대한 크로스 플랫폼 무료 C++ 라이브러리를 찾을 때 Crypto++는 좋은 선택이 될 것이다. 산업계에서 검증된 이 라이브러리의 암호화 기능 구현은 학계와 학생 프로젝트, 비상업적 프로젝트와 상업적 프로젝트를 가리지 않고 널리 사용되고 있다. 이 라이브러리는 AES와 AES 후보군들 뿐만 아니라 다른 블록 암호법들, 메시지 인증 코드(message authentication codes, MAC), 해시 함수, 공개 키 암호화와 같은 많은 기능들을 제공하며, 또한 의사 난수 생성기, 소수 생성 및 검증, DEFLATE[1] 압축 및 해제, 인코딩 기법, 체크섬 함수 등 암호화와 관련 없는 기능들도 제공한다. 이 라이브러리는 https://www.cryptopp.com/에 올려져 있으며, 11장에서 소개하는 암호화 관련 문제들의 풀이 방법에 적용할 것이다.

> 라이브러리를 다운로드하면 설정에 따라 여러 프로젝트를 만들 수 있다는 것을 확인할 수 있다. 우리가 사용해야 하는 설정은 정적 라이브러리를 제공하는 cryptolib다. 동적 라이브러리 버전인 cryptodll은 NIST 및 CSE에 의해 암호화 모듈에 대한 요구사항이 담긴 일련의 미국 정부 컴퓨터 보안 표준인 FIPS 140-2의 1단계 기준에 부합함이 인증됐다. 규정을 만족시키기 위해 cryptodll은 DES나 MD5처럼 요구사항에 맞지 않는 암호화 기법은 포함하고 있지 않다.

---

1 zip 포맷에 사용되는 무손실 데이터 압축 알고리즘 – 옮긴이

이 문제를 풀기 위해 사용자 데이터베이스를 유지보수하는 시스템을 모델링해본다. 사용자 정보는 숫자 식별자, 사용자 이름, 패스워드의 해시 값과 함께 선택 항목인 성과 이름으로 구성돼 있다. 아래의 user라는 이름의 클래스가 바로 사용자 정보를 저장하기 위해 사용되는 것이다.

```
struct user
{
    int          id;
    std::string username;
    std::string password;
    std::string firstname;
    std::string lastname;
};
```

패스워드의 해시 값을 계산하는 작업은 함수 get_hash( )를 통해 이뤄진다. 이 함수는 패스워드(또는 다른 텍스트)를 의미하는 string_view 변수를 취해 SHA512 해시 값을 반환한다. Crypto++는 SHA-1, SHA-2(SHA-224, SHA-256, SHA-384, SHA-512), SHA-3, Tiger, WHIRLPOOL, RIPEMD-128, RIPEMD-256, RIPEMD-160, RIPEMD-320과 같은 여러 해시 함수들을 포함하고 있으며, 이 해시 함수들은 모두 CryptoPP 네임스페이스에 속해 있다. 정적 라이브러리 버전을 사용하고 있다면 CryptoPP::Weak 네임스페이스에 속해 있는 MD5 해시 함수 또한 사용할 수 있다. 모든 해시 클래스들은 클래스 HashTransformation으로부터 파생된 것이며, 상호 호환성을 지니고 있다.

해시를 계산하기 위해서 수행해야 하는 작업들은 다음과 같다.

- SHA512와 같이 HashTransformation 클래스로부터 파생된 객체를 생성한다.
- 해시 다이제스트[hash digest][2]를 저장하기에 충분한 바이트 배열을 정의한다.
- CalculateDigest( ) 함수에 출력 버퍼와 변환할 텍스트, 길이를 인자로 전달해 호출한다.

---

2   원본 데이터에 해시 함수를 적용한 결과로 얻어지는 고정된 길이의 난수 - 옮긴이

- 원본 텍스트에 해시 작업을 수행해 산출된 다이제스트는 바이너리 형식으로 되어 있지만, 사람이 쉽게 읽을 수 있도록 16진수 문자열 형식으로 인코딩할 수 있다. 이 작업은 HexEncoder 클래스를 통해 수행할 수 있다. StringSink나 FileSink와 같은 싱크^{sink} 클래스를 연결해 결과를 취합할 수 있다.

> Crypto++ 라이브러리는 소스(source)로부터 싱크로 데이터가 흘러가는 파이프라인 개념을 차용한다. 싱크로 흘러가는 데이터는 데이터를 다른 형태로 변환하는 필터를 통과하게 된다. 파이프라인 속의 객체들은 생성자의 포인터를 통해 다른 객체들에 대한 소유권(ownership)을 넘겨 받으며, 객체가 소멸되는 시점에 맞춰 넘겨 받은 객체 또한 파괴한다. 다음은 라이브러리의 문서에서 발췌한 것이다.
>
> 「객체 A의 생성자가 다른 객체 B(정수나 문자와 같은 기본 타입을 제외한)의 포인터를 넘겨 받게 되는 경우 A는 B를 소유하며, A가 소멸되는 시점에 B 또한 제거된다. 객체 A의 생성자가 다른 객체 B의 참조를 넘겨 받게 되면, B에 대한 소유권은 호출자가 유지한다. 이때 A가 참조를 필요로 하는 한 임의로 B를 소멸시켜서는 안 된다.」

다음은 get_hash( ) 함수를 구현한 코드다.

```cpp
std::string get_hash(std::string_view password)
{
    CryptoPP::SHA512 sha;
    CryptoPP::byte digest[CryptoPP::SHA512::DIGESTSIZE];

    sha.CalculateDigest(
        digest,
        reinterpret_cast<CryptoPP::byte const *>(password.data()),
        password.length());

    CryptoPP::HexEncoder encoder;
    std::string result;

    encoder.Attach(new CryptoPP::StringSink(result));
    encoder.Put(digest, sizeof(digest));
    encoder.MessageEnd();
```

```
        return result;
}
```

다음 프로그램은 클래스 user와 함수 get_hash( )를 사용해 로그인 시스템을 모델링한다. users는 이름으로부터 유추할 수 있듯이 사용자들의 목록이다. 여기서 이 목록은 하드코 딩돼 있지만, 이를 데이터베이스로부터 읽도록 만들 수도 있다. 사용자 정보를 SQLite 데이터베이스에 저장하고 이를 받아오는 작업을 구현하는 것은 여러분의 과제로 남겨 둔다.

사용자 이름과 패스워드가 입력되면 프로그램은 패스워드의 SHA512 해시를 계산하고 사용자 목록을 확인해 사용자 이름과 패스워드가 일치하는지 여부에 대한 결과 메시지를 보여준다.

```
int main()
{
    std::vector<user> users
    {
        {
            101, "scarface",
"07A8D53ADAB635ADDF39BAEACFB799FD7C5BFDEE365F3AA721B7E25B54A4E87D419ADDEA34
BC3073BAC472DCF4657E50C0F6781DDD8FE883653D10F7930E78FF",
            "Tony", "Montana"
        },
        {
            202, "neo",
"C2CC277BCC10888ECEE90F0F09EE9666199C2699922EFB41EA7E88067B2C075F3DD3FBF3CF
E9D0EC6173668DD83C111342F91E941A2CADC46A3A814848AA9B05",
            "Thomas", "Anderson"
        },
        {
            303, "godfather",
"0EA7A0306FE00CD22DF1B835796EC32ACC702208E0B052B15F9393BCCF5EE9ECD8BAAF2784
0D4D3E6BCC3BB3B009259F6F73CC77480C065DDE67CD9BEA14AA4D",
            "Vito", "Corleone"
        }
```

```
    };

    std::string username, password;
    std::cout << "Username: ";
    std::cin >> username;

    std::cout << "Password: ";
    std::cin >> password;

    auto hash = get_hash(password);

    auto pos = std::find_if(
        std::begin(users), std::end(users),
        [username, hash](user const & u) {
        return u.username == username &&
            u.password == hash; });

    if (pos != std::end(users))
        std::cout << "Login successful!" << std::endl;
    else
        std::cout << "Invalid username or password" << std::endl;
}
```

92. 파일 해시를 계산하는 프로그램 구현하기

파일 해시는 웹에서 다운로드한 파일을 확인할 때처럼 파일 내용의 무결성을 확인할 때 많이 사용한다. 다양한 라이브러리에서 SHA1과 MD5 해시 함수의 구현을 제공하지만, 여기서도 Crypto++ 라이브러리를 사용할 것이다. Crypto++ 라이브러리의 일반적인 정보들은 [문제 91]의 풀이에서 다뤘으므로, 계속하기 전에 먼저 [문제 91]의 풀이를 확인하자.

Crypto++ 라이브러리를 사용해 파일의 해시 값을 계산하는 것은 상대적으로 간단하다. 다음 코드에서는 여러 컴포넌트를 사용한다.

- **FileSource**: 이 클래스는 `BufferedTransformation`을 이용해 파일로부터 데이터를 읽는다. 기본적으로 이 클래스는 4096 바이트 크기의 블록이나 영역 단위로 데이터를 가져오며, 블록의 크기를 수동으로 지정할 수도 있다. 여기서 사용된 생성자는 입력 파일의 경로, 모든 데이터를 읽어들였는지 여부를 의미하는 불리언 값, `BufferTransformation` 객체를 인자로 받는다.
- **HashFilter**: 이 클래스는 특정한 해시 알고리즘을 사용해 `MessageEnd` 시그널이 등장할 때까지의 입력 데이터에 대한 해시 값을 계산한다. 계산 결과는 변환 결과에 첨부된다.
- **HexEncoder**: 이 클래스는 데이터를 문자 `0123456789ABCDEF`을 사용하는 16진수 표기법으로 부호화한다.
- **StringSink**: 이 클래스는 파이프라인 속 문자열 데이터의 목적지를 나타내며, 데이터가 저장될 문자열 객체의 참조를 취한다.

> BufferedTransformation은 Crypto++에서 데이터 흐름의 기본 단위다. 또한 BlockTransformation, StreamTransformation, HashTransformation 등 여러 클래스의 일반화(generalization)를 나타낸다. BufferedTransformation은 바이트 스트림을 입력으로 취해(단계적으로 수행하는 것도 가능하다) 계산을 수행하며, 결과를 이후에 가져다 쓸 수 있도록 내부 버퍼에 저장한다. 출력 버퍼에 들어간 부분 결과는 이후 다른 입력이 들어오더라도 변경되지 않는다. BufferedTransformation을 파생한 객체는 소스로부터 싱크로 흘러가는 데이터 흐름의 파이프라인에 포함될 수 있다.

```
template <class Hash>
std::string compute_hash(fs::path const & filepath)
{
    std::string digest;
    Hash hash;

    CryptoPP::FileSource source(
       filepath.c_str(),
       true,
       new CryptoPP::HashFilter(hash,
```

```
            new CryptoPP::HexEncoder(
                new CryptoPP::StringSink(digest))));

    return digest;
}
```

이전 코드의 함수 템플릿 compute_hash( )를 이용해 다음처럼 다양한 해시 값을 계산할 수 있다.

```
int main()
{
    std::string path;
    std::cout << "Path: ";
    std::cin >> path;

    try
    {
        std::cout << "SHA1: "
                  << compute_hash<CryptoPP::SHA1>(path) << std::endl;
        std::cout << "SHA256: "
                  << compute_hash<CryptoPP::SHA256>(path) << std::endl;
        std::cout << "MD5: "
                  << compute_hash<CryptoPP::Weak::MD5>(path) << std::endl;
    }
    catch (std::exception const & ex)
    {
        std::cerr << ex.what() << std::endl;
    }
}
```

MD5 해시는 하위 호환성 용도로 제공되지만 안전하지 않기 때문에 더 이상 지원되지 않는다는 점을 기억하자. 다음처럼 md5.h 헤더를 포함하기 전에 **CRYPTOPP_ENABLE_NAMESPACE_WEAK** 매크로를 먼저 정의해 이를 사용할 수 있다.

```
#define CRYPTOPP_ENABLE_NAMESPACE_WEAK 1
#include "md5.h"
```

93. 파일 암호화 및 복호화 프로그램 구현하기

Crypto++ 라이브러리를 사용해 이 문제를 해결하려면 몇 가지 컴포넌트들이 필요하다.

- `FileSource`: 이 클래스는 `BufferedTransformation`을 이용해 파일로부터 데이터를 읽는다. 기본적으로 이 클래스는 4096바이트 크기의 블록이나 영역 단위로 데이터를 가져오며, 블록의 크기를 수동으로 지정할 수도 있다.
- `FileSink`: 이 클래스는 `BufferedTransformation`을 이용해 데이터를 파일에 기록할 수 있다. 이는 `FileSource` 소스 객체와 짝을 이루는 싱크 객체다.
- `DefaultEncryptorWithMAC`와 `DefaultDecryptorWithMAC`: 이 클래스들은 변조를 감지하기 위해 인증 태그를 사용해 문자열과 파일을 암호화하거나 복호화한다. 이 함수들은 기본 블록 암호법으로 AES를, 메시지 인증 코드의 기본 해시로 SHA256을 사용한다. 이 두 클래스는 시간 기반 솔트^{time-based salt}를 사용하므로 실행할 때마다 다른 결과를 만들어 낸다.

암호화와 복호화 기능에 두 가지 오버로드를 가진 함수가 각각 제공된다.

- 하나는 원본 파일의 경로와 결과 파일의 경로, 패스워드를 인자로 취하는 것이다. 이는 원본 파일을 암호화하거나 복호화한 결과를 결과 파일에 기록한다.
- 다른 오버로드는 파일의 경로와 패스워드를 인자로 취한다. 이는 파일을 암호화하거나 복호화해 결과를 임시 파일에 기록하고, 원본 파일을 삭제한 뒤 임시 파일을 원본 파일의 경로로 이동한다. 이는 첫 번째 오버로드를 기반으로 구현한 것이다.

파일 암호화를 수행하는 함수들을 살펴보자.

```
void encrypt_file(fs::path const & sourcefile,
                  fs::path const & destfile,
                  std::string_view password)
{
    CryptoPP::FileSource source(
```

```
        sourcefile.c_str(),
        true,
        new CryptoPP::DefaultEncryptorWithMAC(
        (CryptoPP::byte *)password.data(), password.size(),
            new CryptoPP::FileSink(
                destfile.c_str())
        )
    );
}

void encrypt_file(fs::path const & filepath,
                  std::string_view password)
{
    auto temppath = fs::temp_directory_path() / filepath.filename();

    encrypt_file(filepath, temppath, password);

    fs::remove(filepath);
    fs::rename(temppath, filepath);
}
```

복호화 기능을 수행하는 함수는 기본적으로 동일하지만, `DefaultEncryptorWithMAC` 대신 버퍼의 변환 과정에 `DefaultDecryptorWithMAC`을 사용한다는 차이가 있다. 앞에서 언급한 두 오버로드는 다음과 같다.

```
void decrypt_file(fs::path const & sourcefile,
                  fs::path const & destfile,
                  std::string_view password)
{
    CryptoPP::FileSource source(
        sourcefile.c_str(),
        true,
        new CryptoPP::DefaultDecryptorWithMAC(
        (CryptoPP::byte *)password.data(), password.size(),
            new CryptoPP::FileSink(
                destfile.c_str())
        )
```

```
    );
}

void decrypt_file(fs::path const & filepath,
                  std::string_view password)
{
    auto temppath = fs::temp_directory_path() / filepath.filename();

    decrypt_file(filepath, temppath, password);

    fs::remove(filepath);
    fs::rename(temppath, filepath);
}
```

다음과 같이 이 함수들을 사용할 수 있다.

```
int main()
{
    encrypt_file("sample.txt", "sample.txt.enc", "cppchallenger");
    decrypt_file("sample.txt.enc", "sample.txt.dec", "cppchallenger");

    encrypt_file("sample.txt", "cppchallenger");
    decrypt_file("sample.txt", "cppchallenger");
}
```

94. RSA 암호화로 파일 서명 및 변조 여부 확인 프로그램 구현하기

파일을 서명하고 검증하는 과정은 암호화와 복호화 과정과 유사하지만 근본적인 차이가 있다. 암호화 과정에서 공개 키를 사용하고 복호화 과정에서 개인 키를 사용하는 것과는 반대로, 서명 과정은 개인 키를 사용해 이뤄지며 검증 과정에서 공개 키를 사용한다. 수신자가 공개 키를 갖고 있다면 파일의 서명과 공개 키를 통해 파일이 변조되지 않았다는 것을 검증할 수 있다. 그러나 공개 키만으로는 파일을 변경하고 다시 서명할 수 없다. 이 문제를 풀 때도 Crypto++를 사용할 것이다.

RSA 공개-개인 키 어떤 쌍이라도 서명 및 검증 목적으로 사용할 수 있지만, 여기에서 소개하는 방법은 프로그램이 시작될 때 키를 임의로 생성해 사용한다. 물론 실제로는 서명 및 인증 과정과 독립적으로 키를 생성해야 하며, 이 과정을 매번 수행하지도 않을 것이다. 다음 코드의 끝 부분에 등장하는 함수 **generate_keys( )**는 3,072비트 길이의 RSA 공개-개인 키 쌍을 생성한다. 아래에 보이는 것처럼 이를 위해 여러 헬퍼 함수들이 사용됐다.

```
void encode(fs::path const & filepath,
            CryptoPP::BufferedTransformation const &bt)
{
    CryptoPP::FileSink file(filepath.c_str());
    bt.CopyTo(file);
    file.MessageEnd();
}

void encode_private_key(fs::path const & filepath,
                        CryptoPP::RSA::PrivateKey const &key)
{
    CryptoPP::ByteQueue queue;
    key.DEREncodePrivateKey(queue);
    encode(filepath, queue);
}

void encode_public_key(fs::path const & filepath,
                       CryptoPP::RSA::PublicKey const & key)
{
    CryptoPP::ByteQueue queue;
    key.DEREncodePublicKey(queue);
    encode(filepath, queue);
}

void decode(fs::path const & filepath,
            CryptoPP::BufferedTransformation & bt)
{
    CryptoPP::FileSource file(filepath.c_str(), true);
    file.TransferTo(bt);
    bt.MessageEnd();
}
```

```cpp
void decode_private_key(fs::path const & filepath,
                        CryptoPP::RSA::PrivateKey & key)
{
   CryptoPP::ByteQueue queue;
   decode(filepath, queue);
   key.BERDecodePrivateKey(queue, false, queue.MaxRetrievable());
}

void decode_public_key(fs::path const & filepath,
                       CryptoPP::RSA::PublicKey & key)
{
   CryptoPP::ByteQueue queue;
   decode(filepath, queue);
   key.BERDecodePublicKey(queue, false, queue.MaxRetrievable());
}

void generate_keys(fs::path const & privateKeyPath,
                   fs::path const & publicKeyPath,
                   CryptoPP::RandomNumberGenerator& rng)
{
   try
   {
      CryptoPP::RSA::PrivateKey rsaPrivate;
      rsaPrivate.GenerateRandomWithKeySize(rng, 3072);

      CryptoPP::RSA::PublicKey rsaPublic(rsaPrivate);

      encode_private_key(privateKeyPath, rsaPrivate);
      encode_public_key(publicKeyPath, rsaPublic);
   }
   catch (CryptoPP::Exception const & e)
   {
      std::cerr << e.what() << std::endl;
   }
}
```

서명 작업은 FileSource에서 시작해 FileSink로 끝나며, 메시지에 대한 서명을 만들어 내는 SignerFilter라는 이름의 필터가 포함돼 있는 파이프라인을 사용할 것이다. 여기서는 RSASSA_PKCS1v15_SHA_Signer 서명자[signer]로 원본 데이터를 서명된 것으로 변환한다.

```
void rsa_sign_file(fs::path const & filepath,
                   fs::path const & privateKeyPath,
                   fs::path const & signaturePath,
                   CryptoPP::RandomNumberGenerator& rng)
{
    CryptoPP::RSA::PrivateKey privateKey;
    decode_private_key(privateKeyPath, privateKey);

    CryptoPP::RSASSA_PKCS1v15_SHA_Signer signer(privateKey);

    CryptoPP::FileSource fileSource(
        filepath.c_str(),
        true,
        new CryptoPP::SignerFilter(
            rng,
            signer,
            new CryptoPP::FileSink(
                signaturePath.c_str())));
}
```

반대 작업인 인증 과정 역시 비슷하게 구현된다. 여기 사용된 필터는 Signature VerificationFilter로, SignerFilter에 대응하는 것이다. 검증자[verifier]로서는 RSASSA_PKCS1v15_SHA_Verifier를 사용하는데 이 역시 RSASSA_PKCS1v15_SHA_Signer에 대응하는 역할을 한다.

```
bool rsa_verify_file(fs::path const & filepath,
                     fs::path const & publicKeyPath,
                     fs::path const & signaturePath)
{
    CryptoPP::RSA::PublicKey publicKey;
    decode_public_key(publicKeyPath.c_str(), publicKey);

    CryptoPP::RSASSA_PKCS1v15_SHA_Verifier verifier(publicKey);
```

```
    CryptoPP::FileSource signatureFile(signaturePath.c_str(),
                                       true);

    if (signatureFile.MaxRetrievable() != verifier.SignatureLength())
        return false;

    CryptoPP::SecByteBlock signature(verifier.SignatureLength());
    signatureFile.Get(signature, signature.size());

    auto *verifierFilter =
        new CryptoPP::SignatureVerificationFilter(verifier);
    verifierFilter->Put(signature, verifier.SignatureLength());

    CryptoPP::FileSource fileSource(
        filepath.c_str(),
        true,
        verifierFilter);

    return verifierFilter->GetLastResult();
}
```

다음 프로그램은 RSA 공개-개인 키 쌍을 생성한 뒤 rsa_sign_file() 함수와 개인 키를 이용해 파일에 서명을 남기는 작업을 수행한다. 그후 대응하는 rsa_verify_file() 함수와 공개 키, 서명된 파일로 파일을 검증한다.

```
int main()
{
    CryptoPP::AutoSeededRandomPool rng;

    generate_keys("rsa-private.key", "rsa-public.key", rng);

    rsa_sign_file("sample.txt", "rsa-private.key", "sample.sign", rng);

    auto success =
        rsa_verify_file("sample.txt", "rsa-public.key", "sample.sign");

    assert(success);
}
```

12

네트워킹과 서비스

I 문제

95. 호스트의 IP 주소 찾기

호스트의 IPv4 주소를 찾아 출력하는 프로그램을 작성하라.

- 만약 여러 개의 주소가 발견될 경우 모두 출력해야 한다.
- 이 프로그램은 모든 플랫폼에서 동작해야 한다.

96. 피즈-버즈 게임을 위한 클라이언트-서버 프로그램 구현하기

피즈-버즈^{Fizz-Buzz} 게임을 하는데 사용되는 클라이언트-서버 애플리케이션을 작성하라.

- 클라이언트는 숫자를 서버에 보내고, 게임 규칙에 따라 Fizz, Buzz, Fizz-Buzz를 응답으로 받거나 보낸 숫자를 다시 되돌려 받는다.
- 클라이언트와 서버 사이의 통신은 반드시 TCP를 이용해야 한다. 서버는 무기한으로 동작하며, 클라이언트는 사용자가 1부터 99사이의 숫자를 입력할 때 동작한다.
- 피즈-버즈는 아이들에게 나눗셈을 가르칠 목적으로 고안된 게임이다. 플레이어는 숫자를 하나 말하고, 다른 플레이어는 다음과 같이 대답해야 한다.
  - 숫자가 3에 의해 나누어 떨어질 경우: "Fizz"
  - 숫자가 5에 의해 나누어 떨어질 경우: "Buzz"
  - 숫자가 3과 5로 나누어 떨어질 경우: "Fizz-Buzz"
  - 위에 해당하지 않는 경우: 그 숫자 자체

97. 비트코인 환율 표시 프로그램 구현하기

주요 통화(USD, EUR, GBP 등)와 비트코인^{Bitcoin} 사이의 환율을 보여주는 프로그램을 작성하라.

- 환율은 https://blockchain.info와 같은 온라인 서비스에서 확인할 수 있다.

98. IMAP을 이용해 이메일 가져오기

IMAP을 이용해 이메일 서버로부터 정보를 받아오는 프로그램을 작성하라.

- 이 프로그램은 다음 작업을 수행할 수 있어야 한다.
  - 편지함에서 폴더 목록 가져오기
  - 특정 폴더에서 읽지 않은 메일 가져오기

99. 텍스트를 임의의 언어로 번역하기

온라인 서비스를 사용해 한 언어의 텍스트를 다른 언어로 번역하는 프로그램을 작성하라.

- 번역하려는 텍스트와 텍스트의 언어, 번역할 언어를 지정할 수 있어야 한다.

100. 사진에서 얼굴 감지하기

사진으로부터 사람들의 얼굴을 인식하는 프로그램을 작성하라.

- 이 프로그램은 얼굴 영역과 성별을 감지할 수 있어야 한다.
- 결과로 얻어진 정보는 콘솔에 출력돼야 하며, 사진은 디스크로부터 읽어들여야 한다.

풀이

95. 호스트의 IP 주소 찾기

IP 주소를 포함한 호스트 정보는 각 시스템의 네트워크 유틸리티를 통해 탐색할 수 있다. gethostbyname( )과 같은 함수는 모든 플랫폼에서 지원되기는 하지만 동작 방식은 플랫폼마다 차이가 있다.

문제의 요구사항은 모든 플랫폼에서 동작하는 프로그램을 작성하는 것이므로 이 함수를 그대로 사용할 수는 없다. POCO나 Asio/Boost.Asio처럼 네트워킹 기능을 제공하는 다양한 오픈소스 크로스 플랫폼 유틸리티들이 있다.

POCO는 상대적으로 복잡하며, 네트워킹 기능뿐만 아니라 데이터 접근, 암호화, XML, JSON, Zip 파일 등을 다루는 기능 또한 제공한다.

Asio는 네트워크 프로그래밍을 위해 일관적인 비동기 I/O 모델을 지원하는 독립 헤더 온리 라이브러리다. Asio 라이브러리는 Boost에도 포함되어 있으며, 이를 기반으로 만들어진 표준화 제안이 평가 중이다. 이 책에서는 독립 버전의 Asio 라이브러리를 사용할 것이다. 헤더 온리 라이브러리로서 추가적인 의존성을 갖지 않아서 사용하기 쉽기 때문이다. 이 문제 역시 Asio 라이브러리로 해결 가능하다.

독립 버전의 Asio 라이브러리는 https://think-async.com/에 있으며, 최신 버전은 깃헙 저장소 https://github.com/chriskohlhoff/asio/에서 구할 수 있다. 이 라이브러리를 사용하기 위해 해야 할 일은 간단하다. 저장소를 복제하거나, 다운로드하고 압축을 푼 뒤 asio.hpp 헤더를 소스코드에 포함하는 것이다. Boost 의존성을 원하지 않는다면 라이브러리 헤더를 포함할 때 `ASIO_STANDALONE` 매크로를 먼저 정의해야만 한다.

다음 코드에서 볼 수 있는 함수 `get_ip_address( )`는 호스트 이름을 받아 호스트 이름의 IPv4 주소를 나타내는 문자열 리스트를 반환하는 기능을 한다. 이는 여러 Asio 컴포넌트에 의존해 동작한다.

- `asio::io_context`는 비동기 I/O 객체를 위한 핵심 I/O 기능들을 제공한다.
- `asio::ip::tcp::resolver`는 질의^{query}의 결과를 엔드포인트^{endpoint}[1]의 리스트로 만들어 낸다. 이 클래스의 멤버 함수인 `resolve( )`는 호스트와 서비스 이름을 사용해 엔드포인트의 리스트를 생성한다. 함수의 여러 오버로드 중 여기서 사용할 것은 프로토콜(이 경우 IPv4, IPv6 역시 사용할 수 있다), 호스트 식별자(문자열 형식의 이름 또는 숫자로 된 주소), 서비스 식별자(포트 번호를 사용할 수 있다)를 인자로 취하는 것이다. 제대로 수행되면 함수는 엔드포인트의 리스트를 반환한다. 그렇지 않을 경우에는 예외를 던진다.
- `asio::ip::tcp::endpoint`는 하나의 TCP 소켓과 연관된 엔드포인트 하나를 의미한다.

---

[1] 컴퓨터 네트워크의 특정한 호스트에서 동작하는 특정한 애플리케이션(서비스)에 대한 고유 식별자. IP 주소와 포트 번호의 쌍으로 이뤄진다. – 옮긴이

다음처럼 get_ip_address( ) 함수를 구현할 수 있다.

```cpp
std::vector<std::string> get_ip_address(std::string_view hostname)
{
    std::vector<std::string> ips;

    try
    {
        asio::io_context context;
        asio::ip::tcp::resolver resolver(context);
        auto endpoints = resolver.resolve(asio::ip::tcp::v4(),
                                         hostname.data(), "");

        for (auto e = endpoints.begin(); e != endpoints.end(); ++e)
            ips.push_back(
                ((asio::ip::tcp::endpoint)*e).address().to_string());
    }
    catch (std::exception const & e)
    {
        std::cerr << "exception: " << e.what() << std::endl;
    }

    return ips;
}
```

구현한 get_ip_address( )는 다음과 같이 사용한다.

```cpp
int main()
{
    auto ips = get_ip_address("packtpub.com");
    for (auto const & ip : ips)
        std::cout << ip << std::endl;
}
```

96. 피즈-버즈 게임을 위한 클라이언트-서버 프로그램 구현하기

이 문제에서도 Asio 라이브러리를 다시 사용한다. 이번에는 서버와 클라이언트, 두 개의 프로그램을 작성해야 한다. 서버는 특정한 포트에 대한 TCP 연결을 승인한다. 소켓이 연결되면 이를 열고 데이터를 읽기 시작한다. 서버가 소켓에서 어떤 데이터를 읽게 되면, 이를 피즈-버즈 게임에서 사용되는 숫자로 해석하고 답을 회신한 뒤 다음 입력을 기다린다. 클라이언트는 호스트의 특정한 포트에 연결해 콘솔로부터 읽은 숫자를 전송한다. 서버로부터 응답이 돌아오면 콘솔에 이를 출력한다.

서버 측의 피즈-버즈 게임 구현은 직관적이기 때문에 별도의 설명이 필요하지는 않을 것이다. 다음 코드에서 볼 수 있는 `fizzbuzz()` 함수는 숫자를 인자로 취하고 문자열로 된 결과를 반환한다.

```
std::string fizzbuzz(int const number)
{
    if (number != 0)
    {
        auto m3 = number % 3;
        auto m5 = number % 5;
        if (m3 == 0 && m5 == 0) return "fizzbuzz";
        else if (m5 == 0) return "buzz";
        else if (m3 == 0) return "fizz";
    }

    return std::to_string(number);
}
```

서버 측에서 구현해야 하는 두 가지 주요 컴포넌트가 있다. 그중 하나는 `session`으로, 이 컴포넌트의 목적은 연결된 소켓에서 데이터를 읽고 쓰는 것이다. 이는 `asio::ip::tcp::socket` 객체로부터 생성되며, 데이터를 읽고 쓰기 위해 `async_read_some()`과 `async_write_some()` 메소드를 사용한다. 이름으로부터 유추할 수 있듯, 이 연산들은 완료되는 시점에 핸들러를 호출하는 비동기 함수다. 소켓에 있는 데이터를 읽는데 성공한다면, 수

신한 수에 대한 처리 결과를 fizzbuzz() 함수에 돌려준다. 소켓에 쓰는 작업을 성공적으로 완수한다면 서버는 다시 소켓에 있는 데이터를 읽기 시작한다. session 클래스는 다음과 같이 만들 수 있다.

```cpp
#define ASIO_STANDALONE
#include "asio.hpp"

class session : public std::enable_shared_from_this<session>
{
public:
    session(asio::ip::tcp::socket socket) :
        tcp_socket(std::move(socket))
        { }

    void start()
    {
        read();
    }

private:
    void read()
    {
        auto self(shared_from_this());

        tcp_socket.async_read_some(
          asio::buffer(data, data.size()),
          [this, self](std::error_code const ec, std::size_t const length) {
                if (!ec)
                {
                    auto number = std::string(data.data(), length);
                    auto result = fizzbuzz(std::atoi(number.c_str()));
                    std::cout << number << " -> " << result << std::endl;
                    write(result);
                }
            });
    }

    void write(std::string_view response)
```

```
    {
        auto self(shared_from_this());

        tcp_socket.async_write_some(
            asio::buffer(response.data(), response.length()),
            [this, self](std::error_code const ec, std::size_t const) {
                if (!ec)
                  read();
            });
    }

    std::array<char, 1024> data;
    asio::ip::tcp::socket tcp_socket;
};
```

server라는 이름의 또 다른 컴포넌트는 asio::ip::tcp::acceptor를 사용해 지정된 로컬 호스트의 포트에 대한 새로운 연결 요청을 승인하는 역할을 한다. 소켓을 여는 데 성공한다면, 컴포넌트는 소켓으로부터 session 객체를 생성한 뒤 start() 메소드를 호출해 클라이언트가 보낸 데이터를 읽게 만든다. server 클래스는 다음과 같은 모습이다.

```
class server
{
public:
    server(asio::io_context &context, short const port)
        : tcp_acceptor(context,
                       asio::ip::tcp::endpoint(asio::ip::tcp::v4(), port))
        , tcp_socket(context)
    {
        std::cout << "server running on port " << port << std::endl;

        accept();
    }

private:
    void accept()
    {
        tcp_acceptor.async_accept(tcp_socket, [this](std::error_code ec)
```

```
        {
            if (!ec)
                std::make_shared<session>(std::move(tcp_socket))->start();

            accept();
        });
    }

    asio::ip::tcp::acceptor tcp_acceptor;
    asio::ip::tcp::socket tcp_socket;
};
```

다음에 보이는 run_server( ) 함수는 asio::io_context 객체와 함께 server의 인스턴스를 생성한다. server는 생성된 즉시 연결을 승인하기 시작한다. 다음으로 컨텍스트의 run( ) 메소드를 호출한다. 이 메소드는 이벤트 처리 루프^{event processing loop}를 실행한다. 이 루프는 모든 작업이 완료되고 결과를 전송할 핸들러가 더 이상 남아있지 않을 때까지, 또는 stop( ) 메소드로 인해 asio::io_context 객체가 중단될 때까지 다른 작업을 차단^{blocking}한다. 이 run_server( ) 함수는 예외가 발생하지 않는 한 무기한으로 동작한다.

```
void run_server(short const port)
{
    try
    {
        asio::io_context context;

        server srv(context, port);

        context.run();
    }
    catch (std::exception const &e)
    {
        std::cerr << "exception: " << e.what() << std::endl;
    }
}

int main()
```

```
{
    run_server(11234);
}
```

클라이언트 측의 구현은 보다 간단하다. asio::connect( )는 호스트의 지정된 포트에 대해 TCP 연결을 하는 데 사용된다. 연결이 성사된다면 asio::ip::tcp::socket의 동기적 synchronous 으로 동작하는 메소드, write_some( )과 read_some( )을 호출해 데이터를 서버와 주고 받는다. 이 작업은 사용자로부터 반복해 콘솔 입력을 받으며, 사용자가 1부터 99사이의 숫자 외의 값을 입력하면 종료된다. 다음 코드로 run_client( ) 함수를 구현한 모습을 살펴보자.

```
void run_client(std::string_view host, short const port)
{
    try
    {
        asio::io_context context;
        asio::ip::tcp::socket tcp_socket(context);
        asio::ip::tcp::resolver resolver(context);
        asio::connect(tcp_socket,
                      resolver.resolve({ host.data(),
                                         std::to_string(port) }));

        while (true)
        {
            std::cout << "number [1-99]: ";

            int number;
            std::cin >> number;
            if (std::cin.fail() || number < 1 || number > 99)
                break;

            auto request = std::to_string(number);
            tcp_socket.write_some(asio::buffer(request, request.length()));

            std::array<char, 1024> reply;
            auto reply_length = tcp_socket.read_some(
```

```
                                asio::buffer(reply, reply.size()));

            std::cout << "reply is: ";
            std::cout.write(reply.data(), reply_length);
            std::cout << std::endl;
        }
    }
    catch (std::exception const& e)
    {
        std::cerr << "exception: " << e.what() << std::endl;
    }
}

int main()
{
    run_client("localhost", 11234);
}
```

서버(왼쪽)와 클라이언트(오른쪽)가 함께 동작하는 그림이다.

```
server running on port 11234      number [1-99]: 1
1 -> 1                            reply is: 1
2 -> 2                            number [1-99]: 2
3 -> fizz                         reply is: 2
4 -> 4                            number [1-99]: 3
5 -> buzz                         reply is: fizz
6 -> fizz                         number [1-99]: 4
7 -> 7                            reply is: 4
15 -> fizzbuzz                    number [1-99]: 5
99 -> fizz                        reply is: buzz
                                  number [1-99]: 6
                                  reply is: fizz
                                  number [1-99]: 7
                                  reply is: 7
                                  number [1-99]: 15
                                  reply is: fizzbuzz
                                  number [1-99]: 99
                                  reply is: fizz
                                  number [1-99]:
```

97. 비트코인 환율을 표시하는 프로그램 구현하기

온라인에 비트코인의 시장 가격과 환율을 확인하는 용도의 API를 제공하는 서비스들이 다양하다. 무료로 사용할 수 있는 서비스로는 https://blockchain.info/ticker가 있다. 이 서비스에 GET HTTP 요청을 보내면 다양한 통화 단위의 비트코인 시장 가격을 담은 JSON 객체를 반환한다. 이 API에 대한 문서는 https://blockchain.info/api/exchange_rates_api에 있다.

다음은 이렇게 얻은 임의의 JSON 객체 일부를 발췌한 것이다.

```
{
    "USD": {
        "15m": 8196.491155299998,
        "last": 8196.491155299998,
        "buy": 8196.491155299998,
        "sell": 8196.491155299998,
        "symbol": "$"
    },
    "GBP": {
        "15m": 5876.884158350099,
        "last": 5876.884158350099,
        "buy": 5876.884158350099,
        "sell": 5876.884158350099,
        "symbol": "£"
    }
}
```

네트워크를 통해 데이터를 전송하는 용도로 사용할 수 있는 다양한 라이브러리들이 있다. 가장 널리 사용되는 것 중 하나는 curl이다.

curl은 C로 작성된 커맨드 라인 툴 cURL과 라이브러리 libcurl로 구성된 프로젝트이며, HTTP/HTTPS, FTP/FTPS, Gopher, LDAP/LDAPS, POP3/POP3S, SMTP/SMTPS 등 다양한 프로토콜을 지원한다. https://curl.haxx.se/에서 프로젝트에 대한 정보를 얻을 수 있다.

libcurl을 기반으로 작성된 여러 C++ 라이브러리가 있다. 그중 하나인 주세페 페르시코 Giuseppe Persico가 만든 오픈소스 크로스 플랫폼 라이브러리인 curlcpp는 https://github.com/JosephP91/curlcpp에서 구할 수 있다. 이 문제와 [문제 98]을 풀 때 위 두 라이브러리를 사용할 것이다.

libcurl과 curlcpp 라이브러리를 빌드하는 방법은 각 프로젝트의 문서에서 확인할 수 있다. 부록으로 제공되는 소스코드를 사용하는 경우 빌드 과정은 함께 제공되는 CMake 스크립트 안에 설정돼 있다. 만약 다른 프로젝트에서 사용하기 위해 이 라이브러리들을 직접 빌드하게 된다면 플랫폼에 맞는 설정을 따라야 한다. 윈도우와 맥OS에서 디버그 설정으로 빌드하는 방법은 아래와 같다.

비주얼 스튜디오 2017을 사용하는 윈도우 환경에서는 다음 과정을 수행해야 한다.

1. https://curl.haxx.se/download.html에서 cURL을 다운로드한다. 압축을 풀고 Visual Studio 솔루션을 찾는다(projects\Windows\VC15\curl-all.sln 경로에 있을 것이다). 솔루션을 열고 알맞은 타깃 플랫폼(Win32 또는 x64)에 대해 LIB Debug - DLL Windows SSPI 설정을 선택한다. 이를 통해 libcurl.lib이라는 이름의 정적 라이브러리 파일을 만들어 낼 수 있다.

2. https://github.com/JosephP91/curlcpp에서 curlcpp를 다운로드한다. build라는 이름의 폴더를 만들고 그 안에서 CMake를 실행해 **CURL_LIBRARY**와 **CURL_INCLUDE_DIR** 변수를 설정한다. **CURL_LIBRARY** 변수는 libcurl.lib을, **CURL_INCLUDE_DIR** 변수는 CURL 헤더 파일을 가리켜야 한다. 생성된 프로젝트를 열고 빌드하면 결과로 curlcpp.lib이라는 이름의 정적 라이브러리 파일을 얻을 수 있다.

3. curlcpp를 사용할 Visual Studio 프로젝트에서 전처리기 정의 preprocessor definition 항목에 CURL_STATICLIB을 추가한다. 추가 포함 디렉토리 Additional Include Directories 항목에 curl\include와 curlcpp\include의 경로를 추가하고, 추가 라이브러리 디렉토리 Additional Library Directories 항목에는 두 라이브러리의 빌드 결과

파일이 있는 폴더를 추가한다. 마지막으로 정적 라이브러리 libcurl.lib, curlcpp.lib, Crypt32.lib, ws2_32.lib, winmm.lib, wldap32.lib를 프로젝트에 링크한다.

맥OS에서 Xcode를 사용할 경우, 다음을 수행한다.

1. https://www.openssl.org/에서 openssl을 내려받고 압축을 푼다. 다음 명령어를 입력해 이를 빌드하고 설치한다.

```
./Configure darwin64-x86_64-cc shared enable-
ec_nistp_64_gcc_128 no-ssl2 no-ssl3 no-comp --
openssldir=/usr/local/ssl/macos-x86_64
make depend
sudo make install
```

2. https://curl.haxx.se/download.html에서 cURL을 다운로드한다. 압축을 푼 뒤 build라는 이름의 폴더를 만들고 그 안에서 CMake를 실행해 OPENSSL_ROOT_DIR과 OPENSSL_INCLUDE_DIR 변수가 openssl을 가리키게 만든다. 테스트와 프로젝트 문서를 생성하고 싶지 않다면 변수 BUILD_TESTING과 BUILD_CURL_EXE, USE_MANUAL을 OFF로 설정한다. 다음 명령어를 통해 디버그 빌드를 수행하고 libcurl-d.dylib 파일을 얻을 수 있다.

```
cmake -G Xcode .. -DOPENSSL_ROOT_DIR=/usr/local/bin -
DOPENSSL_INCLUDE_DIR=/usr/local/include/
```

3. https://github.com/JosephP91/curlcpp에서 curlcpp를 다운로드한다. build라는 이름의 폴더를 만들고 그 안에서 CMake를 실행해 CURL_LIBRARY와 CURL_INCLUDE_DIR 변수를 설정한다. CURL_LIBRARY 변수는 libcurl-d.dylib을, CURL_INCLUDE_DIR 변수는 CURL 헤더 파일을 가리켜야 한다. 생성된 프로젝트를 열고 빌드한다. 다음 명령어를 수행해 libcurlcpp.a 파일을 결과로 얻을 수 있다.

```
cmake -G Xcode .. -DCURL_LIBRARY=<path>/curl-
7.59.0/build/lib/Debug/libcurl-d.dylib -DCURL_INCLUDE_DIR=
<path>/curl-7.59.0/include
```

4. cURL과 curlcpp를 사용하기 원하는 Xcode 프로젝트에서, CURL_STATICLIB을 preprocessor macros 항목에 추가한다. curl/include와 curlcpp/include 디렉토리의 경로를 Header Search Paths에, 두 라이브러리의 빌드 결과 파일이 있는 디렉토리를 Library Search Paths에 각각 추가한다. 마지막으로 두 라이브러리 파일, libcurl-d.dylib과 libcurlcpp.a를 Link Binary With Libraries 리스트에 추가한다.

libcurl에는 간편 인터페이스$^{easy\ interface}$와 다중 인터페이스$^{multi\ interface}$, 두 가지 프로그래밍 모델이 있다. 간편 인터페이스는 데이터 전송을 위해 동기적이고 효율적이며 간단한 프로그래밍 모델을 제공한다. 다중 인터페이스는 스레드 하나 또는 여럿을 사용해 다중으로 데이터를 전송할 수 있도록 하는 비동기 모델이다. 간편 인터페이스를 사용할 때는 먼저 세션을 초기화한 뒤 URL을 비롯해, 필요한 경우 데이터 전송이 완료되면 불리워질 콜백 등의 여러 옵션을 설정해야 한다. 설정을 마무리한 뒤 전송 작업을 수행한다. 이는 작업이 완료된 후 결과를 반환하는 방식의 블로킹 연산이다. 전송이 완료되면 전송 결과에 대한 정보를 받을 수 있다. 마지막으로 반드시 세션을 정리해야 한다. 초기화와 정리 작업은 curlcpp 라이브러리의 RAII 관용구^{idiom}에 따라 처리된다.

다음의 get_json_document( ) 함수는 URL을 인자로 받아 HTTP GET 요청을 보낸다. 서버의 응답은 std::stringstream에 쓰여 호출자에게 반환된다.

```
#include "curl_easy.h"
#include "curl_form.h"
#include "curl_ios.h"
#include "curl_exception.h"

std::stringstream get_json_document(std::string_view url)
```

```
{
    std::stringstream str;

    try
    {
        curl::curl_ios<std::stringstream> writer(str);
        curl::curl_easy easy(writer);

        easy.add<CURLOPT_URL>(url.data());
        easy.add<CURLOPT_FOLLOWLOCATION>(1L);

        easy.perform();
    }
    catch (curl::curl_easy_exception const &error)
    {
        auto errors = error.get_traceback();
        error.print_traceback();
    }

    return str;
}
```

https://blockchain.info/ticker에 대해 HTTP GET 요청을 수행하면 앞서 봤던 JSON 객체를 얻게 된다. 다음은 API를 통해 반환 받은 데이터를 위해 사용되는 타입이다.

```
struct exchange_info
{
    double      delay_15m_price;
    double      latest_price;
    double      buying_price;
    double      selling_price;
    std::string symbol;
};

using blockchain_rates = std::map<std::string, exchange_info>;
```

nlohmann/json 라이브러리를 이용해 JSON 데이터를 다룰 수 있다. 이 라이브러리의 세부사항은 〈9장. 데이터 직렬화〉에서 찾을 수 있다. 다음 from_json() 함수는 JSON으로부터 exchange_info 객체를 역직렬화한다.

```cpp
#include "json.hpp"

using json = nlohmann::json;

void from_json(const json &jdata, exchange_info &info)
{
    info.delay_15m_price = jdata.at("15m").get<double>();
    info.latest_price    = jdata.at("last").get<double>();
    info.buying_price    = jdata.at("buy").get<double>();
    info.selling_price   = jdata.at("sell").get<double>();
    info.symbol          = jdata.at("symbol").get<std::string>();
}
```

설명한 내용들을 결합해 서버에서 환율 정보를 가져오고, JSON 응답을 역직렬화해 환율 정보를 콘솔에 출력하는 프로그램을 작성할 수 있다.

```cpp
int main()
{
    auto doc = get_json_document("https://blockchain.info/ticker");

    json jdata;
    doc >> jdata;

    blockchain_rates rates = jdata;

    for (auto const & kvp : rates)
    {
        std::cout << "1BPI = " << kvp.second.latest_price
                  << " " << kvp.first << std::endl;
    }
}
```

98. IMAP을 이용해 이메일 가져오기

인터넷 메시지 접속 프로토콜Internet Message Access Protocol, IMAP은 TCP/IP를 사용해 이메일 서버에서 이메일을 받아오는 인터넷 프로토콜이다. Gmail, Outlook.com, Yahoo! Mail 등의 주요 서비스를 포함한 대부분의 이메일 서버 제공자들이 이 프로토콜에 대한 지원을 제공한다. IMAP에 대해 작업할 때 사용할 수 있는 C++ 라이브러리들이 있다. 한 예로 IMAP과 POP, SMTP를 지원하는 오픈소스 크로스 플랫폼 라이브러리인 VMIME을 들 수 있다. 그러나 이 책에서는 cURL(좀 더 구체적으로, libcurl)을 사용해 IMAP을 사용하는 이메일 서버에 HTTP 요청을 보낼 것이다.

문제에서 요구한 사항은 몇 가지 IMAP 명령어를 이용해 해결할 수 있다. 다음은 imap.domain.com이라는 가상의 도메인에 대해 이 명령어들을 수행하는 방법을 나타낸다.

- `GET imaps://imap.domain.com`: 메일함에 있는 모든 폴더를 가져오는 명령어다. inbox와 같은 특정한 폴더 아래의 하위 폴더를 가져오고 싶다면 `GET imaps://imap.domain.com/<foldername>` 명령어를 수행해야 한다.
- `SEARCH UNSEEN imaps://imap.domain.com/<foldername>`: 폴더 안 읽지 않은 메일들의 식별자를 받아오는 명령어다.
- `GET imaps://imap.domain.com/<foldername>/;UID=<id>`: 특정 폴더 아래에 있는 지정한 ID의 이메일을 가져오는 명령어다.

Gmail과 Outlook.com 또는 Yahoo! Mail의 IMAP 설정 방법은 매우 유사하다. 이들 모두 TLS 암호화가 된 993포트를 사용하며, 사용자 이름으로 이메일 주소를, 패스워드로 계정의 패스워드를 사용한다. 다만 서버 호스트 이름에는 차이가 있다. Gmail의 경우 imap.gmail.com, Outlook.com은 imap-mail.outlook.com, Yahoo! Mail은 imap.mail.yahoo.com 로 설정해야 한다. 만약 2-FA(2-Factor Authentication, 2단계 인증)을 사용하고 있다면 계정 패스워드 대신 서드 파티 애플리케이션 패스워드를 별도로 생성해 사용해야 한다는 점을 주의하자.

아래 코드에서 앞의 기능들이 클래스 imap_connection의 멤버 함수들로 구현된 것을 볼 수 있다. 이 클래스는 서버 URL과 포트 번호, 사용자 이름, 패스워드를 이용해 생성된다. 헬퍼 메소드인 setup_easy( )는 포트 번호, 사용자 이름, 패스워드, TLS 암호화 등의 인증 설정과 함께 사용자 에이전트[user agent](선택사항)등의 일반 설정을 이용해 curl::curl_easy 객체를 초기화한다.

```cpp
class imap_connection
{
public:
    imap_connection(std::string_view url,
                    unsigned short const port,
                    std::string_view user,
                    std::string_view pass):
        url(url), port(port), user(user), pass(pass)
    {
    }

    std::string get_folders();
    std::vector<unsigned int> fetch_unread_uids(std::string_view folder);
    std::string fetch_email(std::string_view folder, unsigned int uid);

private:
    void setup_easy(curl::curl_easy& easy)
    {
        easy.add<CURLOPT_PORT>(port);
        easy.add<CURLOPT_USERNAME>(user.c_str());
        easy.add<CURLOPT_PASSWORD>(pass.c_str());
        easy.add<CURLOPT_USE_SSL>(CURLUSESSL_ALL);
        easy.add<CURLOPT_SSL_VERIFYPEER>(0L);
        easy.add<CURLOPT_SSL_VERIFYHOST>(0L);
        easy.add<CURLOPT_USERAGENT>("libcurl-agent/1.0");
    }

private:
    std::string    url;
    unsigned short port;
```

```
    std::string    user;
    std::string    pass;
};
```

메소드 get_folders()는 메일함의 폴더 목록을 반환한다. 그러나 이 함수는 콘텐츠를 실제로 파싱해 제공하지는 않고, 단순히 서버로부터 받아온 문자열을 반환한다. 이 부분을 개선해 폴더의 리스트를 반환하도록 만드는 작업은 과제로 남겨두겠다.

이 함수는 curl::curl_easy 객체를 생성하고, URL과 인증 정보와 같은 적절한 파라미터를 이용해 초기화한 뒤 요청을 수행한다. 서버에서 std::stringstream 타입의 결과를 받으면 복사본을 만들어 반환한다.

```
std::string imap_connection::get_folders()
{
    std::stringstream str;
    try
    {
        curl::curl_ios<std::stringstream> writer(str);

        curl::curl_easy easy(writer);
        easy.add<CURLOPT_URL>(url.data());
        setup_easy(easy);

        easy.perform();
    }
    catch (curl::curl_easy_exception const & error)
    {
        auto errors = error.get_traceback();
        error.print_traceback();
    }

    return str.str();
}
```

결과가 어떤 형식으로 출력되는지 살펴보자.

```
* LIST (\HasNoChildren) "/" "INBOX"
* LIST (\HasNoChildren) "/" "Notes"
* LIST (\HasNoChildren) "/" "Trash"
* LIST (\HasChildren \Noselect) "/" "[Gmail]"
* LIST (\All \HasNoChildren) "/" "[Gmail]/All Mail"
* LIST (\Drafts \HasNoChildren) "/" "[Gmail]/Drafts"
* LIST (\HasNoChildren \Important) "/" "[Gmail]/Important"
* LIST (\HasNoChildren \Sent) "/" "[Gmail]/Sent Mail"
* LIST (\HasNoChildren \Junk) "/" "[Gmail]/Spam"
* LIST (\Flagged \HasNoChildren) "/" "[Gmail]/Starred"
```

메소드 fetch_unread_uids() 역시 유사하다. 이 함수는 지정된 폴더 안의 읽지 않은 이메일들의 식별자를 의미하는 부호 없는 정수 타입의 값으로 이루어진 벡터를 반환한다. 이 함수는 결과로 얻어진 이메일 ID를 파싱하고 리스트를 만들어 반환한다는 것 외에는 위에서 설명한 함수 get_folders()와 유사한 방식으로 동작한다. 이 함수는 또한 CURLOPT_CUSTOMREQUEST 옵션을 SEARCH UNSEEN으로 지정한다. 이 결과는 기본 GET 메소드를 다른 메소드로 바꿔 지정하는 것이다(이때는 SEARCH).

```
std::vector<unsigned int>
imap_connection::fetch_unread_uids(std::string_view folder)
{
    std::stringstream str;

    try
    {
        curl::curl_ios<std::stringstream> writer(str);

        curl::curl_easy easy(writer);
        easy.add<CURLOPT_URL>((url.data() + std::string("/") +
                              folder.data() + std::string("/")).c_str());
        easy.add<CURLOPT_CUSTOMREQUEST>("SEARCH UNSEEN");
        setup_easy(easy);

        easy.perform();
    }
    catch (curl::curl_easy_exception const & error)
```

```cpp
    {
        auto errors = error.get_traceback();
        error.print_traceback();
    }

    std::vector<unsigned int> uids;
    str.seekg(8, std::ios::beg);
    unsigned int uid;
    while (str >> uid)
    uids.push_back(uid);

    return uids;
}
```

구현해야 하는 마지막 메소드는 폴더 이름과 이메일 식별자를 받아 이메일을 문자열 형식으로 반환하는 fetch_email( )다. 이 메소드를 구현하면 다음과 같다.

```cpp
std::string imap_connection::fetch_email(std::string_view folder,
                                         unsigned int uid)
{
    std::stringstream str;

    try
    {
        curl::curl_ios<std::stringstream> writer(str);

        curl::curl_easy easy(writer);
        easy.add<CURLOPT_URL>((url.data() + std::string("/") +
                               folder.data() + std::string("/;UID=") +
                               std::to_string(uid)).c_str());
        setup_easy(easy);

        easy.perform();
    }
    catch (curl::curl_easy_exception error)
    {
        auto errors = error.get_traceback();
        error.print_traceback();
```

```
        }
        return str.str();
}
```

이 클래스는 다음 코드에서처럼 요청된 콘텐츠를 가져오기 위해 사용되기도 한다. 다음 코드는 메일함의 폴더를 읽고, inbox 폴더에서 읽지 않은 이메일들의 ID를 받아온 결과가 존재한다면 그중 가장 최근의 이메일을 가져와 표시하는 것이다.

```
int main()
{
    imap_connection imap("imaps://imap.gmail.com",
                         993,
                         "...(사용자 이름)...",
                         "...(패스워드)...");

    auto folders = imap.get_folders();
    std::cout << folders << std::endl;

    auto uids = imap.fetch_unread_uids("inbox");

    if (!uids.empty())
    {
        auto email = imap.fetch_email("inbox", uids.back());
        std::cout << email << std::endl;
    }
}
```

99. 텍스트를 임의의 언어로 번역하기

Microsoft Cognitive Services와 Google Cloud Translation API, Amazon Translate 등 여러 클라우드 컴퓨팅 서비스에서 텍스트 번역 기능을 제공한다. 이 책에서는 Microsoft Azure에 포함된 Cognitive Services를 사용할 것이다.

Azure Cognitive Services는 기계 학습^{machine learning}과 인공지능^{artificial intelligence} 알고리즘의 집합으로, 애플리케이션에 쉽게 인텔리전스 기능들을 추가할 수 있도록 한다. 텍스트 번역 API^{Text Translate API}는 여기 포함된 서비스 중 하나로써, 언어 감지, 번역, 텍스트 투 스피치^{text to speech} 등의 기능들을 포함한다. 이 문제에서도 HTTP 요청을 만들기 위해 libcurl을 사용할 것이다.

텍스트 번역 API를 사용하는 것에 대한 여러 가지 가격 정책들이 있지만, 매달 최대 2백만 개의 문자까지의 텍스트 번역을 이용할 수 있는 무료 등급을 사용할 수 있다. 이는 데모나 프로토타이핑 목적으로는 대개 충분한 양이다. 이 API를 사용하려면 다음 작업을 먼저 수행해야 한다.

1. Azure 계정으로 접속한다. 계정이 없다면 새로 생성해야 한다.
2. 새로운 텍스트 번역 API^{Translator Text API} 리소스를 생성한다.
3. 리소스가 생성되면 해당 리소스에 접근해 생성된 두 애플리케이션 키 중 하나를 복사한다. 이 키는 서비스를 호출할 때 반드시 필요하다.
4. 이 서비스를 호출하기 위해 사용되는 엔드포인트는 리소스 정보에서 보이는 것 대신 https://api.microsofttranslator.com/V2/Http.svc을 사용해야 한다.

텍스트 번역 API 문서는 http://docs.microsofttranslator.com/text-translate.html에서 확인할 수 있다. 텍스트 번역 작업을 위해 수행해야 하는 절차는 다음과 같다.

1. `[endpoint]/Translate`로 보내는 `GET` 요청을 생성한다.
2. 요구되는 쿼리 파라미터(text와 to)를 입력한다. 가능하다면 기본적으로 영어로 지정된, 원본 텍스트의 언어를 나타내는 `from`과 같은 선택 정보도 함께 입력한다. 번역할 텍스트는 10,000 글자를 초과하지 않아야 하며, URL 인코딩돼 있어야 한다.
3. 필요한 헤더를 입력한다. Azur 리소스에 애플리케이션 키를 전달하기 위해서는 `Ocp-Apim-Subscription-Key`가 반드시 필요하다.

예컨대 "hello world!"를 영어에서 프랑스어로 번역하기 위한 GET 요청은 다음과 같다.

```
GET /V2/Http.svc/Translate?to=fr&text=hello%20world%21
host: api.microsofttranslator.com
ocp-apim-subscription-key: <사용자의 애플리케이션 키>
```

요청이 성공하면 번역된 텍스트를 나타내는 UTF-8로 인코딩된 XML 문자열을 얻게 된다. 이 책을 쓰는 시점에서 결과를 JSON으로 받는 기능은 아직 지원되지 않는다. 앞선 예에서, 서버가 반환한 결과는 다음과 같을 것이다.

```
<string xmlns="http://schemas.microsoft.com/2003/10/Serialization/">Salut tout le monde !</string>
```

애플리케이션 키와 엔드포인트를 관리하는 클래스 하나로 텍스트 번역 기능을 캡슐화해 번역 기능을 훨씬 간단하게 만들 수 있다. 다음에 보이는 클래스 text_translator가 바로 그 역할을 한다. 이 클래스는 텍스트 번역 API의 엔드포인트와 애플리케이션 키를 의미하는 두 개의 문자열을 이용해 생성할 수 있다. 앞서 언급한 바와 같이, 서버에서 반환되는 결과는 XML 형식이다. 멤버 함수 deserialize_result( )는 직렬화된 XML에서 실제 텍스트를 뽑아낸다. 문제를 좀더 간단히 하기 위해, 별도의 XML 라이브러리 대신 정규 표현식만을 사용해 이 과정을 수행한다. 이 데모의 목적에서는 이것으로도 충분할 것이다.

```
class text_translator
{
public:
    text_translator(std::string_view endpoint,
                    std::string_view key)
        : endpoint(endpoint), app_key(key)
    { }

    std::wstring translate_text(std::wstring_view wtext,
                                std::string_view to,
                                std::string_view from = "en");
```

```
private:
    std::string deserialize_result(std::string_view text)
    {
        std::regex rx(R"(<string.*>(.*)<\/string>)");
        std::cmatch match;
        if (std::regex_search(text.data(), match, rx))
        {
            return match[1];
        }

        return "";
    }

    std::string endpoint;
    std::string app_key;
};
```

멤버 함수 translate_text( )가 바로 실제 번역을 수행하는 부분이다. 이 함수는 번역할 텍스트, 번역이 이뤄질 언어, 그리고 기본적으로 영어로 지정된 텍스트의 언어를 입력으로 받는다. 이 메소드의 입력 텍스트는 UTF-16으로 이뤄진 문자열이므로 서버로 전송하기 전에 반드시 UTF-8로 변환돼야 한다. 또한 서버로부터 받은 UTF-8 텍스트 역시 UTF-16으로 다시 변환돼야 한다. 이 과정은 헬퍼 함수 **utf16_to_utf8( )**과 **utf8_to_utf16( )**을 통해 이뤄진다.

```
std::wstring text_translator::translate_text(std::wstring_view wtext,
                                              std::string_view to,
                                              std::string_view from = "en")
{
    try
    {
        using namespace std::string_literals;

        std::stringstream str;
        std::string text = utf16_to_utf8(wtext);

        curl::curl_ios<std::stringstream> writer(str);
```

```
        curl::curl_easy easy(writer);

        curl::curl_header header;
        header.add("Ocp-Apim-Subscription-Key:" + app_key);

        easy.escape(text);
        auto url = endpoint + "/Translate";
        url += "?from="s + from.data();
        url += "&to="s + to.data();
        url += "&text="s + text;

        easy.add<CURLOPT_URL>(url.c_str());
        easy.add<CURLOPT_HTTPHEADER>(header.get());

        easy.perform();

        auto result = deserialize_result(str.str());
        return utf8_to_utf16(result);
    }
    catch (curl::curl_easy_exception const & error)
    {
        auto errors = error.get_traceback();
        error.print_traceback();
    }
    catch (std::exception const & ex)
    {
        std::cout << ex.what() << std::endl;
    }

    return {};
}
```

UTF-8과 UTF-16을 상호 변환하는 두 헬퍼 함수는 다음과 같다.

```
std::wstring utf8_to_utf16(std::string_view text)
{
    std::wstring_convert<std::codecvt_utf8_utf16<wchar_t>> converter;
    std::wstring wtext = converter.from_bytes(text.data());
```

```
        return wtext;
}

std::string utf16_to_utf8(std::wstring_view wtext)
{
    std::wstring_convert<std::codecvt_utf8_utf16<wchar_t>> converter;
    std::string text = converter.to_bytes(wtext.data());
    return text;
}
```

클래스 text_translator는 텍스트를 다양한 언어로 번역하는 데 사용될 수 있다. 다음 예시를 참고하자.

```
int main()
{
#ifdef _WIN32
  SetConsoleOutputCP(CP_UTF8);
#endif

    set_utf8_conversion(std::wcout);

    text_translator tt(
        "https://api.microsofttranslator.com/V2/Http.svc",
        "...(사용자의 api 키)...");

    std::vector<std::tuple<std::wstring, std::string, std::string>> texts
    {
        { L"hello world!", "en", "ro"},
        { L"what time is it?", "en", "es"},
        { L"ceci est un exemple", "fr", "en"}
    };

    for (auto const [text, from, to] : texts)
    {
        auto result = tt.translate_text(text, to, from);

        std::cout << from << ": ";
        std::wcout << text << std::endl;
```

```
        std::cout << to << ": ";
        std::wcout << result << std::endl;
    }
}
```

UTF-8 문자열을 콘솔로 출력하는 것은 다소 직관적이지 못한 면이 있다. 윈도우에서는 SetConsoleOutputCP(CP_UTF8)을 호출해 적합한 코드 페이지를 활성화해야 한다. 여기 더해 출력 스트림에 대해 적절한 UTF-8 로케일^{locale}을 설정해줘야 한다. 이 작업은 함수 set_utf8_conversion( )를 통해 수행할 수 있다.

```
void set_utf8_conversion(std::wostream& stream)
{
    auto codecvt = std::make_unique<std::codecvt_utf8<wchar_t>>();
    std::locale utf8locale(std::locale(), codecvt.get());
    codecvt.release();
    stream.imbue(utf8locale);
}
```

앞서 보였던 예제를 실행했을 때의 결과는 다음과 같다.

```
en: hello world!
ro: bună oameni buni!
en: what time is it?
es: ¿Qué horas son?
fr: ceci est un exemple
en: This is an example
```

```
en: hello world!
ro: bună oameni buni!
en: what time is it?
es: ¿Qué horas son?
fr: ceci est un exemple
en: This is an example
Press any key to continue . . .
```

100. 사진에서 얼굴 감지하기

이 문제 또한 Microsoft Cognitive Services를 이용해 풀 수 있다. 이 그룹에 포함된 기능인 페이스 API$^{\text{Face API}}$는 얼굴과 성별, 나이를 감정과 함께 얼굴의 다양한 특징점^{landmark}과 속성을 찾아낼 수 있다. 얼굴 사이의 유사도를 찾는 것과 함께 인물 인식, 얼굴 유사도를 바탕으로 사진을 분류하는 등의 기능도 제공한다.

이 서비스는 텍스트 번역 API처럼, 한 달에 30,000개의 트랜잭션을 사용할 수 있는 무료 사용 정책을 제공하지만, 1분에 사용할 수 있는 트랜잭션은 20개로 제한된다. 트랜잭션 하나는 기본적으로 API를 한번 호출하는 것이다. 매달, 매분 단위로 더 많은 트랜잭션을 사용할 수 있는 유료 정책들도 있다. 하지만 이 문제에서는 무료 정책을 사용하는 것으로 충분하고 필요하다면 30일 평가판을 사용해도 좋다. 페이스 API를 사용하기 위해서는 다음 절차를 따라야 한다.

1. Azure 계정으로 접속한다. 계정이 없으면 새로 계정을 만들어야 한다.
2. 새로운 페이스 API$^{\text{Face API}}$ 리소스를 생성한다.
3. 리소스가 생성되면 해당 리소스에 접근해 생성된 두 애플리케이션 키 중 하나와 리소스 엔드포인트를 복사한다. 서비스를 호출하기 위해서는 두 정보가 모두 필요하다.

페이스 API에 대한 문서는 https://azure.microsoft.com/en-us/services/cognitive-services/face/에 있다. `Detect` 메소드에 대한 정보를 유심히 읽어 본다면 다음과 같은 과정을 거쳐야 한다는 것을 알 수 있다.

- `[endpoint]/Detect`로 보내는 `POST` 요청을 생성한다.
- 얼굴 ID, 얼굴 특징점을 반환 여부에 대한 플래그와 함께 어떤 얼굴 속성을 분석하고 반환해야 할지를 나타내는 문자열과 같은 선택적 쿼리 파라미터를 입력한다.
- 필수 및 선택적 요청 헤더를 입력한다. Azure 리소스에 애플리케이션 키를 전달하기 위해서는 `Ocp-Apim-Subscription-Key`가 반드시 필요하다.

- 분석할 이미지를 입력한다. JSON 객체 내부에 이미지의 URL(application/json 콘텐츠 타입)을 넣거나 실제 이미지(application/octet-stream 콘텐츠 타입)를 직접 전달할 수도 있다. 이 문제의 요구사항은 디스크에서 직접 사진을 읽어오는 것이므로 두 번째 방법을 사용할 것이다.

성공할 경우 요청한 정보가 들어있는 JSON 객체를 응답으로 받을 수 있다. 실패할 경우에는 에러에 대한 정보가 담긴 다른 JSON 객체가 응답으로 돌아온다.

다음은 얼굴 식별자와 함께 특징점, 나이, 성별, 감정을 분석하기 위한 요청 구문이다. 인식된 얼굴에 대한 정보는 서버에 24시간 동안 저장되며 다른 페이스 API 알고리즘을 적용하는 데 쓰일 수도 있다.

```
POST
/face/v1.0/detect?returnFaceId=true&returnFaceLandmarks=true&returnFaceAttr
ibutes=age,gender,emotion
host: westeurope.api.cognitive.microsoft.com
ocp-apim-subscription-key: <사용자의 애플리케이션 키>
content-type: application/octet-stream
content-length: <이미지 파일 크기>
accept: */*
```

서버로부터 반환된 JSON 결과는 다음과 같다. 실제 결과는 27개의 서로 다른 얼굴 특징점을 포함하지만, 전부 싣기에는 너무 길어서 여기서는 처음 두 개만 소개한다.

```
[{
    "faceId": "0ddb348a-6038-4cbb-b3a1-86fffe6c1f26",
    "faceRectangle": {
      "top": 86,
      "left": 165,
      "width": 72,
      "height": 72
    },
    "faceLandmarks": {
```

```
        "pupilLeft": {
            "x": 187.5,
            "y": 102.9
        },
        "pupilRight": {
            "x": 214.6,
            "y": 104.7
        }
    },
    "faceAttributes": {
        "gender": "male",
        "age": 54.9,
        "emotion": {
            "anger": 0,
            "contempt": 0,
            "disgust": 0,
            "fear": 0,
            "happiness": 1,
            "neutral": 0,
            "sadness": 0,
            "surprise": 0
        }
    }
}]
```

여기서는 JSON 객체를 역직렬화하기 위해 nlohmann/json 라이브러리를, HTTP 요청을 생성하기 위해 libcurl을 사용한다. 다음 클래스는 요청이 성공했을 때 서버로부터 받은 결과를 모델링한 것이다.

```
struct face_rectangle
{
    int width = 0;
    int height = 0;
    int left = 0;
    int top = 0;
};

struct face_point
```

```
{
    double x = 0;
    double y = 0;
};

struct face_landmarks
{
    face_point pupilLeft;
    face_point pupilRight;
    face_point noseTip;
    face_point mouthLeft;
    face_point mouthRight;
    face_point eyebrowLeftOuter;
    face_point eyebrowLeftInner;
    face_point eyeLeftOuter;
    face_point eyeLeftTop;
    face_point eyeLeftBottom;
    face_point eyeLeftInner;
    face_point eyebrowRightInner;
    face_point eyebrowRightOuter;
    face_point eyeRightInner;
    face_point eyeRightTop;
    face_point eyeRightBottom;
    face_point eyeRightOuter;
    face_point noseRootLeft;
    face_point noseRootRight;
    face_point noseLeftAlarTop;
    face_point noseRightAlarTop;
    face_point noseLeftAlarOutTip;
    face_point noseRightAlarOutTip;
    face_point upperLipTop;
    face_point upperLipBottom;
    face_point underLipTop;
    face_point underLipBottom;
};

struct face_emotion
{
    double anger = 0;
    double contempt = 0;
```

```
    double disgust = 0;
    double fear = 0;
    double happiness = 0;
    double neutral = 0;
    double sadness = 0;
    double surprise = 0;
};

struct face_attributes
{
    std::string gender;
    double age;
    face_emotion emotion;
};

struct face_info
{
    std::string faceId;
    face_rectangle rectangle;
    face_landmarks landmarks;
    face_attributes attributes;
};
```

사진에는 여러 개의 얼굴이 있기도 하므로 서버로부터 돌아온 결과는 객체의 배열이 될 것이다. 다음 코드의 face_detect_response가 바로 실제 응답으로 받게 되는 것이다.

```
using face_detect_response = std::vector<face_info>;
```

역직렬화 작업은 이 책의 다른 문제들과 마찬가지로 함수 from_json( )으로 수행된다. JSON 역직렬화와 관련된 다른 문제들을 풀어봤다면 이미 익숙할 것이다.

```
using json = nlohmann::json;

void from_json(const json& jdata, face_rectangle& rect)
{
```

```cpp
    rect.width = jdata.at("width").get<int>();
    rect.height = jdata.at("height").get<int>();
    rect.top = jdata.at("top").get<int>();
    rect.left = jdata.at("left").get<int>();
}

void from_json(const json& jdata, face_point& point)
{
    point.x = jdata.at("x").get<double>();
    point.y = jdata.at("y").get<double>();
}

void from_json(const json& jdata, face_landmarks& mark)
{
    mark.pupilLeft = jdata.at("pupilLeft");
    mark.pupilRight = jdata.at("pupilRight");
    mark.noseTip = jdata.at("noseTip");
    mark.mouthLeft = jdata.at("mouthLeft");
    mark.mouthRight = jdata.at("mouthRight");
    mark.eyebrowLeftOuter = jdata.at("eyebrowLeftOuter");
    mark.eyebrowLeftInner = jdata.at("eyebrowLeftInner");
    mark.eyeLeftOuter = jdata.at("eyeLeftOuter");
    mark.eyeLeftTop = jdata.at("eyeLeftTop");
    mark.eyeLeftBottom = jdata.at("eyeLeftBottom");
    mark.eyeLeftInner = jdata.at("eyeLeftInner");
    mark.eyebrowRightInner = jdata.at("eyebrowRightInner");
    mark.eyebrowRightOuter = jdata.at("eyebrowRightOuter");
    mark.eyeRightInner = jdata.at("eyeRightInner");
    mark.eyeRightTop = jdata.at("eyeRightTop");
    mark.eyeRightBottom = jdata.at("eyeRightBottom");
    mark.eyeRightOuter = jdata.at("eyeRightOuter");
    mark.noseRootLeft = jdata.at("noseRootLeft");
    mark.noseRootRight = jdata.at("noseRootRight");
    mark.noseLeftAlarTop = jdata.at("noseLeftAlarTop");
    mark.noseRightAlarTop = jdata.at("noseRightAlarTop");
    mark.noseLeftAlarOutTip = jdata.at("noseLeftAlarOutTip");
    mark.noseRightAlarOutTip = jdata.at("noseRightAlarOutTip");
    mark.upperLipTop = jdata.at("upperLipTop");
    mark.upperLipBottom = jdata.at("upperLipBottom");
```

```
    mark.underLipTop = jdata.at("underLipTop");
    mark.underLipBottom = jdata.at("underLipBottom");
}

void from_json(const json& jdata, face_emotion& emo)
{
    emo.anger = jdata.at("anger").get<double>();
    emo.contempt = jdata.at("contempt").get<double>();
    emo.disgust = jdata.at("disgust").get<double>();
    emo.fear = jdata.at("fear").get<double>();
    emo.happiness = jdata.at("happiness").get<double>();
    emo.neutral = jdata.at("neutral").get<double>();
    emo.sadness = jdata.at("sadness").get<double>();
    emo.surprise = jdata.at("surprise").get<double>();
}

void from_json(const json& jdata, face_attributes& attr)
{
    attr.age = jdata.at("age").get<double>();
    attr.emotion = jdata.at("emotion");
    attr.gender = jdata.at("gender").get<std::string>();
}

void from_json(const json& jdata, face_info& info)
{
    info.faceId = jdata.at("faceId").get<std::string>();
    info.attributes = jdata.at("faceAttributes");
    info.landmarks = jdata.at("faceLandmarks");
    info.rectangle = jdata.at("faceRectangle");
}
```

함수가 어떤 이유로 인해 호출이 실패하면 에러에 대한 정보를 가진 다른 객체가 반환된다. 이를 위해 클래스 face_error_response가 사용된다.

```
struct face_error
{
    std::string code;
```

```cpp
    std::string message;
};

struct face_error_response
{
    face_error error;
};
```

여기서도 에러 응답을 역직렬화하기 위한 용도로 from_json() 오버로드를 사용할 것이다. 이 함수들을 구현해봤다.

```cpp
void from_json(const json& jdata, face_error& error)
{
    error.code = jdata.at("code").get<std::string>();
    error.message = jdata.at("message").get<std::string>();
}

void from_json(const json& jdata, face_error_response& response)
{
    response.error = jdata.at("error");
}
```

여기까지 작업한 것들을 바탕으로 실제 페이스 API를 호출하는 코드를 작성할 수 있다. 텍스트를 번역할 때와 마찬가지로, 이 기능을 캡슐화하고 기능을 더하는 클래스를 작성해 함수가 호출될 때마다 애플리케이션 키와 엔드포인트를 전달할 필요 없이 쉽게 관리할 수 있다. 클래스 face_manager가 바로 그것이다.

```cpp
class face_manager
{
public:
    face_manager(std::string_view endpoint,
                 std::string_view key)
        : endpoint(endpoint), app_key(key)
    { }
```

```
    face_detect_response detect_from_file(std::string_view path);

private:
    face_detect_response parse_detect_response(long const status,
                                               std::stringstream &str);
    std::string endpoint;
    std::string app_key;
};
```

메소드 detect_from_file( )는 디스크의 이미지 경로를 나타내는 문자열을 인자로 취한다. 이 메소드는 이미지를 불러들여 페이스 API로 전송한다. 응답이 돌아오면 역직렬화해 face_info 객체의 집합인 face_detect_response 객체를 반환한다. API를 호출할 때 실제 이미지를 전달하기 때문에, 콘텐츠 타입은 application/octet-stream이 돼야 한다. curl_easy 인터페이스를 이용해 CURLOPT_POSTFIELDS 필드에 파일 내용을, CURLOPT_POSTFIELDSIZE 필드에는 길이를 넣어 전달해야 한다.

```
face_detect_response face_manager::detect_from_file(std::string_view path)
{
    try
    {
        auto data = load_image(path);
        if (!data.empty())
        {
            std::stringstream str;
            curl::curl_ios<std::stringstream> writer(str);
            curl::curl_easy easy(writer);

            curl::curl_header header;
            header.add("Ocp-Apim-Subscription-Key:" + app_key);
            header.add("Content-Type:application/octet-stream");

            auto url = endpoint +
                       "/detect"
                       "?returnFaceId=true"
                       "&returnFaceLandmarks=true"
                       "&returnFaceAttributes=age,gender,emotion";
```

```
            easy.add<CURLOPT_URL>(url.c_str());
            easy.add<CURLOPT_HTTPHEADER>(header.get());

            easy.add<CURLOPT_POSTFIELDSIZE>(data.size());
            easy.add<CURLOPT_POSTFIELDS>(reinterpret_cast<char *>(
                data.data()));

            easy.perform();

            auto status = easy.get_info<CURLINFO_RESPONSE_CODE>();

            return parse_detect_response(status.get(), str);
        }
    }
    catch (curl::curl_easy_exception const &error)
    {
        auto errors = error.get_traceback();
        error.print_traceback();
    }
    catch (std::exception const &ex)
    {
        std::cout << ex.what() << std::endl;
    }

    return {};
}
```

메소드 parse_detect_response( )는 서버가 응답한 JSON 객체를 역직렬화한다. 이 작업은 실제 HTTP 응답 코드^{response code}에 맞춰 수행된다. 함수가 성공할 때의 응답은 200, 실패할 경우의 응답 코드는 4xx일 것이다.

```
face_detect_response face_manager::parse_detect_response(
    long const status, std::stringstream & str)
{
    json jdata;
    str >> jdata;
```

```
    try
    {
        if (status == 200)
        {
            face_detect_response response = jdata;

            return response;
        }
        else if (status >= 400)
        {
            face_error_response response = jdata;

            std::cout << response.error.code << std::endl
                      << response.error.message << std::endl;
        }
    }
    catch (std::exception const & ex)
    {
        std::cout << ex.what() << std::endl;
    }

    return {};
}
```

이제 페이스 API의 Detect 알고리즘을 호출하고, 응답을 역직렬화해 내용을 콘솔에 출력하는 일련의 작업을 위해 필요한 것들이 모두 갖춰졌다. 다음 프로그램은 프로젝트의 res 폴더 안의 albert_and_elsa.jpg 파일을 읽어들인 뒤 식별된 얼굴들에 대한 정보를 출력한다. 다음 코드에 독자의 페이스 API 리소스의 실제 엔드포인트와 애플리케이션 키를 채워 넣어야 한다.

```
int main()
{
    face_manager manager(
        "https://westeurope.api.cognitive.microsoft.com/face/v1.0",
        "...(사용자 api 키)...");
```

```
#ifdef _WIN32
    std::string path = R"(res\albert_and_elsa.jpg)";
#else
    std::string path = R"(./res/albert_and_elsa.jpg)";
#endif

    auto results = manager.detect_from_file(path);

    for (auto const & face : results)
    {
       std::cout << "faceId: " << face.faceId << std::endl
                 << "age:    " << face.attributes.age << std::endl
                 << "gender: " << face.attributes.gender << std::endl
                 << "rect:   "
                 << "{" << face.rectangle.left
                 << "," << face.rectangle.top
                 << "," << face.rectangle.width
                 << "," << face.rectangle.height
                 << "}" << std::endl
                 << std::endl;
    }
}
```

다음 그림 albert_and_elsa.jpg를 사용했다.

이제 프로그램을 실행해 결과를 출력해본다. 당연하지만, 임시 얼굴 식별자는 호출할 때마다 다르게 나타난다. 결과에서 볼 수 있듯 두 개의 얼굴이 사진에서 식별됐다. 첫 번째는 알버트 아인슈타인으로, 54.9세의 나이로 탐지됐다. 이 사진은 그가 42세였던 1921년에 촬영된 것이다. 두 번째 얼굴은 알버트 아인슈타인의 아내인 엘사 아인슈타인[Elsa Einstein]이다. 이때 그녀의 실제 나이는 45세였으며, 탐지된 결과는 41.6세로 나타났다. 이를 통해 나이 탐지 기능은 아주 정확하지는 않고 대략적인 추정치를 보여준다는 것을 알 수 있다.

```
faceId: 77e0536f-073d-41c5-920d-c53264d17b98
age: 54.9
gender: male
rect: {165,86,72,72}

faceId: afb22044-14fa-46bf-9b65-16d4fe1d9817
age: 41.6
gender: female
rect: {321,151,59,59}
```

API 호출이 실패하면 에러 메시지가 대신 반환된다(HTTP 상태 400과 함께). 메소드 parse_detect_response( )는 에러 응답을 역직렬화한 뒤 콘솔에 출력할 것이다. 사용된 API 키가 잘못됐을 경우, 서버로부터 돌려받은 다음 메시지를 콘솔에 표시한다.

```
Unspecified
Access denied due to invalid subscription key. Make sure you are subscribed to an API you are trying to call and provide the right key.
```

찾아보기

ㄱ

가변 인자 함수 템플릿　61
결합 알고리즘　152
과잉수　37
관계형 데이터베이스　280
관찰자　216
국제상품번호　273
국제표준도서번호　48
균등 분포　47

ㄴ

나르시스트 수　39

ㄷ

다익스트라　128
다익스트라 알고리즘　159
데코레이터　197

ㄹ

로마 숫자 표기법　43

ㅁ

메르센 트위스터　47
모듈로　32
몬테 카를로 시뮬레이션　47

ㅂ

반사 이진수　42
반사 이진 코드　42
베이스64　313
병렬 변환 알고리즘　175
분할 정복　154, 183
분해능　111
브루트 포스　45, 85
비즈네르 암호법　310
비즈네르 테이블　310
비트코인　346

ㅅ

사촌 소수　36
생명 게임　167
선택 알고리즘　153
섹시 소수　36
소인수　40
소인수 분해　40
스웨이츠 추측　45
시라큐스 문제　45
시스템 핸들　65
심볼릭 링크　101
쌍둥이 소수　36
쌍 알고리즘　150

ㅇ

암스트롱 수　39
옵저버　216
완전 자릿수 불변　39
우선순위 큐　128, 159, 161, 187
울람 추측　45
원형 버퍼　131
유럽상품번호　273

유클리드 알고리즘　33
의사 난수　47, 270
이동 암호법　308
이중 버퍼　136
이항 계수　96
인터넷 메시지 접속 프로토콜　352
인프로세스 관계형 데이터베이스　280

ㅈ

전략　222
절단 평균　148
정규 표현식　87, 88, 91, 104
정렬 알고리즘　154
족제비 프로그램　164
진약수　37
집중 경향　148

ㅊ

책임 연쇄　212
초과수　37
최대공약수　32
최대 힙　128
최소 힙　128
친화수　38

ㅋ

카이사르 암호법　308
카이사르 이동 암호　308
카이사르 코드　308
카쿠타니의 문제　45
컴포지트　201
콜라츠 수열　45
콜라츠 추측　45
퀵 정렬　154, 183

ㅌ

타뷸라 렉타　310
텍스트 번역 API　358
템플릿 메소드　206
트리　128, 201

ㅍ

파스칼의 삼각형　96
페이스 API　364
퓨처　180
프로미스　180
프림　128
플러스 완전수　39
피즈-버즈　340

ㅎ

하스 알고리즘　45
해시　321, 324
허프만 코드　128
회문　85
히스토그램　140
힙　128
힙 정렬　128

A

Azure Cognitive Services　358
A* 탐색 알고리즘　128

C

chrono　102, 112
Crypto++　320, 324, 327, 329
curl　346
cURL　352
curlcpp　347

D

date 112, 114
DOM 트리 236

E

EAN 273
EAN-13 273

F

filesystem 101, 102

I

IMAP 352
IPv4 54
IP 주소 337
ISBN 48

J

JSON 240

L

libcurl 347, 352, 358
libpng 268

M

Microsoft Azure 357
Microsoft Cognitive Services 364

N

nlohmann/json 241, 351, 366

P

PDF 245, 250
PDF-Writer 245, 250
PNG 268, 270
PNGWriter 268
pugixml 233

R

RSA 암호화 329

S

SQLite 280, 288, 293
sqlite_modern_cpp 283
sql_modern_cpp 295
stduuid 106

U

URL 88

X

XML 233
XPath 238

Z

ZIP 258, 260, 265
ZipLib 258, 260, 265

모던 C++ 챌린지
100가지 문제로 익히는 모던 C++의 다양한 기능

발 행 | 2020년 5월 28일

지은이 | 마리우스 반실라
옮긴이 | 전 지 민

펴낸이 | 권 성 준
편집장 | 황 영 주
편 집 | 이 지 은
디자인 | 박 주 란

에이콘출판주식회사
서울특별시 양천구 국회대로 287 (목동)
전화 02-2653-7600, 팩스 02-2653-0433
www.acornpub.co.kr / editor@acornpub.co.kr

한국어판 ⓒ 에이콘출판주식회사, 2020, Printed in Korea.
ISBN 979-11-6175-414-7
http://www.acornpub.co.kr/book/modern-cplus-challenge

이 도서의 국립중앙도서관 출판시도서목록(CIP)은 서지정보유통지원시스템 홈페이지(http://seoji.nl.go.kr)와
국가자료공동목록시스템(http://www.nl.go.kr/kolisnet)에서 이용하실 수 있습니다.(CIP제어번호: CIP2020019440)

책값은 뒤표지에 있습니다.